国际传播研究丛书

新媒体时代中国国际传播力研究

李珍晖 著

中国传媒大学出版社
·北京·

图书在版编目（CIP）数据

新媒体时代中国国际传播力研究/ 李珍晖著. -- 北京 : 中国传媒大学出版社, 2021.6（2024.1 重印）
（国际传播研究丛书）
ISBN 978-7-5657-2893-8

Ⅰ. ①新… Ⅱ. ①李… Ⅲ. ①传播媒介－文化传播－研究－中国 Ⅳ. ①G219.2

中国版本图书馆CIP数据核字(2021)第016710号

新媒体时代中国国际传播力研究
XINMEITI SHIDAI ZHONGGUO GUOJI CHUANBOLI YANJIU

著　　者　李珍晖
策划编辑　曾婧娴　裴向敏
责任编辑　曾婧娴
特约编辑　裴向敏
封面设计　风得信设计 · 阿东
责任印制　李志鹏

出版发行　中国传媒大学出版社
社　　址　北京市朝阳区定福庄东街1号　　**邮　　编**　100024
电　　话　010-65450532　65450528　　**传　　真**　65779405
网　　址　http://cucp.cuc.edu.cn
经　　销　全国新华书店

印　　刷　北京中科印刷有限公司
开　　本　710mm × 1000mm　1/16
印　　张　13.5
字　　数　213千字
版　　次　2021年6月第1版
印　　次　2024年1月第2次印刷

书　　号　ISBN 978-7-5657-2893-8 / G · 2893　　**定　　价**　68.00元

本社法律顾问：北京嘉润律师事务所　郭建平

目　录

前 言

伴随网络媒体和社交媒体的普及，经济和政治全球化下的国际形势和传媒形势都发生了深刻变化。西方发达国家凭借经济实力和对信息传播技术的掌控，通过议程设置，在国际舆论战中占得先机。中国迫切需要提高国际传播能力，和其他广大发展中国家一起打破西方舆论垄断，促进世界信息传播秩序公正合理发展。此专著从系统分析国际传播的战略目标入手，分别从媒体战略和外交战略两个方面探讨中国的国际传播问题，试图充分论证提升国际传播能力的途径和方法。

中国在国际传播过程中要谨记中国梦。树立“中国梦”的核心价值的传播能实现硬实力和软实力的统一，推动经济发展的硬实力及公共外交和文化外交的软实力的提升。树立中国梦是树立中国国际形象的过程，“文化中国”的国际形象能增强国家“软实力”和国际影响力。同时，在互联网发展背景下，新技术既给传统媒体带来了冲击，也给信息传播的发展提供了巨大潜力。数字化转型已经成为目前我国新型主流媒体谋求生存与发展的共识，在这样的背景下，我国主流媒体进行了不同方向的探索与尝试。依托报业集团核心资源优势，立足媒体主业，建设新闻网站和“两微一端”，进军新媒体，推动融合发展，正成为传统主流媒体的自觉行动。

在此背景下，我们就制度设计、媒介发展、理念追求、策略调整等方面需要有怎样的视野与方案进行了探讨和研究。笔者以国际传播力的基本内涵为基础，从提升国家国际传播力的目标入手，从工具形式到外交形式对新媒体时代的国际传播进行了系统梳理，并对中国的国际传播从传统传播形式到新媒体战略的深入开展进行了系统阐述。

在新媒体时代的大背景下，提升国际传播力有两条重要途径，一是媒体战略，二是外交战略。也可以说，增强国际传播力、争夺话语权主要在两个平台展开，一是新闻传播平台，二是外交和文化传播平台。本书立足国家的主流媒体传播战略、公共外交和文化外交战略，讨论中国如何提升国际传播力的问题。本书以新华社和中国国际广播电台为研究对象探讨中国主流媒体的新媒体传播，并以孔子学院为案例探讨文化传播的重要作用。

本书的第一章从新媒体对国际关系的影响和国际传播力的出现与需求切入新媒体时代提升国际传播力这一研究问题。第二章从国家利益、国家形象和软实力三个方面阐述了国家国际传播力的目标。第三章系统论述新媒体时代与国际传播力。第四章的主题是中国国际传播力的传统传播形式，主要分析了中国的国际传播特色。第五章分析了融媒体时代国际传播新趋势和我国主流媒体的融媒体战略，以 CGTN、《人民日报》、央视新闻、新华社和中国国际广播电台等为研究对象，并与世界知名媒体进行比较和分析。第六章主要讨论中国国际传播力的外交形式，对中国的公共外交进行了评估。第七章以文化外交为主题探讨了国家国际传播力的呈现，并以孔子学院作为典型案例分析文化外交和文化传播的重要性，又以孔子学院在 TikTok 上传播为案例分析了移动互联网时代孔子学院的文化外交策略趋势。第八章是借鉴和比较，阐述别国的国际传播经验，有英国和美国的媒体经验，也有德国歌德学院的文化传播特色，还有新加坡的文化和核心价值观。本书的结论部分阐释如何打造新兴大国的国际传播力，从争取话语权、建设多种国际传播手段、塑造国家形象等方面论证国际传播战略，也从公共外交战略和文化外交战略论述国家的外交战略。最后，本书指出提升国际传播力的内核还是传播中国的理念，即科学发展观、中国尊严、中国国民幸福，等等。

第一章　国际传播的新时代新要求

随着新媒体时代的到来和国际传播环境的巨大变化，中国的首要任务是从网络大国向网络强国迈进。中共中央总书记习近平在 2014 年 2 月 27 日主持召开的中央网络安全和信息化领导小组第一次会议上强调：“网络安全和信息化是事关国家安全和国家发展、事关广大人民群众工作生活的重大战略问题，要从国际国内大势出发，总体布局，统筹各方，创新发展，努力把我国建设成为网络强国。”[①] 互联网自 1989 年出现，于 1994 年大规模商用。联合国新闻委员会在 1998 年正式提出互联网为“第四媒体”的概念，继报纸、广播、电视之后，互联网已成为一种新型的传媒手段。

正如习近平总书记指出的：“网络信息是跨国界流动的，信息流引领技术流、资金流、人才流，信息资源日益成为重要生产要素和社会财富，信息掌握的多寡成为国家软实力和竞争力的重要标志。”[②] 据统计，2009 年，全球互联网使用人数已超 15 亿。2011 年，中国网民规模达 4.85 亿，手机网民达 3.18 亿。[③] 数字技术和无缝对接的传播方式把人类推入个人通信时代，传媒产业发生了翻天覆地的变化。人类社会的传播方式跨入了一个全新的阶段，传媒领域的学者

---

① 习近平 . 总体布局统筹各方创新发展 [N]. 人民日报，2014-02-28（1）.

② 习近平 . 总体布局统筹各方创新发展 [N]. 人民日报，2014-02-28（1）.

③ 唐润华，吴长伟，文建 . 传播能力再造：新媒体时代的世界性通讯社 [M]. 合肥：安徽大学出版社，2012：53.

称之为新媒体时代。

从传播技术的角度来看，新媒体是在以数字技术为基础的信息技术、网络技术和计算机技术的作用下产生的，如微信、微博、短信娱乐、网络游戏等。然而，从另一方面说，传统媒体承载了数字媒体形式，产生了新技术和新渠道，新技术如手机电视、IPTV、电子杂志、电子书、移动音乐等；新渠道如分众电视、楼宇电视、户外大屏等。笔者认为，所有的媒体都归一于数字技术，以上所有皆可称为新媒体。

正如著名传播学者尼葛洛庞帝在《数字化生存》中所言："信息社会的基本要素不是原子，而是比特。比特没有重量，易于复制，可以在极快的速度中传播。它传播时，时空障碍完全消失。原子只能由有限的人使用，使用的人越多，价值越低；比特则可以由无限的人使用，使用的人越多，其价值越高。"① 新媒体时代，随着信息技术的发展和网络媒体的普及应用，社会媒体在形态和服务内容方面有了质的飞跃，新媒体传播方式呈现出四个特点：（1）大众传播可以由个人进行；（2）"信息"与"意义"无关；（3）受众的主动性增强；（4）大众传播出现"小众化"趋势。②

新媒体改变信息传播方式的同时，也促使传播的主体日趋多元化。信息的国际流动，使得网络安全成为国家领导层面重点关注的问题。各国掌握网络资源多寡的不同，催生了新的网络霸权、军事霸权、文化霸权，国家国际传播的吸引力和影响力成为国家发展的头等大事。习近平总书记关于"网络强国"建设的讲话，使得国际传播能力建设从单一的媒体业的重要战略任务升格为国家各个产业的首要任务。

① 尼葛洛庞帝．数字化生存 [M]. 胡泳，范海燕，译．海口：海南出版社，2000：3.

② 曹三省，王群，许志强．三网融合背景下的新媒体服务及其趋势分析 [C] // 中国新闻技术工作者联合会．中国新闻技术工作者联合会五届二次理事会暨学术年会论文集：上篇．北京：中国新闻技术工作者联合会，2010：4.

第一节　研究的缘起

一、问题的提出

在国际传播大环境剧烈变革背景下，我国急需提高国际传播力。国际传播力提升，我国才能拥有和西方发达国家平等的国际话语权。媒介国际化、媒介全球化和媒介融合的趋势下，媒介从国际关系的旁观者变为国际政治和国际关系的行为主体。网络信息技术的发展与广泛应用，以及其对经济、政治和文化等的广泛渗透，已经将社会拖入了一个新的时代——信息与传播技术时代。现代信息技术运用的超地域性和对虚拟时空的建构使超越国家主权和边界的跨国主体和跨国活动急剧增加，这对民族国家的地位和主权产生了巨大冲击。媒体融合已经成为世界传媒界不可逆转的趋势，这极大地增强了西方媒体的国际传播能力。

全球化时代下的传播全球化使媒介在国际关系中发挥着重要作用。因此，以国际传播和国际政治为切入点探讨信息与传播技术时代的国际传播力很有必要。国际传播体系的变革，将为我国打破西方媒体的舆论垄断，实现我国国际传播能力和外宣工作跨越式发展提供难得的机遇。在此背景下，中国在制度设计、媒介发展、理念追求、策略调整等方面需要有怎样的视野与方案值得研究。

关于提升国际传播力的理论研究，已有的研究有：清华大学熊澄宇教授用定量的研究方法研究国际传播力；北京大学的程曼丽教授在国际舆论引导方面有研究成果，她认为“应该制定长期的国际宣传策略，更注重研究国外受众的心理，在国际宣传中应该在维护国家利益、坚持原则的前提下，将原则性与灵活性有机地结合起来，有效地改善中国国际传播的效果”；清华大学胡鞍钢教授认为，“国家应该加强国际宣传工作与互联网建设，加快传媒业的改革”。关于新媒体时代媒体的国际传播能力，已有的实务性研究成果有新华社国际部、中国国际广播电台 、《中国日报》等做的研究，最终结论是，要发展全媒体业态，将传统媒体内容利用各种新型媒介进行传播，进行更广泛的国际传播。关于国际关系媒介化和媒介国际化的研究，已有的相关研究中关键词多是“媒介外交”“软实力”“传播全球化”“全球化时代的民族国家”等。

可以说，立足于国际传播的工具形式和外交形式对国际传播力进行详尽和系统研究的文章很少。而媒体的国际传播力提升研究主要是针对单个媒体的实务研究。因此，笔者对新媒体时代的国际传播力的研究是有一定创新性的。

本书立足于跨学科研究，试图以传播学、国际关系学、政治经济学的相关理论为基础探讨中国国际传播力的提升。国际传播的工具形式是媒体，国际传播的外交形式是公众外交和文化外交。笔者力求探讨以此双翼实现国际传播力的提升，正如新闻传播和文化传播是两个重要阵地，中国需要打造主流媒体的传媒平台和以孔子学院为代表的文化传播平台。此外，提升国家的国际传播力，除了运用传播技巧和方法外，还要采用合适的传播理念。[①] 可以说，国际传播的渠道要健全、国际传播的内容要注重中国文化内涵的传播，这些也是提升国际传播力不可忽略的重要因素。

（一）新媒体对国际关系的影响

新媒体的迅猛发展对世界政治、经济和社会发展产生了重大影响。新华通讯社原社长李从军说，信息传播技术推动了新媒体发展，新媒体导致媒介融合、新闻信息生产和传播方式改变及全球传媒格局变革。[②] 李从军认为，新媒体打破传统传媒机构对新闻信息传播垄断的局面，使得传播的主体多元化；新媒体的出现丰富了信息传播内容，提升了信息传播的速度和广度；手机等移动终端和社会化媒体的功能越来越先进便捷。[③]

新媒体时代催生了“自媒体”，根据“关系传播”之六度分割理论，社会化媒介改变了国际传播的模式，普通民众成为国际传播的参与者，国民之间的即时通信成为常态。可以说，新媒体时代的来临，使得国际关系民主化有所提升：一是加速了国际关系多元化主体的形成，也使各主体平等参与国际事务成为可能；二是提高了国际事务处理的透明度。[④] 互联网为国际政治提供信息等

---

① 段鹏．中国广播电视国际传播策略研究 [M]. 北京：中国传媒大学出版社，2013：27.

② 申琰．互联网与国际关系 [M]. 北京：人民出版社，2012：1.

③ 申琰．互联网与国际关系 [M]. 北京：人民出版社，2012：1.

④ 申琰．互联网与国际关系 [M]. 北京：人民出版社，2012：16.

方面专业支持，并向国际政治施加舆论压力。[①]然而，从另一个角度来说，与国际关系日趋民主化相反的是网络霸权这一国际问题凸显。美国等西方信息强国占有网络信息技术优势，在倡导平等开放精神的互联网的环境中表现出霸权色彩，网络霸权成为一个大问题。[②]新媒体时代，出现了国内政治的国际化和一般国际问题的政治化倾向。[③]同时，新媒体时代也带来了经济问题、环境问题、科技问题的政治化。

任何媒介形式的发展和新的传播技术的发展，都无法逃脱政治因素的纠缠。[④]互联网这种新的传播技术本身就是从军事国防领域延展而来，它与国家之间勾连不清的政治性是其与生俱来的秉性之一。[⑤]著名社会学家曼努埃尔·卡斯特利斯认为传播和权力是在相互作用中发展的，媒体已经成为权力关系得以确定的空间。[⑥]传播和信息都是权力博弈和社会转型的最基本根源，新传播技术环境下，各种政治力量都十分明确媒体对民众的巨大影响力，都在极尽可能地利用媒体宣传他们的政见。[⑦]

（二）国际传播力的出现与需求

信息技术和信息产业的发展使当今的国际社会与以往相比有了一些变化：一是权力结构中软性资源的地位上升，信息成为综合国力的重要组成部分；二是国家主权所构筑的堤防面临无孔不入的侵蚀；三是西方与非西方地区的权力落差因添加了信息差距而更加难以改变；四是非西方地区既要充分利用全球化进程所蕴含的发展机会，又要避免成为西方的“信息附庸国”，压力和挑战巨大。

从全球经济秩序来讲，媒介资本正在发挥着举足轻重的作用，而随着全球

---

① 申琰．互联网与国际关系 [M]. 北京：人民出版社，2012：84–85.

② 申琰．互联网与国际关系 [M]. 北京：人民出版社，2012：17.

③ 申琰．互联网与国际关系 [M]. 北京：人民出版社，2012：80–81.

④ 查德威克．互联网政治学：国家、公民与新传播技术 [M]. 任孟山，译．北京：中国传媒大学出版社，2010：7.

⑤ 查德威克．互联网政治学：国家、公民与新传播技术 [M]. 任孟山，译．北京：中国传媒大学出版社，2010：7.

⑥ 石岩妍．从“网络社会理论”管窥卡斯特利斯传播思想 [D]. 保定：河北大学，2009：18.

⑦ 石岩妍．从“网络社会理论”管窥卡斯特利斯传播思想 [D]. 保定：河北大学，2009：23.

媒体集团的崛起，技术差距（technology gap）引发的经济不平等日益严重。① 引用美国著名传播学者赫伯特·席勒的理论，技术差距似乎永远无法弥补，资金、技术和信息资源匮乏极有可能导致恶性循环。②

自互联网产生和普及后，传播技术带来的技术革命加大了各个民族国家的技术差距，文化帝国主义随着技术变革不断延伸。根据西方国际政治经济学的“依附理论”：资本主义及其全球扩张导致世界一体化和不平衡并存，形成了“中心—边缘”的发展格局。“边缘地区与世界经济的融合，是由资本主义核心地区的资本积累所限定的一种依附性关系。”③ 可见，新媒体通信技术的应用带来全球化的困境，使弱势国家的文化安全问题愈加突出，“全球失序”问题凸显。

西方国家利用信息的生产、传播及相关技术与设备等方面的垄断地位、产业优势和文化影响力，对信息技术相对落后、信息产业薄弱的国家（主要是非西方国家）实行技术控制、信息资源渗透和信息产品倾销。其引起的不良后果不仅是经济上的，也是政治和文化乃至安全上的。

（三）中国国际传播力探索

新媒体的发展和带来的巨变对传统媒体形成了全方位的冲击，西方媒体对此悄然应变。2011 年 2 月，“美国之音”（VOA）宣布停止普通话和粤语广播，2011 年 3 月 25 日，英国广播公司（BBC）正式结束长达 70 年的普通话短波广播。正如 VOA 和 BBC 把传播的重点放在了新媒体阵地，国外主要媒体都通过互联网推出简体中文版，包括 BBC、VOA、路透社、《华尔街日报》、《金融时报》、日本 NHK、共同通讯社等。

2008 年北京奥运会后，2009 年和 2010 年，新华社、人民日报社等国家媒

---

① 韦路，严燕蓉 . 媒介：讯息还是权力？——对麦克卢汉“媒介即讯息”的再思考 [C]// 复旦大学信息与传播研究中心，复旦大学新闻学院，中国新闻教育学会传播学研究分会，等 . 全球信息化时代的华人传播研究：力量汇聚与学术创新——2003 中国传播学论坛暨 CAC/CCA 中华传播学术研讨会论文集：上册 . 上海：复旦大学出版社，2004：9.

② 韦路，严燕蓉 . 媒介：讯息还是权力？——对麦克卢汉“媒介即讯息”的再思考 [C]// 复旦大学信息与传播研究中心，复旦大学新闻学院，中国新闻教育学会传播学研究分会，等 . 全球信息化时代的华人传播研究：力量汇聚与学术创新——2003 中国传播学论坛暨 CAC/CCA 中华传播学术研讨会论文集：上册 . 上海：复旦大学出版社，2004：9.

③ 段鹏 . 中国广播电视国际传播策略研究 [M]. 北京：中国传媒大学出版社，2013.

体加入国际传播阵营，《2009—2020 我国重点媒体国际传播能力建设总体规划》已经把国际传播能力建设放到国家利益、国家安全、国际地位的战略高度。正如北京奥运会后国外媒体所说，中国进入了大外宣、大公关时代。2019 年，国家主席习近平在主持的全媒体时代和媒体融合发展第十二次集体学习会上提出，“要推动媒体融合发展，建设全媒体，打造新型传播平台，建成新型主流媒体，扩大主流价值影响力版图，让党的声音传得更开、传得更广、传得更深入”①，这是对新时代国际传播提出的新要求。

二、研究的意义

（一）大国与媒体

中国国际传播主要倚重以下几大主要媒体：中国国际广播电台，CCTV 国际频道、英文频道、西班牙语和法语频道，《人民日报》海外版。根据清华大学胡鞍钢教授的研究，中国传媒的综合实力相当于美国的 47%，而中国的国际传播能力只有美国的 14%，国际传播能力的欠缺已经成为制约中国在国际舞台上发挥更大作用的瓶颈。全球媒介体系被以美国在线—时代华纳为代表的九大媒体集团控制，它们是西方发达国家政治经济权力的统一体，它们利用先进的媒介技术进行跨媒体经营，促成了数字化时代的新一轮殖民——“赛伯殖民”（Cyber Colonialism）。②

世界四大通讯社美联社、合众国际社、路透社、法新社每天发出的新闻的数量占整个世界新闻发出量的 4/5。传播于世界各地的新闻，90%以上是由美国等西方国家发布的：西方 50 家传媒跨国公司占据了世界 95%的传媒市场；美国控制了全球 75%的电视节目的生产和制作，许多第三世界国家的电视节

① 搜狐网．建成新型主流媒体 [EB/OL].（2019-01-26）[2020-08-03]. https：//www.sohu.com/a/291557513_161795.

② 韦路，严燕蓉．媒介：讯息还是权力？——对麦克卢汉“媒介即讯息”的再思考 [C]// 复旦大学信息与传播研究中心，复旦大学新闻学院，中国新闻教育学会传播学研究分会，等．全球信息化时代的华人传播研究：力量汇聚与学术创新——2003 中国传播学论坛暨 CAC/CCA 中华传播学术研讨会论文集：上册．上海：复旦大学出版社，2004：45.

目中有60%～80%的内容来自美国。[①]“在当今世界新闻信息流中，三分之二的内容来自占全球人口仅仅七分之一的发达国家，在发展中国家的报纸新闻中，来自发达国家的信息占60%，而在全球所有网站中，78%的网站是英文的。”[②]

当然，在西方的强势媒体之外，也有半岛电视台这一小国办大媒体的典型例子。海湾国家卡塔尔的半岛电视台自1996年创办至今，历经2001年10月的阿富汗战争报道和2003年3月的伊拉克战争报道，已经成为在全球备受关注的媒体，成为阿拉伯世界在国际舞台上的代言人。据统计，全世界每天至少有5 000万观众收看半岛电视台的节目，在欧洲和澳大利亚分别有700万人和100多万人在看半岛电视台的节目。

（二）中国崛起困境与媒体传播的重要性

一直以来，党中央高度重视新闻舆论工作，将其视为治国理政、定国安邦的大事。2013年，习近平在全国宣传思想工作会议上强调，要精心做好对外宣传工作，创新对外宣传方式，着力打造融通中外的新概念新范畴新表述，讲好中国故事，传播好中国声音。[③]2019年1月，习近平在主持十九届中共中央政治局第十二次集体学习时强调：“我们要因势而谋、应势而动、顺势而为，加快推动媒体融合发展，使主流媒体具有强大传播力、引导力、影响力、公信力。”[④]然而现实是，中国的国际传播在构筑影响力与渗透力方面遭遇了种种“壁垒”，这些“壁垒”包括中国国际传播的物质基础不足，还有文化与政治意识形态等“软实力”不足。[⑤]

中国在国际事务上一贯坚持正义，主持公道，代表和维护广大发展中国

① 刘耐霞，乔哲．从半岛电视台看发展中国家如何提高国际传播力 [J]. 湖北广播电视大学学报，2008（9）：68–69.

② 夏林．传播全球化时代的国家安全——从国际战略的视角看媒体的跨国境传播 [J]. 中国传媒报告，2003（1）：25.

③ 中国新闻网．习近平：讲好中国故事 传播好中国声音 [EB/OL].（2013–08–21）[2020–08–08]. http：//www.chinanews.com/gn/2013/08–21/5187666.shtml.

④ 搜狐网．习近平要求主流媒体要具有这“四力”[EB/OL].（2019–01–29）[2020–08–08].https：//www.sohu.com/a/292300857_692703.

⑤ 董毅．从“文明冲突论”看中国国际传播的“软危机”[D]. 武汉：华中科技大学，2006.

家的利益，这给有些国家带来了实惠和机遇的同时，也给有些国家带来了冲击和压力。因此，由于西方传媒片面报道而导致的“中国威胁论”有了存在的空间。作为一个崛起中的大国，中国迫切需要做到及时、充分、有效地解释西方媒体的偏见，并对国际社会出现的各种不利于中国的言论、情绪，及时回应、化解。所以说，中国需要强大的国际传播能力以改变被西方媒体自由评说的被动局面。

中国的大国地位和传播能力不匹配，这一现状已经严重影响到中国崛起的进度，具体表现在以下几方面。

（1）传播主体地位。中国国际传播能力和中国国际地位不匹配，在国际重要事务中，中国即使有发言权，也无法争取到权威的话语权。

（2）传播力。在国际社会，中国没有品牌媒体，而西方发达国家具有国际品牌的媒体则咄咄逼人。

（3）影响力。中国在国际传播的硬件上的投入很多，但收效未能达到预期，传播影响力有待提升。

（4）传播效果。中国长期以来坚持“内外有别”的宣传原则，即“正面宣传”与“反面报道”。因此，在国际舆论上，中国的“正面宣传”容易遭到国际社会的误读。

第二节　文献综述

一、新媒体时代研究概况

中共中央总书记习近平在 2014 年 2 月 27 日主持召开的中央网络安全和信息化领导小组第一次会议上指出：“当今世界，信息技术革命日新月异，对国际政治、经济、文化、社会、军事等领域发展产生了深刻影响。信息化和经济全球化相互促进，互联网已经融入社会生活方方面面，深刻改变了人们的生产和生活方式。”① 可以说，以电子计算机技术、互联网技术和现代通信技术为主要形式的新媒体，对整个媒体业的发展产生了重要影响。随着新媒体技术的不断进步，新的传播形式不断涌现，主流媒体的传播力也得到了提升。

国内和国外学者对新媒体时代的研究主要包括以下几个方面。

（一）对新媒体时代之媒介技术方面的研究

传播学者英尼斯和麦克卢汉的理论把媒介技术置于人类文明发展史的大背景中进行考察，强调媒介技术本身（而不是媒介内容）的作用，在传播学研究中开创了以媒介技术为焦点的新的研究传统。② 两位学者都把媒介技术及其发展看作历史进程中的重要动力，反复强调新的媒介技术的出现对人类文明发展的重要性。③ 而贝尼格的“控制革命”论是麦克卢汉以后的具有重大影响的有关信息传播新技术的理论。国家对传播体系的控制程度会影响新技术在政治环境中的演变。④ 政治人物利用信息技术获益，如新形式的动员国民、采用新技术进行竞选、信息技术如何应用于政府机构描绘自身形象中。⑤

从经济方面谈媒介的权力，布里恩·温斯顿（Brian Winston）在其力作《媒介技术与社会》中提出了“加速器”—“制动器 ”模式，正好体现媒介技术与社会的权力互动过程。媒介技术本身就是一种社会推动力，也可以说是生产力，它作为科学技术的重要组成部分是推动社会生产发展和促进人类文明进步的重要力量。⑥ 从商业活动上讲，一种新媒介的出现不仅会催生一种全新的商务活动并形成一些新的商业行为规范和观念，也将影响人们的经济权力关系，

---

① 习近平．总体布局统筹各方创新发展 [N]. 人民日报，2014-02-28（1）.

② 张咏华．媒介分析：传播技术神话的解读 [M]. 上海：复旦大学出版社，2002：82.

③ 张咏华．媒介分析：传播技术神话的解读 [M]. 上海：复旦大学出版社，2002：69.

④ 宾伯．信息与美国民主：技术在政治权力演化中的作用 [M]. 刘钢，等译．北京：科学出版社，2011：233.

⑤ 宾伯．信息与美国民主：技术在政治权力演化中的作用 [M]. 刘钢，等译．北京：科学出版社，2011：4.

⑥ 韦路，严燕蓉．媒介：讯息还是权力？——对麦克卢汉“媒介即讯息”的再思考 [C]// 复旦大学信息与传播研究中心，复旦大学新闻学院，中国新闻教育学会传播学研究分会，等．全球信息化时代的华人传播研究：力量汇聚与学术创新——2003 中国传播学论坛暨 CAC/CCA 中华传播学术研讨会论文集：上册．上海：复旦大学出版社，2004：45.

改变资本利益的分配。①

信息技术革命意味着民主的成长过程越来越成为信息富有和通信密集的过程，而不是简单地说民主现在的特征的形成是因为采用了一种或另一种特别的技术。②信息作为民主的一股力量应当以某种不同的方式作用于组织层面和个人层面，信息革命应该对组织和政治结构产生深远和直接的影响。③信息革命的影响主要体现为：政治形式随着政治结构独立性的增强而从传统的经济和社会结构中独立出来。④资源青睐于信息和通信的掌握者，而掌握这些资源又能提升政治影响。纵观美国历史上的信息革命和政治变化，每一步发展都是在加强资源和掌握信息之间的联系，从而使得这些组织更加强调通信的基础设施和政治之间关系的重要性。⑤

20 世纪 90 年代初以来信息技术的发展引出的问题是：新的信息环境为政治精英和机构提供了倍增的廉价渠道来传播信息，新媒体戏剧性地扩大了选举人分发信息的可能性，新媒体技术发展为利益集团和其他政治组织带来了类似的机会。⑥

新媒体技术为精英们和组织提供了以低廉成本获取非常详尽的信息的可能，新媒体技术为市民提供了直接相互通信的渠道。⑦媒体突破空间界限的最

---

① 韦路，严燕蓉 . 媒介：讯息还是权力 ?——对麦克卢汉“媒介即讯息”的再思考 [C]// 复旦大学信息与传播研究中心，复旦大学新闻学院，中国新闻教育学会传播学研究分会，等 . 全球信息化时代的华人传播研究：力量汇聚与学术创新——2003 中国传播学论坛暨 CAC/CCA 中华传播学术研讨会论文集：上册 . 上海：复旦大学出版社，2004：45.

② 宾伯 . 信息与美国民主：技术在政治权力演化中的作用 [M]. 刘钢，等译 . 北京：科学出版社，2011：9.

③ 宾伯 . 信息与美国民主：技术在政治权力演化中的作用 [M]. 刘钢，等译 . 北京：科学出版社，2011：23.

④ 宾伯 . 信息与美国民主：技术在政治权力演化中的作用 [M]. 刘钢，等译 . 北京：科学出版社，2011：84.

⑤ 宾伯 . 信息与美国民主：技术在政治权力演化中的作用 [M]. 刘钢，等译 . 北京：科学出版社，2011：84.

⑥ 宾伯 . 信息与美国民主：技术在政治权力演化中的作用 [M]. 刘钢，等译 . 北京：科学出版社，2011：85.

⑦ 宾伯 . 信息与美国民主：技术在政治权力演化中的作用 [M]. 刘钢，等译 . 北京：科学出版社，2011：85.

具说服力的例证是：在美国对阿富汗的战争中，某些市民（以及政府官员）通过互联网收看卡塔尔半岛电视台的节目。[①] 传播媒介的形态变化，通常是由可感知的需要、竞争和政治压力，以及社会和技术革新的复杂相互作用引起的。[②]

陈卫星教授在《传播的观念》一书的第五章《技术与社会的变奏》中认为，信息传播手段是人类发展中的文化技术。传播若要影响人，必须借助信息传播媒介的技术特性，来引导受众分享、认同信息，得到知识，从而使媒介成为经济社会发展的工具和手段。[③] 在信息传播当中，技术的位置要看它是否满足了大众的需要，传播技术的有效性程度对人的注意力产生了多大影响。[④] 以跨时空为特征的信息传播技术伴随着技术市场的扩张，逐步在全球范围内建立了一个相对同质化程度很高的技术文化。[⑤] 而技术垄断和建立在技术垄断基础上的经济优势和政治霸权，构成国际关系不平等的现实因素，发达国家和发展中国家之间关于信息产业中的知识产权之争就是最好的一个例子。[⑥] 同样，新信息传播技术的扩散在不同环境的人们当中所产生的主观体验的差异，则是由不同社会、文化集团的成员享受不同形态、数量的经济和文化资本造成的。[⑦] 然而，信息传播技术的发展是传播机器本身对传播的支持、改善和包容。[⑧] 可以说，技术演变总是社会力量和社会利益驱动的结果。传播活动是借助于不同的手段展开的，因为传播主体要根据规则和惯例，对各种信息进行组织和操纵。[⑨] 在当今世界，传播手段多种多样，如依据文化背景、经济实力、民族传统、国家意志和个人兴趣，可展开各种传播活动。[⑩] 而技术的使用程度直接影响到传播

---

① 宾伯．信息与美国民主：技术在政治权力演化中的作用 [M]. 刘钢，等译．北京：科学出版社，2011：86.

② 菲德勒．媒介形态变化：认识新媒介 [M]. 明安香，译．北京：华夏出版社，2000：19.

③ 陈卫星．传播的观念 [M]. 北京：人民出版社，2004：233.

④ 陈卫星．传播的观念 [M]. 北京：人民出版社，2004：233.

⑤ 陈卫星．传播的观念 [M]. 北京：人民出版社，2004：233.

⑥ 陈卫星．传播的观念 [M]. 北京：人民出版社，2004：233.

⑦ 陈卫星．传播的观念 [M]. 北京：人民出版社，2004：233.

⑧ 陈卫星．传播的观念 [M]. 北京：人民出版社，2004：234.

⑨ 陈卫星．传播的观念 [M]. 北京：人民出版社，2004：234.

⑩ 陈卫星．传播的观念 [M]. 北京：人民出版社，2004：234.

活动的参与度，传播活动的频率、质量和内容。①

传播学者在社会对传播途径进行调整和制度化管理方面的研究也颇多。信息传播技术的日新月异尤其是大众传播工具的迅猛发展，增加了信息产品的来源和文化娱乐的手段，推动着文化和社会的变革。②

“媒介帝国主义”概念在20世纪60年代出现，在以互联网为代表的新兴通信技术崛起和发展的20世纪90年代被重新提起。随着信息技术的发展，网络化社会中的技术可能性的不平等和信息传播的不平等、“数字鸿沟”等新概念成为人们关注的焦点。美国以“信息的自由流通”的观点来反对发展中国家建立新闻与传播新秩序。而在网络时代，判断传播秩序平衡与否，主要依靠以下几个指标：网络用户的比例，网络内容的绝对数量，计算机的普及率以及信息基础设施的发展水平，网络的通用语言，电子报刊的发行量，不同传播媒介的融合度等。③

美国在线和时代华纳的并购被称为“世纪并购”和“世纪婚姻”，其意义不仅仅在于其是美国有史以来最大规模的一次并购，还在于其代表着新兴的国际互联网与传统的有形媒体的首次结合。④这也意味着网络通道和网络内容的紧密结合。这次合并事件的象征意义超过事件本身，标志着新的网络传媒帝国将以前所未有的速度向用户提供各类内容丰富的资讯。⑤这也昭示着一个趋势：全球媒体巨头有可能与国际互联网集团联手，将影响力扩大到全球经济和政治

① 陈卫星．传播的观念[M]．北京：人民出版社，2004：234.

② 陈卫星．传播的观念[M]．北京：人民出版社，2004：234.

③ 殷晓蓉．“媒介帝国主义”和“数字鸿沟”——概念内涵及其时代意义的分析比较[C]//复旦大学信息与传播研究中心，复旦大学新闻学院，中国新闻教育学会传播学研究分会，等．全球信息化时代的华人传播研究：力量汇聚与学术创新——2003中国传播学论坛暨CAC/CCA中华传播学术研讨会论文集：上册．上海：中国传播学论坛，2004：9.

④ 殷晓蓉．“媒介帝国主义”和“数字鸿沟”——概念内涵及其时代意义的分析比较[C]//复旦大学信息与传播研究中心，复旦大学新闻学院，中国新闻教育学会传播学研究分会，等．全球信息化时代的华人传播研究：力量汇聚与学术创新——2003中国传播学论坛暨CAC/CCA中华传播学术研讨会论文集：上册．上海：中国传播学论坛，2004：274.

⑤ 殷晓蓉．“媒介帝国主义”和“数字鸿沟”——概念内涵及其时代意义的分析比较[C]//复旦大学信息与传播研究中心，复旦大学新闻学院，中国新闻教育学会传播学研究分会，等．全球信息化时代的华人传播研究：力量汇聚与学术创新——2003中国传播学论坛暨CAC/CCA中华传播学术研讨会论文集：上册．上海：中国传播学论坛，2004：274.

领域，也极有可能将由数字技术带来的公平性降到最低程度。①

信息与传播技术（ICTs）与全球化理论的研究是学者们关注的另一热点。传播科技架起现代化的传播平台，为全球传播提供便捷。在信息化与全球化的双重牵引下，当今世界发生了巨大改变。信息化与全球化提升了生产力、文化创造力与传播能力，但是社会组织的权威被削弱。②正如卡斯特利斯在研究“网络社会”时重点关注到的：科技本身不会对社会造成好的或坏的影响，而是在受到各种因素影响之后，并在和社会的互动过程之中影响社会、改变社会，进而也在改变自身。③

信息全球化时代里，传播话语的形式、力量和流通渠道变得空前重要。国际关系主流学派对权力这个概念的定义和解读，更强调的是对事态发展结果的控制能力。哈佛大学教授约瑟夫·奈在以上观点的基础上提出了“软权力”概念。信息革命和网络传播下新型的信任政治产生，透明度越来越成为一种新兴的“软权力”资产。信息技术成为不受多少阻碍就可以进入权力机构的工具。④信息全球化时代下，政府在信息的传播和控制上唯有保持与公众之间的信息畅通才能提高工作的公开性和透明度。⑤

（二）新媒体技术带来信息的全球化，传播学者提出“全球传播”“世界传播”等概念

“全球传播”与“世界传播”的相同之处在于它们是跨地域、跨国界扩展趋势的两种不同表达，不同之处在于，前者是走向世界大一统的传播，侧重于传播对世界的重组和整合意义，后者是保持世界多样性的传播，侧重于传播对世界的纯粹地理空间上的拓展意义。全球传播的本质是全球关系，其特征包括：传播主体的多元性；传播内容的复合性；传播手段的融合性；不均衡的传播态

① 殷晓蓉．“媒介帝国主义”和“数字鸿沟”——概念内涵及其时代意义的分析比较 [C] // 复旦大学信息与传播研究中心，复旦大学新闻学院，中国新闻教育学会传播学研究分会，等．全球信息化时代的华人传播研究：力量汇聚与学术创新——2003 中国传播学论坛暨 CAC/CCA 中华传播学术研讨会论文集：上册．上海：中国传播学论坛，2004：274.

② 石岩妍．从“网络社会理论”管窥卡斯特利斯传播思想 [D]. 保定：河北大学，2009：23.

③ 石岩妍．从“网络社会理论”管窥卡斯特利斯传播思想 [D]. 保定：河北大学，2009：23.

④ 官玉萍，赵刚．国际传播中的“软权力”与信息控制权 [J]. 当代世界，2007（10）：45–46.

⑤ 官玉萍，赵刚．国际传播中的“软权力”与信息控制权 [J]. 当代世界，2007（10）：45–46.

势；等等。

国际传播包括两部分，由外向内的传播和由内向外的传播。与全球传播不同，国际传播以国家政府为传播主体，建立在确认或承认国家界线的基础上，是一个空间地理概念，同时也是政治性的概念，讲求主权至上。而全球传播无特定主体或者说是多元主体，其传播超越国界，是空间地理上的传播概念。可以这样总结国际传播与全球传播的关系：在空间上，两者是内外相接的关系；在时间上，全球传播后于国际传播。

（三）媒体融合是国际传播学者重点研究方向

美国麻省理工学院的索拉·普尔教授首先提出媒介融合（media convergence）概念，媒介融合包括国际传播机构的融合和传播渠道的融合，国际传播机构的融合指机构所有权高度集中，跨媒体和跨国界经营；传播渠道的融合指传统上分离的报刊、广播、电视融合到互联网平台上。① 新媒体技术使得国际传播实现了网上和网下的融合，手机和互联网的融合。

新华社原副总编辑吴锦才说，融合是媒介做大做强的必经之路。美联社推行“数字美联”计划，传统的新闻产品被平移到数字化平台，美联社还开发了针对新媒体的新产品。新闻集团投资视频网站的同时，创办针对 iPad、iPod 用户的电子报纸《日报》。《华尔街时报》《金融日报》的网站事业部已经成为这两家传统媒体收入的重要来源。日本经济新闻社制定了“复合媒体时代传媒转型”计划来大力发展电子媒体。②《人民日报》海外版原副总编辑刘国昌说，传统媒体与新媒体相互助力，传统媒体要加快数字化、网络化进程，新媒体要依靠传统媒体强大的新闻生产能力谋求健康快速发展。

（四）国际关系学者对互联网政治理论的研究

新媒体代表的新的社会发展方式和经济逻辑，导致新的数字鸿沟，催生了新的国际政治冲突。③ 信息技术的进步和全球市民社会的形成，国家间相互交往网络的发展和国际合作重要性的加强，使信息和文化的吸引力已经成为国家

---

① 邓建国．融合与渗透：网络时代国际传播的新特征和我们的机遇 [C] // 姜加林，于运全．构建现代国际传播体系——“全国第一届对外传播理论研讨会”论文选．西安：外文出版社，2011：312.

② 熊德．中国新闻电视媒体跨国传播能力研究 [D]. 武汉：武汉理工大学，2012：119.

③ 申琰．互联网与国际关系 [M]. 北京：人民出版社，2012：87.

权力新的来源。[①] 信息政治成为国际关系研究的重要内容。复旦大学赵可金教授提出了国际信息政治的概念，国家想要在信息空间中谋求信息优势，不仅要积极建设自己的信息机构，增强自己收集、储存、处理和使用信息的能力，更要善于运作其他国家的信息机构。[②] 网络空间是和陆、海、空、太空同等重要的领域，“网络主权”与政治、经济、文化主权密切相关。[③] 可以说，在新媒体时代，互联网已经成为国际舆论斗争的主要战场。

此外，国内学者强调了新媒体技术的引领和决定作用。新媒体技术产生了新的媒体形态、媒介终端和信息传播平台，中国必须高度重视新媒体的运用和管理，以形成合力提升传播能力。随着市民社会崛起，新媒体技术带来公共空间的迅速扩展，也导致文化多样性，价值和思想多元化。

笔者将有关新媒体时代的文献研究总结为：新媒体时代的传播技术代表了新的生产力，传播力增强的同时也加深了“数字鸿沟”；国家的信息控制成为新媒体时代的重要课题；传播不平衡引发新的互联网政治。

二、国际传播力研究概况

“国际传播是指特定的国家或社会集团通过大众传播媒介面向其他国家或地区受众所进行的跨国传播或全球范围传播，它是世界各国各地区政治、经济与文化发展实力的一个局部的具体体现。”[④] “国际传播力是一个主权国家所具有的一种特殊力量，包括政府和民间拥有的传播力量的总和，是一个国家为实现国家利益在国际范围内进行信息交流的能力和效力。”[⑤] 当代国际传播领域的学者们倾向于将国际传播力看作国家力量的一部分，主张将其纳入国家综合国力中进行战略考量。国际传播力的强弱直接折射出一个国家的综合国力强弱和其与其他国家综合国力的差异。

---

① 赵可金 . 公共外交的理论与实践 [M]. 上海：上海辞书出版社，2007：44–45.
② 赵可金 . 公共外交的理论与实践 [M]. 上海：上海辞书出版社，2007：51.
③ 钟沆军 . 媒体的演进趋势与战略转型 [M]. 北京：人民出版社，2012：47.
④ 李智 . 国际传播 [M]. 北京：中国人民大学出版社，2013.
⑤ 赵雪波 . 传播视野中的国际关系 [M]. 北京：中国传媒大学出版社，2006：144.

“国际传播”的基本点当然是跨越国界，其特征是跨国家、跨民族、跨语言、跨文化。国际传播是指“通过大众传播媒体（国际媒体）并以民族国家和国际组织为主体的跨越民族国家界限的国际信息传播及过程”[①]。国际传播战略应该包括对出境传播的控制，而且信息控制非常重要。

国际和国内学者对国际传播力的研究很宽泛，成果颇丰。本书对国际传播力的研究归结为中国国际传播战略与话语权研究。

（一）国际主流媒体的新媒体战略研究

综合国力是国际传播力的基础，媒体的国际传播力是一国综合国力的缩影。国家的科技和经济发达，媒体的国际传播力必然相对强大。中国国际广播电台原台长王庚年认为，从冷战结束到现在是国际传播的黄金时代，国际传播趋于全球化、综合化、现代化、本土化。[②]报纸、广播、电视等传统媒体和互联网等新兴媒体，都在国际传播中发挥着重要作用，各种传播手段交织在一起，传播速度更为快捷，传播范围更为广泛，传播内容更为多元。[③]

伴随新媒体时代而来的是世界多极化和经济全球化，全球思想、文化的交流变得频繁，西方国家加紧了文化输出和思想渗透。西方主要新闻通讯社和国际一流媒体占据传播阵营主要位置，强势的西方媒体还拥有强大的传播力和渗透力。

新媒体时代，西方主要通讯社结合自身情况开展了各具特色的新媒体战略。传媒生态的变革，改变了通讯社和媒体、受众的关系。互联网受众更多关心新闻发布于哪家网站，不在意新闻的来源。美联社调整了传统媒体业务形态，裁减荷兰语、西班牙语等非英语新闻服务专线。为满足新媒体用户需求，美联社还加强了对多媒体形态的娱乐、体育和财经新闻的报道。为提升品牌知名度，美联社又强化了新闻采集、技术和营销。[④]法新社建立全球性生产和销售体系，在阿富汗、伊拉克、加沙地区、华盛顿、莫斯科等 40 多个全球热点地区配备

---

① 郭可．国际传播学导论 [M]. 上海：复旦大学出版社，2004：6.

② 王庚年．当代世界的国际传播 [J]. 中国广播电视学刊，2011（11）.

③ 刘继南，何辉．中国形象：中国国家形象的国际传播现状与对策 [M]. 北京：中国传媒大学出版社，2006：20.

④ 唐润华，吴长伟，文建．传播能力再造：新媒体时代的世界性通讯社 [M]. 合肥：安徽大学出版社，2012：166–169.

视频采集人员。法新社2005年起直接在国外购买视频产品充实视频供稿。从2007年起法新社与Zoom In、Mochila、ClipSyndicate三家网络视频供应商合作销售视频产品。2007年，法新社还通过与盖蒂图片社进行视频业务合作和在互联网平台gettyimages.com上销售视频产品，扩充娱乐领域的视频业务，扩大在美国客户中的影响力。法新社与法国电讯服务商MobileScope于2008年2月起合作，展示基于全球的多媒体、多语种的即时新闻服务内容。[①]在欧盟的五家国家级通讯社建立联盟，从内容服务商转换为移动服务商角色后，法新社加盟了数据联盟。[②]法新社认为，通过合作能最大限度利用合作者在新媒体领域的影响力和渠道，这是传统媒体进军新媒体的快捷方式。[③]

（二）民族国家国际传播力研究

国际传播是“以国家社会为基本单位，以大众传播为支柱的国与国之间的传播”[④]，其首要特征是其与政治有着极为密切的关系，是一种由政府所规划的跨国界传播。[⑤]国际传播不是指向本国，而是指向对象国，因此，国际传播的内容必然带有鲜明的政治色彩。[⑥]民族国家的国际传播特征为：主体主要是国家；带有很强的政治性；目标是维护国家利益。[⑦]

随着民族国家的发展，国际传播已不仅仅作为国家政治工具存在，可以说已经演化成国际政治斗争的一部分。新媒体时代，一个国家的国际传播集中体现了民族国家作为主要参与者在现代世界体系中的交流与交往活动，而国际传

① 唐润华，吴长伟，文建．传播能力再造：新媒体时代的世界性通讯社[M].合肥：安徽大学出版社，2012：202–203.

② 唐润华，吴长伟，文建．传播能力再造：新媒体时代的世界性通讯社[M].合肥：安徽大学出版社，2012：203.

③ 唐润华，吴长伟，文建．传播能力再造：新媒体时代的世界性通讯社[M].合肥：安徽大学出版社，2012：204.

④ 转引自，郭庆光．传播学教程[M].北京：中国人民大学出版社，1999：237，238.

⑤ 生田正辉．国际传播研究[J].日本信息通讯协会会刊，1985（4）.

⑥ 刘国强．媒介身份重建——全球传播与国家认同建构研究[M].成都：四川大学出版社，2009：28.

⑦ 刘国强．媒介身份重建——全球传播与国家认同建构研究[M].成都：四川大学出版社，2009：29.

播比以往任何一个时期都对国家的利益和安全起到举足轻重的作用。①

各个民族国家的传播业务水平和传播信息量存在差距。世界的新闻事业起源于欧洲，西方国家在传播信息量、话语权、传播资源方面占有优势，传播技术落后的国家在国际传播中必然处于边缘的、被主导的地位。西方国家的媒体在数量和影响力上的绝对优势，导致发达国家出现极大的信息量顺差，而第三世界国家则大多是信息量逆差。

与国际传播力相关的话语权问题是新闻学者和传播学者研究的热点。话语权被描述为天鹅绒包裹的铁拳，它关系着一个国家与政党的生死存亡。当然，包装在话语权背后的是激烈的国家利益之争。② 国家的硬实力是话语权的基础，中国经过70多年现代化建设和40多年改革开放，已经积累起足够的经济实力，这为提升话语权奠定了坚实基础。笔者认为，在新媒体时代，中国抢占国际话语权，提升软实力的时机已到。

（三）从对外宣传的角度解读我国的国际传播力

国际传播力建设是新时期外宣工作的新的总要求，也是媒体效能的首要标准。③ 从国际传播力的广度和精度分析，广度是从传播媒介所能覆盖的范围来衡量的，强调的是如技术、设备、渠道等一些硬件水平，易于量化和定量分析；精度是从传播内容入耳、入脑、入心进而影响受众行为的实际效果来评价的，强调的是贴近性、针对性等一些软性因素，难以简单量化和估算。④ 核心竞争力和国际传播力都是在价值层面上对外宣媒体“能力”的分析，前者从媒体自身出发，反映了媒体保持竞争优势的能力；后者从媒体效能出发，反映了媒体的能力范围和最高表现形式。⑤

新媒体时代，公共外交和文化外交是体现国际传播力的特殊形式，发挥着越来越重要的作用。公共外交是一个国家的政府对另一个国家的公众所进行的直接交流和沟通活动。新媒体时代的公共外交是一国政府对另一国民众所开展

---

① 王庚年．建设国际一流媒体 积极争取国际话语权 [J]. 中国记者，2009（8）：18-20.

② 江涌．中国要说话，世界在倾听——关于提升中国国际话语权的思考 [J]. 红旗文稿，2010（5）.

③ 王庚年．加快推进媒体三转变，努力增强国际传播能力 [J]. 中国广播电视学刊，2009（12）.

④ 王庚年．新媒体国际传播研究 [M]. 北京：中国国际广播出版社，2012.

⑤ 王庚年．新媒体国际传播研究 [M]. 北京：中国国际广播出版社，2012.

的国际公共关系活动和传播行为，并着眼于实现国家形象最优化。[①] 文化外交从实质上说是输出思想、传播信仰和交流文化价值观的活动，也可称为“思想外交”“观念外交”。[②] 文化外交是由一个国家的政府或者经政府授权和委托的非政府组织和民众所开展的，以文化传播、交流、沟通为主要内容，意在达到特定政治目的和对外具有战略意图的外交活动。[③] 政治性是其目的，文化性是其手段，政府是其主体。中国的公共外交要想更好开展，在其他国家的公共领域塑造良好的国家形象是其当下的重要课题。

清华大学阎学通教授指出：“对信息的开发、控制和使用成为国家利益的重要内容。获取信息可能成为与获得资本和技术同等重要的国家利益。”[④] 正如《2009—2020 我国重点媒体国际传播能力建设总体规划》把国际传播能力建设放到国家利益、国际安全、国家地位的战略高度，中国的主流媒体必须放眼世界，参与全球竞争，以提升国际传播的能力。

（四）国际传播战略研究

研究传播战略必然要探讨国家媒体的功能。国家媒体为国家利益代言，对外传播正面的国家形象以实现媒体的对外政治功能。媒体对外政治功能通过“议程设置”和“运作螺旋”来实现。这是传播学的两个重要理论，即议程设置理论和沉默的螺旋理论。“议程设置”体现了大众媒体为公众设置讨论话题的能力，大众媒体找准目标受众，有计划地宣传造势。“运作螺旋”建立在对社会从众心理和趋同行为的分析的基础之上，即媒体制造舆论，受众跟随舆论。

新媒体时代下，非官方信息通过新媒体进行传播，打破了国际传播的准入壁垒。网络媒体的开放性带来国际传播渠道多元化，却并没有带来国际舆论环境的民主化，国际传播环境更加复杂化。[⑤] 互联网话语权的掌握者必然是大型传媒机构，这就使网络媒体中出现新的权力阶层。互联网软件的私有化、门户网站的商业化和集中化、传统大型传媒机构和门户网站的跨媒体并购证实了新

---

① 赵可金 . 公共外交的理论与实践 [M]. 上海：上海辞书出版社，2007：24.

② NINKOVICH F. The diplomacy of ideas：U.S. foreign policy and cultural relations，1938–1950[M].New York：Cambridge University Press，1981.

③ 赵可金 . 公共外交的理论与实践 [M]. 上海：上海辞书出版社，2007：239.

④ 阎学通 . 中国国家利益分析 [M]. 天津：天津人民出版社，1996：60–61.

⑤ 段鹏 . 中国广播电视国际传播策略研究 [M]. 北京：中国传媒大学出版社，2013：15.

媒体传播的多种渠道依然在国家监督下，并为国家利益代言。[①]传统媒体与新媒体技术融合也一直是各个民族国家提升国际传播力的重要策略。

分析中国国际传播力薄弱的原因，笔者认为有以下几个方面：（1）宣传的理念统领至今；（2）重国别差异，轻文化差异；（3）重内容、轻形式，重目的、轻手段。[②]所以说，要实现传播形式和手段的对接，中国必须突破国际传播的五个差异维度，即新闻理念、意识形态、传播内容、话语体系、媒介运营机制。[③]

中国的国际传播战略自2008年北京奥运会后有了显著变化，中国以开放和包容的心态面对褒奖和批评。传播战略也从以“传者”为中心转化为以“受众”为中心。话语体系也从政治语言过渡到文化语言。国际传播开始关注受众的需求，尤其是精神需求，主要包括：“以人为本”的话语体系，“和谐精神”为核心价值观的文化语言，客观平衡的话语形式，“中国的故事”的讲述方式。[④]

如何打造中国的媒体品牌是提升国际传播力的另一个重要话题。CNN的创始人特纳称：“CNN的镜头摇到哪里，安理会的议程就讨论到哪里。”媒体的国际传播能力包括新闻采集能力、内容传播能力、技术支撑能力、经营能力。对国际传播力进行评估的指标主要包括：（1）使用国际通行语言；（2）覆盖地区人口数和实际进入国际地区数；（3）新闻首播率；（4）新闻节目占比；（5）知名度和美誉度；（6）品牌节目和知名主持人数；（7）营业额和利润额；（8）所有制。[⑤]

中国主流媒体的全媒体国际传播战略开展的重要标志是中国新华新闻电视网公司（CNC）的建立。2010年1月1日，CNC中文台正式开播。2010年7月1日，CNC-WORLD、CNC英文台开播。中国主流媒体的全媒体国际传播战略取得突破的标志还包括中文台、英文台、手机电视台、网络电视台一起在苹

① 段鹏．中国广播电视国际传播策略研究[M]．北京：中国传媒大学出版社，2013：15.

② 引自中国传媒大学研究生院《中国传媒大学第四届全国新闻学与传播学博士生学术研讨会论文集》中汤仙月的《中国对外传播的演变态势分析》。

③ 引自中国传媒大学研究生院《中国传媒大学第四届全国新闻学与传播学博士生学术研讨会论文集》中汤仙月的《中国对外传播的演变态势分析》。

④ 引自中国传媒大学研究生院《中国传媒大学第四届全国新闻学与传播学博士生学术研讨会论文集》中汤仙月的《中国对外传播的演变态势分析》。

⑤ 熊德．中国新闻电视媒体跨国传播能力研究[D]．武汉：武汉理工大学，2012：53.

果产品终端上线。CNC 正式开播后，发表了《争夺话语权》的文章，西方媒体称“中国学会了在对外宣传上争夺主动权，并采纳聪明的公共做法”。CNC 开始成为具有世界影响力和公信力的媒体，这充分证明了新华社的全媒体业态发展和尊重新闻规律的建设思路得到了国际社会的认可。

对媒体来说，新闻资源是核心竞争力，实现新闻资源价值最大化是指在最短时间，使用各种渠道、各种方式，最大范围地分发和传播新闻资源，使其产生最大价值。①新华社的“内容为王”和注重新闻产品质量是提高竞争力的法宝。新华社还将不断加强全媒体终端平台和渠道建设，争取将二次传播变为一次传播，增强传播效果。

（五）关于话语权的研究

话语权是就社会发展事务和国家事务等在国际社会发表意见的权利，体现了知情、表达和参与权利的综合运用，话语权还是对国际事务、国际事件的定义权，对各种国际标准和游戏规则的制定权以及对是非曲直的评议权、裁判权。②虽然说话语权的基础是一国的综合国力，但是软实力的大小直接影响一国在国际社会的话语权。

话语权不等于传播力，但是话语权可以转化为传播力。话语权包含了有效话语权和国际话语权。而传达有效（传播者）、理解有效和支持有效（受传者）构成了有效话语权的三个方面。传播议程设置、舆论导向把握和传播表达方式，则是实现有效话语权的重要因素。③国际话语权和国家的硬实力、软实力密切相关，一个国家拥有国际话语权的标志是能影响和引导国际舆论的走向。

德国哲学家尤尔根·哈贝马斯将传播能力视为有效地参与决策的必要条件，即如何合理地运用言语来实现目标和提出有说服力的论据。④当媒介可信度高、证据矛盾程度低、个人认同媒介的价值观且受众需引导时，媒介经常显示出力量。⑤大众传播媒介的广泛影响性在于“通过塑造大众，给争论下定义，提供

① 熊德．中国新闻电视媒体跨国传播能力研究 [D]. 武汉：武汉理工大学，2012：125–126.

② 梁凯音．论中国拓展国际话语权的新思路 [J]. 国际论坛，2009（5）：3.

③ 王庚年．建设国际一流媒体积极争取国际话语权 [J]. 中国记者，2009（8）.

④ 小约翰．传播理论 [M]. 陈德民，译．北京：中国社会科学出版社，1999：416.

⑤ 小约翰．传播理论 [M]. 陈德民，译．北京：中国社会科学出版社，1999：601.

参考术语，来分配注意力和权力”[①]。

中国社会科学院国际问题专家张国庆在研究美国媒体的话语权时，把赢得话语权的要素归结为信任感、吸引力、依赖感和服务性。[②]中国在话语权方面可以借鉴美国媒体在维护国家利益、宣传国家核心价值观方面的经验。具有影响力的媒体的普遍特征是权威性和亲切感兼备、服务性和短缺性并存，诚信和稳定的价值观兼有，[③]这里论及的价值观即意识形态。

一个国家的话语权是否强大也与引导国际舆论参与国际事务的能力相关。新媒体时代，实现话语多样化和公平的话语权是大势所趋。我国发表的一份研究报告称，目前的世界格局是一个“信息霸权国家”、十几个“信息主权国家”和大多数 “信息殖民地国家”的状态。[④]中国必须拥有和大国地位相称的话语权，这也是维护国家利益的迫切需求。

在国际公众媒介的话语权比较中，中国处于弱势，西方发达国家主导世界新闻舆论和控制世界传媒市场。四大西方主流通讯社每天发出的新闻的数量占整个世界新闻发稿量的 4/5；世界 90 % 以上的新闻由美国等西方国家发布。[⑤]在开拓话语权平台的问题上，中国要突破传统的思维方式，重视海外华人话语的有力支持，更多地关注民间管道的重要作用。[⑥]

新媒体时代下的全球化局面，决定了国际话语权的竞争很多时候也表现为传统文化和价值观的竞争。话语权是通过话语包含的概念、逻辑、价值观、意识形态等因素产生的影响力。[⑦]话语权的基础因素是国际政治权力结构、话语内容和质量的建构。[⑧]“与世界接轨”在一定程度上就是对“世界”已经确立的话语和话语权的接受和认同。而由于缺乏建立在中国自身文化和经济根基之上的“强势

---

① 小约翰．传播理论 [M]. 陈德民，译．北京：中国社会科学出版社，1999：575.

② 张国庆．媒体话语权——美国媒体如何影响世界 [M]. 北京：中国人民大学出版社，2012：8.

③ 张国庆．媒体话语权——美国媒体如何影响世界 [M]. 北京：中国人民大学出版社，2012：8.

④ 张幼文，伍贻康．新棋局：参与全球经济的中国 [M]. 上海：远东出版社，2003：83–87.

⑤ 刘长乐．争夺话语权是中国融入世界的前提 [EB/OL].（2005–06–11）[2015–04–30].http：//phtv.ifeng.com/lcl/yanjiang/detail_2012_11/02/ 18784641_0.shtml.

⑥ 梁凯音．论中国拓展国际话语权的新思路 [J]. 国际论坛，2009（3）：43–47，80.

⑦ 张志洲．中国国际话语权的困境和出路 [J]. 绿叶，2009（5）：81.

⑧ 张志洲．中国国际话语权的困境和出路 [J]. 绿叶，2009（5）：81.

话语”，“中国话语”反而成为弱势话语。[①] 中国国际广播电台原台长王庚年认为，国际话语权的严重缺失导致了我国国际传播竞争力和影响力弱，他提出争夺国际话语权的关键因素是中国的核心价值。[②] 核心价值对国家话语权具有统摄力，是国际话语权的价值源泉。[③] 只有突出自己的核心价值——中国价值，中国国际传播才能在国际舆论竞争中占有主导地位。王庚年认为，中国梦是中国核心价值体系的载体。美国的核心价值传播以英语语言为先导，而强大的经济实力是其依托。美国的政治制度和价值观以美国文化为载体，披上娱乐的外衣，以生活方式的手段，通过商业或者新型的科学技术进行广泛传播。[④]

笔者把关于话语权的文献研究总结为：中国主流媒体的信息发布能力是提升话语权的主要途径；要重视海外华人的传播力量；核心价值传播是话语权的源泉；软实力的增强能为争取话语权提供契机；要重视非官方的文化交流的重要作用。

第三节 研究设计

一、学术逻辑

本书从分析各国国际传播的战略目标入手，阐述新媒体时代中国国际传播面临的机遇和挑战。笔者从中国媒体战略和外交战略两个方面分析中国的国际传播现状和问题，又借鉴其他国家的国际传播经验，以探究中国在当前国际形势下提升国际传播力的策略和方法。

第一章从新媒体对国际关系的影响和国际传播力的新需求切入新媒体时代提升国际传播力这一研究问题。第二章从国家利益、国家形象和国家软实力三

---

① 张志洲．中国国际话语权的困境和出路 [J]. 绿叶，2009（5）：80.

② 王庚年．中国国际传播的三重境界 [J]. 中国广播电视学刊，2013（11）.

③ 张志洲．中国国际话语权的困境和出路 [J]. 绿叶，2009（5）：83.

④ 王庚年．中国国际传播的三重境界 [J]. 中国广播电视学刊，2013（11）.

个方面阐述国家国际传播的目标。第三章概述了新媒体时代的国际传播力。第四章的主题是传统媒体时代的中国国际传播力。第五章分析了融媒体时代国际传播新趋势和我国主流媒体的融媒体战略，以 CGTN、《人民日报》、央视新闻、新华社和中国国际广播电台等为研究对象，并将它们与世界知名媒体进行比较和分析。第六章主要讨论中国国际传播力的外交形式，对中国的公共外交进行了评估。第七章以文化外交为主题探讨了国家国际传播力的呈现，并以孔子学院作为典型案例分析文化外交和文化传播的重要性，又以孔子学院在 TikTok 上传播为案例分析了移动互联网时代孔子学院的文化外交策略。第八章阐述别国的国际传播经验，有英国和美国媒体的经验，也有德国歌德学院的文化传播特色，还有新加坡的文化、核心价值观以及《联合早报》传播情况。结论部分阐释如何提升崛起中大国的国际传播力，从争取话语权、采取多种国际传播手段、塑造国家形象等方面论证国际传播战略，也从公共外交战略和文化外交战略论述国家的外交战略。最后，本书指出提升国际传播力的内核还是传播中国的理念，即科学发展观、中国尊严、中国国民幸福，等等。

二、研究方法

本书具有跨学科研究的特性，综合运用新闻传播学、国际关系学、政治学等学科知识来阐释和探讨国际传播力问题。正如陈力丹教授所言，无论“科学方法论”名下的各种方法如何新颖并在实证方面显得有效，人文历史哲学的逻辑分析比单纯的量化分析更显示人的思维特性。①本书采用系统分析的方法，对中国国际传播力的重要性、建设现状及提升路径进行了综合分析。首先，本书在分析国际传播目标时运用了马克思主义的唯物主义观点和方法，分析出国家利益、国家形象和国家软实力三个维度。其次，本书运用了理论与实践相结合、历史与现实相结合的研究方法，从理论依据、中外的经验和教训视角分析了中国国际传播力建设的重要性。再次，本书体现层次分析的方法，从国内、国际两个层次上分析了如何加强中国国际传播能力建设。最后，本书还运用了

---

① 陈力丹 .2010 年：媒体融合条件下的新闻传播学 [J]. 新闻与写作，2010（12）：1.

多种研究方法，将定性分析和定量分析相结合。具体的研究方法有以下几种。

（一）文献分析法

笔者对大量已有的有关国际传播力研究的文献资料进行了查阅、梳理和分析，总结和概括了其内在的逻辑，然后，结合本书研究目的，在进一步分析的基础上提出自己的观点。

（二）统计资料分析法

笔者尽可能收集一些官方或准官方统计资料，通过对其中的调查数据、统计文献等进行二次分析和运用，更好地描述研究问题之间的关系及作用，增强文章的实证性和说服力。

（三）比较分析法

比较分析法贯穿了本书研究的始终，本书以传播学理论作为统领，借鉴了国际关系学、新闻学、政治学等多学科理论来阐述所研究的问题，同时对多项传播个案进行了多次交叉比较分析，如中国国际广播电台和美国之音（VOA）、英国广播公司（BBC）对比，新华社和美联社、路透社进行比较，中国的孔子学院和德国的歌德学院进行比较。同时，本书还对各影响因素自身的发展变化进行了比较分析。

（四）案例分析法

本书选择新华社、中国国际广播电台作为中国主流媒体的代表，分析中国传统媒体应对新媒体时代而进行的变革，并以国际知名媒体 CNN 和 BBC 为案例分析美国和英国主流媒体的国际传播战略。本书以孔子学院为评估案例，还以歌德学院作为文化传播的成功案例分析文化传播的重要作用。本书还选取新加坡为典型国家分析民族国家的核心价值观，指出国家的核心价值体系是国际传播力的内核。

（五）参与式学习法

笔者在撰写本书期间参加了多次以国际传播力为主题的国际会议和国内研讨会。一是 2012 年 10 月 14 日至 2012 年 10 月 18 日，中国传媒大学广播电视研究中心与加拿大西蒙菲沙大学传播学院联合举办的传播与全球权力转移国际学术研讨会，会议主题是“传播与全球政治、经济和文化权力转移”；二是 2012 年 12 月 7 日，中国传媒大学传媒艺术与文化研究中心举办的主题为“道与法：中国传媒国际传播力提升的理念与路径”的对话会谈，此次研讨会就提升我国传媒国际传播力的观念与方法进行了历史梳理、学理分析和实务解读，探析了上述方面对提升我国传媒国际传播力的影响；三是 2014 年 3 月 18 日由中国传媒大学、武汉大学、清华大学和厦门大学主办的首届“中国传播能力建设”创新与发展学术研讨会。

通过参加研讨会，笔者与业界和学界的专家进行了充分的沟通交流，拓宽了研究的思路，同时也收集到了最新的研究数据。

（六）深度访谈法

作为对已有数据的补充，笔者对英国兰开夏孔子学院中方院长和中国传媒大学新媒体研究院的负责人进行了深度访谈，针对具体问题展开了充分讨论，笔者从中得到了详细数据。

第二章　国际传播的战略目标

新媒体时代下，全球信息传播秩序已经是国家利益和新闻规律双重力量博弈下的产物。西方媒体运用新闻表达技巧，以遵循新闻规律的名义表达和维护国家利益，[①]这种报道新闻不基于客观事实，而以自身国家利益为重要考量的做法，是与新闻追求公平、公正、平衡的理念背道而驰的。在遵循新闻规律的前提下为国家利益代言，已成为全球媒体的基本生存法则。[②]

国际传播更多是一种国家行为，与国家利益密切相关，必然被置于国家的严格控制之下，呈现出趋利避害的“过滤式传播”特点，在国家的非常时期尤其如此。[③]可以说，国家形象和国家利益紧密联合，国家形象反映的是国家发展的价值标准，国家利益强调的是国家发展的价值尺度。从新闻传播的角度认识国家形象，可以认为“国家形象是一个国家在国际新闻流动中所形成的形象，一国在他国新闻媒介的新闻言论报道中所呈现的形象”[④]。

---

① 汤向阳．新闻规律名义下的国家利益表达 [D]. 北京：中国传媒大学，2009.

② 汤向阳．新闻规律名义下的国家利益表达 [D]. 北京：中国传媒大学，2009（5）：9.

③ 程曼丽．国际传播学教程 [M]. 北京：北京大学出版社，2006：5–6.

④ 徐小鸽．国际新闻传播中的国家形象 [M] // 刘继南．国际传播——现代传播论文集．北京：北京广播学院出版社，2000：27.

第一节　维护国家利益

一、国家利益的定义

国家利益是国际关系的核心概念之一，国际关系的不同流派从不同视角分析国家利益。国家利益也是国家对外战略的出发点和归宿，包括安全利益、政治利益、经济利益、文化利益，在不同历史时期，其内涵和顺序不同。国家利益是民族国家追求的主要好处、权利和收益点，并反映这个国家的全体国民和各种利益集团的需求和兴趣。

按照美国著名政治学家汉斯·摩根索的理论，国家利益包括领土完整及国家主权和文化完整。另一位美国政治学家迈克尔·罗斯金认为，国家利益可以分为：主要利益和次要利益、暂时利益和永久利益、特殊利益和一般利益、互补性利益和冲突性利益。[①] 根据国家利益不同组成部分的重要程度，可将其分为主要利益和次要利益；根据国家利益的时效性，可将其分为长远利益与近期利益；根据国家利益的使用程度，可将其分为普通利益和特殊利益。[②]

清华大学阎学通教授认为，国际政治中的国家利益是一个民族国家的整体利益，是满足民族国家全体人民合法的物质与精神需要的东西，即在物质上需要安全与发展，在精神上需要国际社会承认与尊重。[③] 阎学通还指出国内政治的国家利益和国际政治的国家利益要区分开来。

国家利益涵盖民族利益，又具有社会公共利益的特色。国家利益是国家的最高利益，是国家对外交往的行动指南和行为准则。根据复旦大学倪世雄教授的观点，在国家利益的维护方面，发展和保持自身强大的实力是基础，也要区分清楚对内和对外两个层次的国家利益，对内的国家利益从国家的政策目标上体现出来，对外的国家利益要符合国际准则和国际道德标准，并被国际社会接

---

① 罗斯金，等．政治科学 [M]. 北京：华夏出版社，2006：410.

② 宋新宁，陈岳．国际政治学概论 [M]. 北京：中国人民大学出版社，2000：115–117.

③ 阎学通．什么是国家利益 [M] // 王逸舟．中国学者看世界：国家利益卷．北京：新世界出版社，2007：5–8.

受和承认。一国外交政策的目的是国家利益最大化，用次要利益换取实质性利益和长远利益。① 国家形象是国家利益实现的重要因素。

研究国家利益时要关注给定的和不会轻易改变的要素，这是指一个国家的幅员、地理位置、资源总量、人口等，这决定了一个国家基本的发展方向和基本外交方略。② 经济全球化背景下，21 世纪的国家利益界定也有了一系列的变化：安全利益中的信息、科技、环境安全凸显；政治利益表现为绝对的主权向相对的主权过渡；经济利益在国家利益中的权重上升；文化利益日益受到重视。

二、国家利益扩展

研究全球化、信息化社会的国家利益，其内涵必然扩展，国家利益和全球利益紧密结合在一起。国家利益形式上由国家决定，其内涵早已不纯粹是一个国家的决定，其定义和范围早已超出传统的认知和框架。③ 全球化时代，国家利益凸显“以人为本”，国家利益和国民利益、国家利益和国际利益紧密相连，文化、环境、人权等因素变得尤为重要。国家利益已经从传统意义过渡到现代意义。在和平发展时代，各国在软实力层面的战略利益凸显。

学术界对市民社会的国家利益的研究很有意义。在法治观念起重要作用的市民社会里，公民个人对自身权利的追求，带有明确的法律意识。在市民社会中，国家机构要依照法律规范自己的行为，当政者有关国家利益的重大决定受到民众的强有力制约。④

学者们在研究信息社会时，国家利益和媒体是一个热门话题。媒体最主要的政治功能就是为国家利益代言，因此，国际媒体的首要任务是为国家利益代言，维护国家利益是国际媒体运作新闻的出发点。然而，国家形象是达到维护国家利益这一目的之重要手段。以美国为例，美国为什么推行干涉主

① 倪世雄，等 . 当代西方国际关系理论 [M]. 上海：复旦大学出版社，2001：95，256.

② 王逸舟 . 国家利益再思考 [J]. 中国社会科学，2002（2）.

③ 王逸舟 . 国家利益再思考 [J]. 中国社会科学，2002（2）.

④ 王逸舟 . 国家利益再思考 [J]. 中国社会科学，2002（2）.

义，这是因为美国认为发生在全球任何一个地方的事件都对美国的国家利益有影响，发生在全球任何地方不符合美国口味的事变都是对美国国家利益的侵害。陈宪光教授在其《当代国际关系教程》一书中对国家利益的总结很有借鉴意义：（1）各国都有主权，维护和发展主权界定的国家利益是正当与合理的；（2）维护、增进和实现阶级利益与民族利益统一的国家利益是正当与合理的；（3）发展与人类社会共同利益、进步利益相一致的国家利益是正当与合理的。①

中国作为联合国安理会常任理事国和核大国，在国际社会拥有政治上和军事上的特殊地位。中国的国家安全和国家主权是国家利益的核心，维护国家利益绝不仅是单纯的对外防范，对内自我改造和提高亦非常重要，而且，随着外部环境的改变要对国家利益做相应调整。

三、国际传播力与国家利益实现

对于国家利益的实现问题，传播学者研究传播战略，而国际关系学者注重利用政治和外交战略。谈到国家利益的维护和拓展问题，可以说，民族国家的综合实力是维护国家利益的基础。国家对其国家利益应有精准的定位。民族国家处理国家大事和国际事务时要明确长远利益和短期利益、主要利益和次要利益，并促进多种利益协调发展。另外，不可忽略的是，国家形象是国家利益实现的重要因素。

① 陈宪光．当代国际关系教程 [M]. 北京：知识产权出版社，2007.

第二节　改善国家形象

一、国家形象的定义

国家形象问题一直是传播学界、国际关系学界研究的热点，国内外学者对国家形象有诸多丰富的研究。中国传媒大学刘继南教授把国家形象的要素总结为政治、经济、军事、外交、文化、自然环境、教育、科技、体育、国民等。[①]也有学者把国家形象定义为国际舆论和国际民众对一国的物质基础、国家政策、国家行为、民族精神及其成果的总体评价和认定。[②]笔者认为，国家形象可以说是人们对一国硬实力和软实力的认可程度和综合评价，是内容和形式的统一。

传媒是塑造和传播国家形象的重要工具和国际力量博弈的前沿战场，但传媒是我国国家形象战略中的薄弱环节。[③]在传播能力西强中弱的情况下，西方国家利用自己强势的传媒歪曲中国的国家形象。“中国崛起论”和“中国威胁论”是不同国家对我国国家形象的认知。

二、国家形象的意义

国家形象与一个国家的发展紧密相关，正面的国家形象有利于国家的发展。各国的国家形象基本继承了历史文化传统，体现民族精神，又融入现代国家发展的方向、鲜明的特色和一贯的印象。例如，英国的“创意英国”，美国的“美国梦”，日本的武士道精神，等等。

媒体的政治功能之一是为国家利益代言，为国家构建良好的对外国家形象。美国的公共外交部门致力于塑造国家形象，美国从联邦政府到州政府都有专设的公共关系部门，国家形象与国际舆论联系紧密。在全球化日益深化

① 刘继南，何辉，等．中国形象：中国国家形象的国际传播现状与对策 [M]. 北京：中国传媒大学出版社，2006：12.

② 张昆，徐琼．国家形象刍议 [J]. 国际新闻界，2007（3）.

③ 韩源．全球化背景下的中国国家形象战略框架 [J]. 当代世界与社会主义，2006（1）.

发展的前提下，公共外交是优化中国国家形象的手段，中国的现代化建设和中华民族伟大复兴的实现需要对中国有利的舆论环境，另外，国家形象战略还能够创造出新的权力。①

按照国际关系建构主义的观点，观念决定身份，身份决定利益，利益决定形象。② 国家利益和国家形象，前者是主旨，后者是表现形式。权利和利益概念的内涵是由一国制定外交政策时特定的政治传统和文化环境决定的。③ 民族精神和国家主体意识是国家形象塑造的基础部分。④

国家形象的"他塑"和"自塑"问题很重要。一国的媒介在塑造自己国家形象的同时，也在塑造其他国家的形象。新媒体时代的国家形象塑造，由于传播的跨境，要兼顾国内形象塑造和国际形象塑造。

国家形象的塑造要重视主体与客体的不同作用，国家形象塑造的主体是政府和媒体。一直以来，在国家形象塑造中，大众传媒发挥着决定性作用。新媒体时代，广大的国民对国家形象塑造起到格外重要的作用，个人、企业、组织等参与到国际传播进程中。国家形象塑造的客体是指国家形象传播的对象。笔者认为，必须搞清国家形象塑造的重点，有针对性地塑造和传播国家形象。所以说，中国公共外交和文化外交要分清主要对象国和重点对象国。

国际传播的渠道、覆盖面和影响力决定了一个国家的国家形象塑造。一个国家若在国际社会缺少话语权，其国家形象的塑造可能被其他国家主宰。塑造国家形象的媒体策略，根据各国的具体情况和综合实力来确定。美国等西方发达国家占据着全球最大范围的传播资源，拥有传播技术优势。

对于中国来说，根据国家实情进行有效的文本构建对国家形象塑造很关键。此外，及时、准确地抓住机遇进行中国国家形象的传播非常重要。中国要制定国际传播战略，在遵循新闻传播规律的基础之上开展国家形象传播。党的十八届三中全会通过了《中共中央关于全面深化改革若干重大问题的决定》（以下简称《决定》），《决定》中明确提出，要大力开展对外文化交流，加强国际

① 揭晓. 全球化背景下的中国国家形象战略 [D]. 广州：暨南大学，2006：38–40.

② 王军旗. 新媒体环境下国家形象的生成 [D]. 上海：上海外国语大学，2009.

③ 摩根索. 政治学的困境 [M]. 徐昕，等译. 北京：中国人民公安大学出版社，1990：365.

④ 程曼丽，王维佳. 对外传播及其效果研究 [M]. 北京：北京大学出版社，2011：36.

传播能力建设和对外话语体系建设，推动中华文化走向世界。2016年2月19日，习近平同志在党的新闻舆论工作座谈会上指出，要加强国际传播能力建设，增强国际话语权，集中讲好中国故事，同时优化战略布局，着力打造具有较强国际影响的外宣旗舰媒体。①新媒体时代的国家形象传播要融入世界话语体系，上海合作组织峰会和“一带一路”倡议为国家形象塑造和推广提供了很好的契机。

第三节　增强软实力

一、软实力的定义和研究状况

软实力是相对于硬实力而言的，最早由哈佛大学教授小约瑟夫·奈提出。国家的综合国力包括硬实力（hard power）和软实力（soft power）。硬实力是基本资源、经济力量、科技力量、军事力量等。软实力则是文化和意识形态吸引力。小约瑟夫·奈的软实力理论主要应用于国际关系领域，软实力在大国竞争中起着重要的作用。

中国对软实力的研究，开始于复旦大学王沪宁教授1993年的研究，他认为政治体系、民族士气、经济体制、科学技术、意识形态等的发散性力量表现为一种软实力。②一个国家的软实力，阎学通认为是一个国家对物质资源的使用能力，是国家对内部和外部的政治动员能力。③复旦大学苏长和教授认为，国家软实力是国家交往中因为信息、沟通、知识等因素而产生的彼此关系中的影响与被影响、支配与依附的状态。④也可以说，软实力是一

① 李斌，霍小光．习近平：坚持正确方向创新方法手段 提高新闻舆论传播力引导力 [EB/OL].（2016-02-19）[2019-07-12]. http：//www.xinhuanet.com//politics/2016-02/19/c_1118102868.htm.

② 王沪宁．作为国家实力的文化：软权力 [J]. 复旦学报（社会科学版），1993（3）.

③ 阎学通．中国软实力有待提高 [J]. 中国与世界观察，2006（1）.

④ 苏长和．中国的软权力——以国际制度和中国的关系为例 [J]. 国际观察，2009（2）.

国在文化力、制度力基础之上的对国内和国外的感召力、吸引力、协同力和整合力。①

二、软实力的基本要素

（一）文化是软实力的重要因素

硬实力容易理解，而软实力内涵更多，是一个国家民族文化的一部分。当今世界，国与国之间的竞争不可忽视政治制度、文化实力在内的软实力比拼，中国要和平崛起，硬实力和软实力必须同步提升。

文化是软实力的重要来源。通过文化生产、文化教育、文化交流和信息传播等手段，一个国家奉行的价值理念（思想、观念、原则等价值理念）被其他国家认可，赢得国际声誉和产生影响力。②中华文明的影响力是我国的重要优势，中国的软实力必须在国内和国外都实现其价值。

（二）国家形象是软实力的主要内容和载体

软实力是一国的文化、价值理念、社会制度和发展模式的国际影响力和感召力。其最高目标是实现本国的文化、价值理念、社会制度和发展模式在国际社会中的主体化，最大限度地发挥国家的影响力。③软实力的基础是一个国家的文化和意识形态，软实力对国家战略目标的实现起重要作用。软实力的提升可以减少国家在崛起过程中和其他国家的矛盾，营造一个长期和平的国际环境。④

软实力来源于国家的文化、价值观念、政治制度和外交政策等多方面，其存在的前提是国家倡导的价值符合人类社会发展的内在要求和潮流。⑤美国的国家软实力的构成要素范围很广，国际贸易、海外投资、发展援助、外交倡议、文化影响力、人道主义援助和灾难救济、教育、旅游等都包括在内。⑥软实力

---

① 黄金辉，丁忠毅 . 中国国家软实力研究述评 [J]. 社会科学，2010（5）.

② 何增科 . 国际社会提高软实力的做法和经验 [J]. 毛泽东邓小平理论研究，2010（10）.

③ 赵刚，肖欢 . 国家软实力 [M]. 北京：新世界出版社，2010：2.

④ 高兴伟 . 当代中国国家利益观研究 [D]. 沈阳：辽宁大学，2012：68.

⑤ 黄金辉，丁忠毅 . 中国国家软实力研究述评 [J]. 社会科学，2010（5）.

⑥ 黄金辉，丁忠毅 . 中国国家软实力研究述评 [J]. 社会科学，2010（5）.

也是实现国家战略目标和国际利益最大化的重要工具。

新媒体时代，全球媒体主导着国际舆论走向，国际传播是“软实力”发挥作用的主要载体。媒体的传播能力是软实力的一个重要方面，传媒业情况也成为评估国家综合实力的重要指标。文化和信息传播构建着软实力的内涵，可以总结说，软实力的内功是国家的文化、发展模式，软实力的外功则是国家形象。

可见，国家形象战略还能够创造出新的权力，软实力能促进国家硬实力的提升。

（三）外交政策建构软实力

在信息时代，当主流思想更接近国际理念时可以最大可能地运用软实力。我国的软实力建设存在软实力逆差，经济发展速度和软实力不相称。分析其原因可以发现，这是我国独特的意识形态和韬光养晦的外交战略造成的。在我国，“发展中国家”“社会主义初级阶段”这两个标签决定着新闻报道的走向。我国发展文化软实力战略，应该分为对内和对外两个方面。软实力构建的对外方面，其主要目的不是谋求文化霸权，而是让世界人民了解中国文化，扩大中国文化的国际影响力。

三、国际传播力与软实力实现

国际传播力是软实力的重要内容。在探讨媒介在社会发展中的作用时，不可忽略“媒介帝国主义”的批判思想。新媒体时代，“媒介帝国主义”这一术语继续被广泛应用于传播学研究和文化研究等社会科学领域，描述在资本力量驱使下拥有先进信息传播科技的美国等西方国家宰制全球文化的态势。“媒介帝国主义”理论也成为全球化语境下倡导文化多元化与文化保护主义的一种重要的批判性思维。①

中国构建软实力，更多是为创建良好的国际发展环境和国际舆论环境，赢得国际社会的认同和尊重。互联网时代的外交环境、国家形象塑造体现一国公共外交的成绩和效果。中国要提升软实力，必须完善外交战略，塑造良好的国

---

① 董毅．从“文明冲突论”看中国国际传播的“软危机”[D]．武汉：华中科技大学，2006：5.

家形象，还要大力开发文化资源。

中国自改革开放以来，提出的三大普世意义的价值是发展、稳定与和谐，这也是中国实现软实力的优势。中国经济持续增长带来的“中国模式”在国际社会影响力巨大，这对一些国家，尤其是其他发展中国家很有吸引力。

第三章　新媒体时代与国际传播能力

第一节　新媒体：概念、演变与特点

国际传播力是一个主权国家所具有的一种特殊力量，是政府和民间拥有的传播力量的总和，是一个国家为实现国家利益在国际范围内进行信息交流的能力和效力。在新媒体时代，全球化的迅速发展削弱了国家主权的同时带来了媒介自身性质的多元化、媒介主导地位的上升。由于技术、财力和传播手段等方面的不平等，现存的全球传播体系虽然在形式上打破了传统地缘政治的界限，但从内容上仍然存在全球传播霸权。①

一、新媒体界定

（一）新媒体是时间上的概念，"新"是一个相对的概念，新媒体的媒介形式处于发展之中

引用清华大学熊澄宇教授的说法，新媒体的"新"是相对"旧"而言的，新媒体是一个时间概念，因为在一定的时间段内，总有一种占主导地位的新媒

---

① 刘国强．从国际传播到全球传播的范式转换 [J]. 新闻爱好者，2010（5）.

体形态；新媒体是一个发展的概念，因为新媒体不会也不可能终止在某一个固定的媒体形态上，新媒体一直处在并永远处在发展的过程中。[①] 新媒体是指在计算机信息处理技术基础之上出现的媒体形态，即与“旧媒体”（报刊、广播、电视）相对的“新媒体”（互联网、手机等数字化媒体）。

（二）新媒体是相对于传统媒体而言的概念

按照中国人民大学匡文波教授的说法，新媒体是在报刊、广播、电视等传统媒体之后发展起来的新的媒体形态，包括网络媒体、手机媒体、数字电视。新媒体也是一个宽泛的概念。笔者对中国传媒大学新媒体研究领域的专家进行了深度访谈，专家认为新媒体从传播业态来看可以有三个方面内容：数字广播电视新媒体，如数字电视、IPTV、卫星电视、高清电视……宽带网络新媒体，如 Web 2.0/3.0、Web TV、Blog、SNS、播客与视频分享、Wiki、微博、电子杂志、电子书、游戏……移动新媒体，如手机电视、掌上游戏、移动多媒体广播、移动互联网。

（三）新媒体是一个技术性概念

国外的研究者往往把新媒体和信息与传播技术（information and communication technology）结合在一起。新媒体的产生依托于电子计算机的发展和通信技术的发展。1946 年，世界上第一台计算机在美国被发明出来。直到 40 年后，电子计算机才从军工转向商用和民用，迎来高速发展期。20 世纪六七十年代，卫星通信和光纤通信技术的发展日新月异，1965 年，第一颗通信卫星成功发射。1977 年，世界上第一条光纤通信系统投入运行。

从技术上审视新媒体，数字化技术、网络技术、信息传输技术，这三种技术相互交叉、相互融合，形成了新媒体发展的三条路径。其一，基于传统和新的广播电视网络、卫星直播网络的新媒体形态，包括数字广播、数字电视、多媒体数字广播、卫星广播、直播卫星电视等；其二，基于互联网和第三代移动通信技术的新媒体形态，包括网络音频与视频广播、移动电视、手机电视等；其三，传统的广播电视网络与第三代移动通信技术结合形成的网络互动电视等

① 熊澄宇．整合传媒：新媒体进行时 [J]. 国际新闻界，2006（7）：7.

形态。[①] 世界上各项新传播技术的发展和运用，都是以数字化为基础，具有辐射性强、渗透性广的特点。

自 2019 年后，在第五代移动通信技术、国家政策以及市场等多方影响之下，新媒体发展显示出了新的特点和趋势。而 5G 的商业化也在进一步影响新媒体行业的发展。2020 年的《政府工作报告》中提出，要加强新型基础设施建设，发展新一代信息网络，拓展 5G 应用。[②]2020 年 6 月 30 日，中央全面深化改革委员会第十四次会议召开，会议强调，加快推进新一代信息技术和制造业融合发展，提升制造业数字化、网络化、智能化发展水平，以 5G 为代表的新一代信息技术对媒体行业影响深刻，并助力产业转型与新经济发展。

（四）对新媒体的不同诠释来自不同领域

科技领域、艺术领域和传媒领域的学者都从他们各自不同的角度出发对新媒体进行了解读。除了公认的因新的信息传播技术产生的新媒体外，本书把传统媒体的新技术和传统媒体的新渠道都归类为新媒体。新媒体是信息传播技术的产物，新媒体时代可以说是信息传播技术时代。

新媒体的普及性和交流的即时性、互动性，不仅影响着信息的传播方式、速度和内容，也促使受众广泛参与讨论，形成强大的舆论力量，同时，通过受众广泛参与讨论这种方式权力被分散到更多的个人和群体当中。2008 年，互联网、手机电视等新媒体第一次作为独立转播机构与传统媒体一起被列入奥运会转播体系。传媒机构在购买电视转播权的同时，也买下了网络转播权。

（五）从媒体形态的发展角度看新媒体

互联网出现后，与传统媒体迥异的新兴媒体是建立在数字技术基础之上的信息扩展、速度加快、方式丰富的媒体。第一，新兴媒体主要包括光纤电缆通信网、数字电视、手机等。第二，随着社会发展和生活方式的改变，一直存在但长期未被社会发现传播价值的渠道和载体，因为营销理念的变革和泛商业化的运用而成为传播的新载体，被赋予了媒体的意义。[③] 如大量新兴的户外媒体

---

① 王庚年 . 国际传播发展战略研究 [M]. 北京：中国国际广播出版社，2006：224.

② 黄楚新，王丹 . 聚焦“5G+”：中国新媒体发展现状与展望 [J/OL]. 科技与出版，2020（8）：1-7[2020-07-24].https：//doi.org/10.16510/j.cnki.kjycb.20200722.006.

③ 贾文凤 . 新媒体的发展和社会影响 [D]. 成都：四川省社会科学院，2007：5.

和楼宇电视、车载移动电视等，虽然大多并不属于科技进步产物的范畴，但相较传统的四大媒体和传统的户外媒体，也算是新的媒体形态。

（六）新媒体带来的产业融合

新媒体技术带来广电、电信和互联网的产业融合，即“三网融合”。2010年1月13日召开的国务院常务会议决定：“推进电信网、广播电视网和互联网融合发展，实现三网互联互通、资源共享，为用户提供话音、数据和广播电视等多种服务。”国家电网曾经提出“四网融合”的概念，即广播电视网、互联网、电信网和智能电网四网融合，也就是在现有的三网融合的基础上加入智能电网，四网融合已有试点。

三网融合技术持续发展可以不断提高传输网络和访问网络技术。新的网络技术如可视化电子视觉网络技术、电子信息广播传输技术，以及交互式网络传输技术的不断完善和提高为创新能力奠定基础，使三网融合技术能够更好地为网络发展提供动力和保障。①

（七）新媒体的多种传播形式

中国人民大学喻国明教授指出，新媒体意味着：技术的进步、传播语境的改变、传统话语权的解构和内容生产方式的转变。喻国明教授认为媒体融合时代传播方式数字化、传播语境碎片化和全民性的自媒体模式产生。新媒体的类型主要有门户网站、搜索引擎、电子邮箱、虚拟社区、网络游戏、博客、播客、维客、手机短信、网络电视、手机电视、数字电视、手机报、网络杂志等。②5G技术与新媒体的融合发展，实际也在推动物联网技术的应用及发展，人类真正进入了万物皆媒的时代,各类全场景终端设计也在纷纷抢夺信息传播的主战场。2015年7月，麦肯锡发布的权威报告指出，全球物联网有望渗透的下游应用市场规模将在2025年之前达到3.9万亿—11.1万亿美元，达到约11%的全球经济占有率，并与城市管理、生产制造、家庭事务、汽车驾驶、能源环保、物流运输、工作办公、消费结算、个人健康等重要领域结合形成9个千亿级规模以上的细分市场。届时，传播终端将无所不在，智能设备扮演着媒介的角色，

---

① 罗象乾．谈三网融合对传输及接入技术的影响 [J]. 计算机产品与流通，2019（3）：167，173.

② 喻国明．解读新媒体的几个关键词 [EB/OL].（2007-01-04）[2017-01-04]. http：//media.people.com.cn/GB/ 22114/64606/75212/5244163.html.

促使物质世界与虚拟空间的融合程度更深，传播媒介所营造的“拟态环境”与现实社会更难以区分。[①]

二、新媒体的特点

著名传播学者拉斯韦尔以建立模式的方法对大众传播活动做了分析，提出著名的“5W”模式，系统、全面地描述了一个大众传播媒体的内容和形式，涵盖了传播活动的所有参与因素，包括：谁（who）、说什么（says what）、通过什么渠道（in which channel）、对谁（to whom）、取得什么效果（with what effects）。笔者试图以此思路来阐释新媒体的特点。

（一）新媒体技术的特点是数字化、大容量和易检性、高交互性

数字化技术指的是运用 0 和 1 两位数字编码，通过电子计算机、光缆、通信卫星等设备，来表达、传输和处理所有信息的技术。广播、电视、通信等的信号通过统一编码，以码流形式进行传播，即文本、图片、音频、视频等都用比特组合来表达。“大容量和易检性”是指数字化技术可以扩大原有的模拟式广播电视占用频率的容量，使更多频率或频道的出现成为可能。高交互性即新媒体技术保证了受众不必受限于传统媒体对时间地点的硬性要求，受众可以根据自身的需求，决定在什么时间以什么方式获取信息。

（二）新媒体传播模式的特点

一是传播者地位的变化，受众变为传播者，产生新的传播组织；二是受众的分众化、需求的碎片化和个性化；三是传播内容的变化，共享成为常态，新的技术不断出现，给受众不断带来新的体验；四是信息渠道的扩散化，人际传播和组织传播的重要性得到充分发挥；五是传播效果的不可预知性，新媒体传播突发事件时，会产生新媒体传播的“蝴蝶效应”，“蝴蝶效应”伴随着混沌理论，使有序变无序，所以，国家和政府都要懂得危机公关和应急策略。

麻省理工学院著名新媒体学者亨利·简肯斯认为 Web2.0 时代的新媒体具

① 协成智慧科技．物联网将给媒体带来哪些变化？[EB/OL].（2017-11-16）[2020-08-08].https://www.sohu.com/a/204704560_180475.

有三个特征：媒体融合、参与式文化、集体智慧。清华大学熊澄宇教授认为新媒体又称数字媒体和网络媒体，是建立在计算机信息处理技术和互联网基础之上，发挥传播功能的媒介总和。中国人民大学匡文波教授把“数字化”和“互动性”作为界定新媒体的主要标准。新媒体时代，传统媒体的主体地位受到影响，但传统媒体也拓展了新的空间。

（三）新媒体的国际传播力

传统媒体的国际传播，传播主体单一，信息资源易于控制，媒体管制方便实施。参与国际传播的主体受国家财政支持和法律约束，是政府的“喉舌”。由于国际信息获取相对复杂，接近信息源的媒体一般是支持政府的媒体。以2003年伊拉克战争为例，当时美国政府的随军记者制度，保证了政府能把控信息源，控制舆论。到了社交媒体普及的2011年，“茉莉花革命”和叙利亚、埃及等阿拉伯国家的国际局势动荡充分说明了社交媒体的强大作用力。阿拉伯国家控制媒介能力弱，所以出现了信息传播失控的情况。

（四）新媒体的国际传播

（1）传播主体。主体更“多元”，个人也可参与国际传播。除了大众传播外，群体传播、组织传播、人际传播的影响巨大。

（2）传播内容。传播的内容丰富多样，强大的“转发”和“共享”形成气候。

（3）受众。受众有年轻化和高学历化的趋势。

（4）传播手段。一切基于互联网技术的社交媒体都可帮助传播，微信、微博等出现后，传播渠道呈现多元化。

（5）传播效果。舆论扩散使得舆论把控更加复杂。

（6）传播的“把关人”。“把关人”存在，却是“事后把关”，所以，“把关”是相对缺失的。国际传播中的互动机制使得政府对网上信息的“把关”难度加大。

三、新媒体时代

新媒体是信息传播技术的产物，新媒体时代可以说是信息时代。在新一轮科技革命的推动下，人类社会正在步入以知识、信息为生产力发展的基本要素和主要资源的知识经济时代。[①] 马歇尔·麦克卢汉（Marshall Mcluhan）于1964年出版了《理解媒介：论人的延伸》一书，提出了“信息时代”（age of information）的概念。新媒体时代是一个微电子技术、电脑技术和光纤卫星通信技术等信息传播技术大放异彩的时代。信息传播技术作为新一轮科技革命的先导，在传媒文化发展和信息生产中起着重要的推动作用。[②] 信息传播技术的核心——互联网，深刻影响了信息传播手段，成为人际传播、组织传播、大众传播，尤其是国际传播的新通道。新媒体时代带来传播手段同质化，即有统一的技术标准。接入互联网之前，各个国家可以有不同标准，在接入国际互联网后，各个国家必须使用英语作为统一的语言符号。

新媒体时代带来了信息全球化，信息在全球跨界流动和自由流动，地球成为地球村。传播技术革命大大降低了信息传输处理的成本，各个民族国家的不同文化和意识形态都在互联网这个平台交汇和融合，也产生了政治、经济、文化的互动。新媒体拥有强大的传播力量，其在促进信息全球化的同时，也突破了原有的国内议程和国际议程的界限。新媒体时代，市民社会兴起，互联网技术构建了公共领域。传播主体的多元化、网络媒体和社交媒体的出现提升了信息传播的速度和广度。传统媒体对新闻信息传播的垄断局面被打破，微博和微信以分享和发现为基本传播形态，对公共领域产生了重要影响。社会舆论变得更加多元、复杂和难以掌控。

新媒体成为影响美国政治的重要力量。新媒体时代，公民个体成为国际社会的一股重要力量，而新闻网站、社交媒体等也拓展和改变了外交的主体和内容。新媒体外交是指利用互联网技术和网络平台开展的外交活动。媒体外交和新媒体外交都成为公共外交的组成部分。

---

① 张咏华．媒介分析：传播技术神话的解读[M].上海：复旦大学出版社，2002：113.

② 张咏华．媒介分析：传播技术神话的解读[M].上海：复旦大学出版社，2002：114.

第二节 新媒体时代的国家国际传播力

一、国家国际传播力的内涵

新时期,中国对外宣传的主体从单一到多元,从国家、政府和媒体"宣传""对外传播"到全员参与传播。中国的国际传播从"宣传"到真正意义上的"传播"的转变,国外有学者认为是2001年中国加入世界贸易组织和成功申办奥运会后发生的。比如说,北京奥运会引入了"媒体服务"概念,北京奥运会后,《中华人民共和国外国常驻新闻机构和外国记者采访条例》颁布,等等。

全球化环境下,现代媒体的社会功能分为对外功能和对内功能。国际传播学者认为,媒体的对外政治功能包括提供国际信息、设置国际议程、展示国家形象、输出文化价值。[①] 因为国家国际传播力的范围较广,所以国内外学者对其展开了多方面的研究。本书所讨论的国家国际传播力,特指中国利用大众传播媒介与别国进行文化沟通与信息交流的能力。

二、提升国际传播力的意义

信息传播技术主导的新媒体时代和全球化背景下,国家主权并没有被弱化,维护国家主权反而成为各国更为迫切的任务和目标。正如"主权回归现象"所述,即使对发达国家和超国家组织(欧盟)而言,国家主权的维护也极其重要。[②] 各个国家在掌握和运用传播技术的能力方面差异巨大,有学者称,在全球信息传播中,技术因素的影响力超过了文化因素,成为主导力量。美国在全球信息产业中占有绝对优势,而现在电子传媒的发展使得美国对全球信息的控制得以通过大众传媒实现,进而大众传媒本身也成了一种霸权形式,即"媒介霸权"。[③]

---

① 刘笑盈.事实与建构:国际新闻的理论与实践[M].北京:中国传媒大学出版社,2008.

② 刘国强.媒介身份重建——全球传播与国家认同建构研究[M].成都:四川大学出版社,2009:16.

③ 宫玉萍,赵刚.国际传播中的"软权力"与信息控制权[J].当代世界,2007(10).

西方媒体在信誉和技术上的主宰地位使其成为全球信息的主要供应商，而美国是最早奉行“新殖民主义”的国家，文化输出意识最为强烈。①

世界多极化、经济全球化背景下，和平与发展已经成为世界性的主题。民族国家的国家利益，不仅包括外交利益，还有经济利益、文化利益等。国际传播力的大小和国家的可信度及媒体的影响力密切相关。笔者将提升我国国际传播力的意义概括如下：

（一）国际传播力可改变国际舆论的“西强我弱”局面

新媒体时代下，迫切需要建立国际传播新秩序，包括我国在内的发展中国家面临抢夺话语权、增强影响力的重要命题，国际传播力直接体现我国媒体在国际舆论格局中的地位和作用。

（二）国际传播力可增强国家发展软实力

全球范围内国家的综合实力的竞争更多表现为软实力方面的竞争。国际传播力的作用在于，硬实力的发展带动软实力，软实力的发展推动硬实力。软实力建设能提高国家外交行为的合理性和合法性，有利于国家利益的维护。

（三）国际传播力可保护国家安全，尤其是文化安全

控制互联网和保护信息主权一直是广大发展中国家的难题。国家安全中的文化安全尤其需要重点保护。国际传播力的增强意味着捍卫国家主权和国家话语权的能力增强，所以，国际传播力可保护国家安全，尤其可保护国家文化安全。

（四）国际传播力可缩小信息影响力差距

新媒体时代传播形态的多元性和互动性可能带给弱势群体、少数派以机会，有利于发展中国家的信息传播上一个新台阶。发展中国家利用新媒体技术，重组世界信息与传播格局，提升国际传播力，可缩小与西方发达国家的信息影响力差距。

（五）扩展隐性的势力疆界

网络媒介加快了发达国家的文化价值观和意识形态的传播，这种所谓的“普世价值观”形成了隐性的势力疆界。提升国际传播力就可以扩展国家隐性的势力疆界。

---

① 官玉萍，赵刚．国际传播中的“软权力”与信息控制权 [J]. 当代世界，2007（10）.

第三节 新媒体时代国家国际传播格局变化

科技的日新月异和传播方式的多元化，使得国家国际传播的范畴扩大、手段增多、影响力空前增强。

一、国际传播范畴扩大

（一）国际传播主体的多元化

以互联网为代表的传播新科技带来的多对多的信息传载方式，使得信息的流动减少了中介，传播变得更快和更远。

基于国际传播的政治性，以往国际传播中的主体多为政府控制的媒介机构，而新媒体时代的国际传播因为网络媒体的介入而呈现传播主体多元化。自媒体增多，这些自媒体在新的平台上进行国际传播，普通大众参与传播，传播速度惊人。

（二）媒介形态的多样化

新媒体时代的媒介形态越来越多样化，报纸、广播、电视、互联网等共同参与国际传播，同时，新媒体平台增加，新媒体对传统媒体开放，传统媒体和新媒体融合发展后又产生新的传播渠道。尤其是在政策和技术的双重驱动下，为“讲好中国故事，传递好中国声音”，近年来我国的主流媒体正着力构建新型主流媒体，如《人民日报》向新媒体转型，从单纯的报纸发展为全方位的融媒体传播矩阵，总用户数达 3.5 亿，报纸用户数只占总用户数的 1%，目前人民日报社大部分的传播阵地已经转移到了互联网。新华社着力做强平台终端，打造具有强大传播力、影响力的传播矩阵；中央人民广播电台坚持台网并重、先网后台，加快整合新媒体资源，探索建立适应短视频发展的传播流程；中国青年报社建立全媒体一体化协调机制，将报纸采编部门转型为全媒体采编部门，实施全媒体绩效考核和人力资源改革。

二、国际传播手段增多

（一）传播技术的演进促进传播发展

互联网出现后，传播技术的多样性导致国际传播的渠道不受限制，传播方式也相互结合和补充。

（二）新媒体的开放性、自主性特点使其不断增加传播的广度

包括 BBS、博客、播客、短视频平台等自媒体使国际传播的手段增多，其开放性也扩展了传播的范围。

（三）新媒体和传统媒体促成媒介融合，拓宽了传播领域

传播技术的发展促成了传播渠道的多元化，实现了网上和网下的融合，手机和互联网的融合，扩展了传播领域。

三、国际传播的影响力增强

（一）新媒体时代，网络媒体和社交媒体强大的“转发”和“共享”功能使得信息的扩散能力空前强大

网络媒体和社交媒体的传播突破了时间和空间的限制，而人际传播的参与更是扩大了传播的影响力。

（二）国内传播和国际传播的同一化

网络媒体的跨境传播使得国内传播和国际传播的界限消除。国际信息领域内，民族国家对信息的占有能力、支配能力和快速反应能力显得尤为重要，这也对一国提出了挑战。[①]

（三）国际传播的全球化传播

新媒体时代带来传播手段的融合和传播态势的不平衡，哪个国家拥有国际传播的优势，就能把握国际舆论的主导权，拥有国际话语权。

---

① 关世杰 . 国际传播学 [M]. 北京：北京大学出版社，2004：11.

（四）新媒体使得国际事务透明化，并能带来国际局势的巨大变化

传统媒体的国际传播必然受到时空方面限制，然而，新媒体打破了信息传播的屏障，网络用户可以无视国界的存在，国际政治局面得以改观。

第四章　传统媒体时代的中国国际传播力

国际传播力，简而言之，指的是一个国家在国际传播中对目标国家或地区进行文化沟通与信息交流产生明显传播效果的能力。进入大众传播时代之后，国际传播的主要工具是以印刷媒介、通讯社、国际广播、电视等为代表的主流大众传播媒介，而随着时代的变迁和科技的进步，卫星电视、移动终端等新媒体成为国际传播的新晋工具。传统媒体和新媒体并不存在被替代与替代的关系，二者在各自领域发挥着自身的优势，成为国际传播不可或缺的媒介途径。

第一节　传统媒体与国际传播力

传统媒体，是相对于近几年兴起的网络媒体而言的，传统媒体是以传统的大众传播方式即通过某种机械装置定期向社会公众发布信息或提供教育娱乐的交流活动的媒体，包括报刊、广播、电视三种传统媒体。

在国际传播活动中，主要的传统媒体传播渠道有印刷媒介、通讯社、国际广播和电视等。

一、印刷媒介

印刷媒介是指以纸张为物质载体，通过印刷手段传播文字信息的媒介。印刷媒介的形态多种多样，其基本形态有书籍和报纸，以及介于它们之间的杂志。广义的印刷媒介还包括标语、传单、海报等印刷品。①

和其他传统的大众传播媒介一样，印刷媒介具有传递信息、影响舆论、提供娱乐、记录并传承人类精神文化遗产的功能。

由于印刷媒介自身形式多样，其功能也相应有所区别。

书籍是装订成册、有封面的印刷物，一般出版周期比较长，并且便于长期使用和保存，主要提供需要深入研究和探讨的某一专题内容。书籍的形式具有持久性，因此是传承文化遗产的主要渠道。

报纸是以刊载新闻报道和新闻评论为主的、定期连续向公众发行的散页出版物。报纸的出版周期短，传播速度快、范围广，适合提供新闻信息，还可以通过信息与广告传播为社会与公众提供各种服务。

报纸通过文字、图片等可以印刷在纸面上的符号传递信息，是基于视觉的传播。报纸的保存性较强，并且价格低廉，此外，一张报纸可以供人反复阅读，也可供多人阅读，所以，报纸具有较高的阅读率和传阅率。

对于读者来说，读者可以根据自己的爱好和习惯选择读报的时间、地点和阅读顺序，同时，不同的报纸因为其级别、性质、传播内容等的不同而在受众心目中具有不同程度的权威性。总体而言，公众对报纸信息的真实性和准确性认可度都较高。

报纸的时效性差，由于报纸出版过程复杂，采写、编辑、排版、印刷、发行缺一不可，因此报纸对新近发生的事实的反应速度远不及广播、电视等其他媒体，这是报纸最大的劣势。②

杂志则是介于书籍与报纸之间的一种印刷媒介，与报纸相比，它是装订成册的，且有封面，与书籍相比，它是定期出版的。杂志虽然及时性不如报纸，

---

① 刘继南．大众传播与国际关系 [M]. 北京：北京广播学院出版社，2000：1.

② 段鹏．传播学基础——历史、框架与外延 [M]. 北京：中国传媒大学出版社，2006：185.

但杂志可以在更广阔的背景下阐释和分析现实问题。“杂志最令人确信的实力之一是它们提供丰富多彩的游戏、信息和思想”。

印刷媒介作为一种信息载体和舆论工具，在现代社会中有着非常重要的地位和作用。随着国际交往的日益增多，其影响已深入世界的各个角落。它能够反映和影响一定的国际政治、经济和文化关系，同时也受制于一定的国际政治、经济和文化关系。①

从国际政治的角度来说。首先，印刷媒介可以反映国与国之间的关系，及时提供可能对国际关系产生影响的各种深度信息。一般的综合性日报，都有国际版，还有一些专门反映国际关系的报刊书籍，能为受众提供世界上发生的最新信息。不过，印刷媒介的国际传播力与地位明显受制于该媒介所在国的国际地位，强国与弱国对国际关系的影响有大有小，印刷媒介作为衡量政治力量的重要因素，国际传播力也不可同日而语。当今世界，《纽约时报》《华盛顿邮报》《华尔街日报》等美国强势报刊媒体背后是一个综合国力世界第一的超级大国——美国；而随着苏联的解体，其最重要的报刊《真理报》的威信也大大下降。

其次，印刷媒介可以通过对一些新闻事实、观点的报道与传播来影响决策者和公众，进而影响国际关系。其中最极端的做法莫过于煽动民族情绪，导致战争爆发。例如，1898 年的美西战争，虽然不能说是报纸引发了战争，但赫斯特的《纽约日报》的确对战争的爆发起到了火上浇油的作用。不过，印刷媒介对国际关系的影响也不全是负面的，如在越战中，随着战争的升级和美国国内反战情绪的高涨，像“美莱惨案”这样的揭露越战真实情况的报道在报刊上大量出现，报刊对美军暴行的报道，为越战的最终结束起了推动作用。

再次，印刷媒介作为国际舆论工具，经常受制于政府并为政府所用。通常来说，政府在制定外交政策之前或之后，都会通过媒介宣传为其政策提供支持，印刷媒介还可以充当政府正式或者非正式的发言人。

最后，印刷媒介还在国际关系中发挥渠道和桥梁的作用。比如在 1878 年，《泰晤士报》就派遣间谍打入会场窃取了条约的文本，结果会议还未结束，英

---

① 刘继南．大众传播与国际关系 [M]. 北京：北京广播学院出版社，2000：16.

国公众就已经看到了条约的全文。[①]

从国际经济的角度来说，报纸、书籍等印刷媒介在协调和发展国际经济关系中主要起到了以下作用：

第一，全面报道和评述国际经济的现状与变动情况；第二，广泛评介各国经济改革与发展的经验和做法；第三，及时评析和预测国际经济未来趋势；第四，充分反映和表述本国对外经济贸易的政策和立场。[②]

印刷媒介是人类文化传播最常用也是最基本的载体，不同文化的交流与冲突也充分体现在印刷媒介上。从积极的角度来说，印刷媒介在世界范围内的扩散，使得科学和文化知识得到广泛传播，促进了世界文化的交流与融合；但与国际政治、经济、文化秩序相适应的印刷媒介也会成为某些国家进行文化侵略的重要工具。传播政治经济学派学者赫伯特·席勒针对美国大众传播媒介在全球的扩张，提出了“传播媒介帝国主义”的概念，认为美国的大众传播媒介向第三世界扩张是一种有组织、有计划的侵略行为。而在 20 世纪 70 年代，第三世界国家就已经认识到西方文化侵略的严重后果，提出要建立一个国际传播新秩序，但遭到西方国家的拒绝。

二、通讯社

通讯社是企业，它的主要目标是搜集新闻和新闻材料，它的唯一宗旨是表达意见或提供事实。它将新闻发给一些媒体企业，并且在特殊情况下也发给私人，以便在收费和符合商业法律和规定的情况下，向媒体企业和私人提供一种尽可能完整和公正的新闻服务。[③]

通讯社作为一种传播工具，在国际传播中也发挥着独特的作用，对国际关系产生着独特的影响。在大多数国家，通讯社是官方的喉舌，反映官方立场，传播国家的声音，是国家形象的塑造者和维护者。[④]

---

① 秦治来．论大众传媒对国际关系的影响 [J]. 新远见，2011（11）：26-32.

② 刘继南．大众传播与国际关系 [M]. 北京：北京广播学院出版社，2000：22.

③ 引自联合国教科文组织 1953 年出版的《通讯社：它们的结构和运转》一书。

④ 刘继南．大众传播与国际关系 [M]. 北京：北京广播学院出版社，2000：22.

一般来说，根据服务范围，通讯社可以分为世界性通讯社（如美联社、路透社等）、国际性通讯社（如埃菲社、安莎社等）、地区性通讯社（如亚太通讯社组织等）和国内通讯社（如以色列联合新闻通讯社等）；而根据所有制性质，又可以将通讯社分为私营通讯社、官方通讯社、半官方通讯社和合作性质的通讯社。在目前世界范围内，四大西方通讯社是指美联社、路透社、法新社和合众国际社，它们的共同特点是：诞生在经济发达的欧美国家，拥有相对悠久的历史，有大规模的、现代化的新闻信息采集和传播网络，有遍布世界的用户，它们发稿数量大、时效性强，并且善于使用客观报道手法，对世界舆论有重大影响。

通讯社的成立对新闻的全球化流动起到了很大的推动作用，促使了新闻在全球各地的及时发布。目前国际信息传播渠道主要掌控在西方通讯社手中，它们中以英国的路透社、法国的法新社，以及美国的美联社为代表。

路透社在 1851 年由犹太人保罗·朱利叶斯·路透在英国伦敦创办。起初该社仅仅发布商业新闻，1859 年 2 月 7 日，路透社记者抢先发回法国皇帝拿破仑三世在会议上的演讲稿，从此路透社声名大振。

现在，路透社是世界前三大的多媒体新闻通讯社，提供各类新闻和金融数据，目前它有员工 16 800 人，在全球的 94 个国家、200 个城市设有运营处及 197 所新闻分社，提供 19 种语言的新闻，每天发稿量达 70 万字。①

法新社前身是建于 1835 年的哈瓦斯社，哈瓦斯社是世界上最早成立的通讯社，它在第二次世界大战中解体，1944 年重建，改名为法新社。

法新社属社会公共组织，其总部设在巴黎，它拥有来自 81 个国家和地区的 2 000 多名雇员，其中 900 人左右在国外工作。法新社在 165 个国家和地区设有分社。法新社的新闻采写活动领域被分为 5 个报道区②，其国内订户为 2 750 家（650 家报刊、400 家电台、200 家电视台、1 500 家机关和公司用户），国外订户达 10 500 家（通过 100 家通讯社向 7 600 家报社、2 500 家电台、400

① 关世杰 . 国际传播学 [M]. 北京：北京大学出版社，2004：271.

② 这五个报道区分别为：以巴黎为中心的分社负责欧洲和非洲的新闻报道；以华盛顿为中心的分社负责北美的新闻报道；以蒙德维的亚为中心的分社负责拉美地区的新闻报道；以香港为中心的分社负责亚太地区的新闻报道；以尼科西亚为中心的分社负责中东地区的新闻报道。

家电视台供稿）。[①]

美联社的前身是1848年成立的美国“港口新闻联合社”，总社在纽约，是美国最大的通讯社。它实际上是一个合作形式的企业，由美国1 700家报刊和约5 000家广播电台、电视台合股而成。美联社在全球有243家新闻分社。美联在每天用6种语言（英语、德语、荷兰语、法语、西班牙语、瑞典语）向客户提供近200万字的新闻，同时还提供照片、广播电视音像和网上服务。[②]

通讯社跟印刷媒介一样,在国际传播过程中不可避免地带有所在国的特点，并为所在国的国家利益服务。通讯社主要通过对国家形象的描绘来维护其国家利益。就西方通讯社而言，它们都为维护本国的利益而不遗余力——对本国情况的报道，不但数量多，角度广，而且生动深刻，极具可读性，从而建构了其他国家受众心目中对西方的“美好印象”。而通讯社还有可能对别国的国家形象进行选择性描绘，从而为本国的国家利益服务。比如，一些西方通讯社在报道发展中国家时，专门报道其“阴暗面”，大多数新闻内容都与骚乱、犯罪、灾难、愚昧、落后有关，而对这些国家的发展和进步却视而不见。

三、国际广播

国际广播，又被称为对外广播，专指以外国听众为对象的广播。它发轫于20世纪20年代，在拓展国际关系方面是最为普遍和简便易行的一种大众传播媒介，发挥着独有的作用。它在进行全球化信息传播的同时，直接为本国政治、经济利益服务。最早开设国际广播的国家是荷兰，不久，德国（1929）、法国（1931）、英国（1932）、日本（1934）等国家，也相继兴办国际广播。

根据办台宗旨不同可以将国际广播电台大致分为五类：

第一类，各国政府开办的国际广播电台，如美国之音、英国广播公司国际广播电台、中国国际广播电台等；

第二类，以营利为目的的商业性质广播电台，如欧洲的卢森堡广播电台等；

---

① 关世杰．国际传播学[M]. 北京：北京大学出版社，2004：272.

② 关世杰．国际传播学[M]. 北京：北京大学出版社，2004：271.

第三类，旨在传教的国际宗教广播电台，如梵蒂冈广播电台、安第斯之声等；

第四类，有意越过国界对邻国人民广播的“对内广播电台”，在中东等地区存在；

第五类，一些持不同政见的组织从某国境外向该国广播的秘密电台。①

目前，国际广播以第一类为主。国际广播作为一种大众传播媒介，是在国家间传播信息，促进国与国之间互相理解，并帮助形成合理、正常的世界传播秩序以及公平的国际舆论环境的重要工具。

但是，自从国际广播诞生之日起，其就不可避免地伴随着国际政治斗争的发展变化而变化，成为本国政府进行国际政治斗争的工具，直接为本国政治、经济利益服务，是各国占领国际舆论阵地的一个锐利武器。国际广播由于具备以下特点而成为国际传播中不可替代的一种大众媒体。

国际广播使用无线电波（主要是短波）传送节目，因而传播速度快，时效性强，同时不受空间的阻隔和国界的限制，有着极其广阔的覆盖面；无线电广播的传送和接收都比其他传媒简单易行；国际广播以声音作为传播介质，通过有声语言和音响表达思想感情、渲染现场气氛，比起文字媒介更具有感染力和可信性，其传送的音乐节目，更是用音乐这种世界性语言与世界人民沟通，具备较强的亲和力；收音机的便携性也使得广播能够被随时接收；最后，在多次的战争中，只有广播可以不受任何封锁，直达听众耳中。

鉴于以上种种优点，国际短波广播仍然是目前国际传播中很重要的工具，在网络媒体兴起之后，广播和网络的结合进一步扩大了国际广播的传播优势。

四、电视

电视是运用电子技术手段传输图像和声音的现代化大众传播媒介，它通过光电转换系统将图像、声音和色彩及时重现在远距离的接收机屏幕上。在当今各种传播媒介并存竞争的局面中，电视仍以其视听兼备的独特传播优势占据着

---

① 刘继南．大众传播与国际关系 [M]. 北京：北京广播学院出版社，2000：35.

极其重要的位置，是大多数人接收新闻和娱乐信息的主要媒介之一。①

电视是视听合一的媒介，电视传播信息的渠道有两个，即视觉和听觉。这是电视与其他传播媒介的主要区别，也是电视的优势——电视视听兼备、声画并茂的特性，增加了传播的信息量，使人们能够更真实、更立体地感受到事物的特征，同时这种视听合一的方式与单一地诉诸听觉或诉诸视觉相比，可以给观众留下更鲜明的印象，使他们记忆深刻。

视听合一的特性也决定了电视的感染力极强，电视将客观事物生动的形象直接呈现在观众面前，使观众产生身临其境的感觉，极大地调动了观众的情绪。同时，电视时效性强，受众面广。

但电视所传播的信息保存性差且信息选择性也差，这是电子媒介的共同劣势，另外，电视机价格高并且不能轻便携带。

在国际传播过程中，电视传播的主角是卫星电视。卫星电视兴起以来，世界各国纷纷采用这一先进的媒介技术进行跨地区、跨国界的电视传播。卫星电视兴起是因为它能满足偏远地区需求，各国使用卫星电视的目的主要是扩大电视节目覆盖范围，提高收视率。后来，随着世界范围的卫星事业的发展，卫星电视日益成为专门提供信息和娱乐的媒体，节目数量迅速增加，卫星电视公司不断涌现和发展壮大，卫星电视节目也在全球范围内日益受到关注和重视。

以美国为例，美国的卫星电视业相当发达，形成了卫星传送与卫星直播并存，以卫星传送为主的格局。美国对待卫星电视的态度基本上受制于美国市场经济发展的需要。一方面，美国国内的卫星电视相互竞争，自由发展；另一方面，随着美国政治和经济的国际化，卫星电视大举进入国际传播市场，倾销美国文化和美国精神。

在美国的卫星电视机构中，有一个机构不可不提，它就是商营国际卫星电视网——由美籍澳大利亚跨国传媒巨头罗伯特·默多克创办的新闻集团。截至2020年，默多克在世界各地自办、合办的卫星电视台和有线电视台已达14家。默多克的卫星电视覆盖范围已占全球面积的1/3和全球人口的2/3。②

---

① 段鹏.传播学基础——历史、框架与外延[M].北京：中国传媒大学出版社，2006：187–188.

② 刘继南.大众传播与国际关系[M].北京：北京广播学院出版社，2000：79.

卫星电视在世界的迅速兴起和发展，使全世界的电视传播出现了新局面，给跨越国境的信息传播带来了极大便利。无论在时间还是空间上，卫星电视都使世界极大地缩小了。卫星电视极大地加速了社会的信息化，全面实现了传播的国际化，改变了“空间”的意义——使得麦克卢汉所说的“地球村”概念越来越成为现实。但是卫星电视的传播资源不均衡，单向传播导致世界文化同质化等问题越发凸显。

技术进步推动的新型媒介形态会促使卫星电视进一步发展，同时促成大量新媒体诞生，也将进一步丰富国际传播的媒介渠道。

第二节　中国的国家对外传播历程

一、中国早期的对外传播思想

中国共产党开展对外宣传活动最早可以追溯到1944年的延安时期，当时中国共产党提出了，“选择和编发最重要、最有国际意义的新闻，消息必须绝对正确，照顾外国读者的理解程度，力求清晰易懂”等工作原则。①1949年后，周恩来、宋庆龄创办的《人民中国》《中国建设》等刊物各有分工，总原则是“争取对新中国和各项政策的理解和可能的支持”。刘少奇在1956年的《对广播事业局工作的指示》中指出：聘请外国顾问以照顾对象国的民族感情，政治上由我国做主，语言和技术上以外国顾问为主。外文出版社在1961年7月开始进行了为期一年的“澄清业务思想”的学习和讨论，讨论的结果为：对外宣传不同于对内宣传，对外宣传要注重读者对象、宣传目的、宣传内容、宣传方法、宣传语言这五个方面。②

周恩来指出：“我们的对外刊物应该在原则上统一于党的领导之下，但在

① 引自《中国传媒大学第四届全国新闻学与传播学博士生学术研讨会论文集》中李彦冰的《全球化背景下对外传播“内外有别”原则的困境与出路》。

② 沈苏儒．对外传播的理论与实践[M]．北京：五洲传播出版社，2004：81.

内容和风格上应该按照受众的不同而定。每一个刊物都应尽最大努力向世界各地它的特定读者对象进行推广，因为我们不是在对自己而是在对世界讲话。”[①]周恩来还指出，中国在对外传播时，对象国的受众要按照不同标准进行区分，即地域、文化、语言、种族等，发送信息的内容、目的、方法也要进行区分。[②]“针对不同的传播对象，通过设置职能相异的外宣和内宣机构，发送不同的信息文本，以期取得不同的传播效果”[③]，这体现了我国对内传播和对外传播的“内外有别”原则。

二、全球化和信息技术变革环境下中国的对外传播格局

随着网络社会的崛起，新媒体时代的到来，信息的全球传递已成事实，这个时候再谈对内传播和对外传播已没有意义。全球化背景和地球村的现实，使对外传播已经演化为国际传播，但是，无论是对外传播还是国际传播，民族国家的国家特性依然是传播的基础。20 世纪 80 年代后，中国相继采用先进的通信技术、卫星传输技术、数码照相技术、电子激光照排技术、多媒体技术、国际互联网技术等，改造和新办了一批国际传媒。

中国媒体域外“落地”，扩大了国际传播的覆盖面。以海外华人、华侨以及港、澳、台同胞为主要传播对象的中央电视台第四套节目（国际频道）的开播（1992 年）以及面向国外观众的中央电视台第九套节目（英语国际频道）的开播（2000 年），更是标志着我国国际传播进入了一个新时期。

2009 年以后，我国对外传播逐步形成了“1+6+N”的立体化格局，也就是以旗舰媒体和六大央媒为先导，多方主体共同参与对外传播。[④]目前传播技术在升级换代，传播格局随之而变，移动互联网拓宽了对外传播的领域，也使得对外传播有了新方式。

---

① 爱泼斯坦 . 周恩来总理和对外书刊出版：下 [J]. 对外大传播，1998（3）：16.

② 引自《中国传媒大学第四届全国新闻学与传播学博士生学术研讨会论文集》中李彦冰的《全球化背景下对外传播“内外有别”原则的困境与出路》。

③ 阎立峰 . 外宣内外有别原则：地理与心灵的辩证法 [J]. 现代传播，2008（4）.

④ 朱鸿军，蒲晓，彭姝洁 . 中国对外传播 40 年回顾 [J]. 对外传播，2018（12）：1，8–10.

2009年9月，《中国日报》iPhone客户端登陆苹果应用商店（App Store）；2010年1月1日，新华社中国新华新闻电视网中文台正式开播；2016年12月31日，中国国际电视台成为2017年全新起航的国际传播旗舰平台。自此，《中国日报》《人民日报》和新华社英文客户端、中国国际电视台等媒体开启了国际传播新局面。

第三节　中国的国际传播特色

一、以报纸为主的印刷媒介

中国以报纸为代表的印刷媒介作为党、政府、人民的信息传播工具和舆论工具，不仅担负着对内信息传播和舆论宣传的任务，而且肩负着对外信息传播和舆论宣传的使命，在维护中国国家形象、发展中国国际关系中发挥着重要作用。我国报纸的国际传播力主要是通过对外宣传报道体现出来的。

中国党和政府历来重视对外宣传工作。从毛泽东、周恩来等老一辈无产阶级革命家到邓小平、江泽民、胡锦涛等历届领导人都曾就对外宣传工作作出过重要指示。当年，《人民中国》《北京周报》和《中国建设》等一批对外宣传刊物都是在周恩来的亲自关怀和指示下创办的。

中国以印刷传媒为主的对外宣传主体是中国外文出版发行事业局（简称中国外文局）所属的一些期刊社和出版社，同时也包括其他对外宣传报刊和图书出版机构。

中国外文局前身是1949年10月在周恩来、陈毅等老一辈无产阶级革命家的直接领导下创办的中央人民政府新闻总署国际新闻局。中国外文局是中央所属事业单位，是承担党和国家对外宣传任务的新闻出版机构，是中国历史最悠久、规模最大的专业对外传播机构。[①]

---

① 刘继南．大众传播与国际关系[M]．北京：北京广播学院出版社，2000：9.

中国的对外宣传工作是国家总体外交工作的重要组成部分，担负着向海外读者宣传中国的任务。中国的对外宣传工作围绕“让世界了解中国，让中国走向世界”的目标，不断取得新的进展。

中华人民共和国成立之初，主要对外宣传任务是向世界介绍新中国的真实情况，以打破帝国主义的封锁，粉碎其谣言，增进各国人民对我们的了解。为此，在周恩来的倡导和支持下，1950 年，我国先后创办了《人民中国》英文版（1 月 1 日）和《人民画报》外文版（7 月 1 日，对外称《中国画报》）。这些刊物通过大量具体、生动、形象的文字和图片报道，使广大海外读者了解了新中国经济建设的成就和社会发展状况以及中国人民为此所做的各种努力。

1958 年 3 月 4 日创刊的《北京周报》是中国第一个同时使用多种外文（英、法、西、日、德）出版的新闻周刊。它借助时效优势，及时报道我国政府的方针、政策及在国际事务中的立场、态度，宣传我国社会主义革命和建设的成就、经验，介绍中华民族的优秀传统文化，提供重大事件具体的背景材料与统计数据，成为我国对外宣传刊物中最具政治性和权威性的刊物之一。

至“文化大革命”前，中国已经初步形成以外文局所属的《北京周报》《人民画报》《中国建设》《人民中国》《中国文学》《人民中国报道》六家刊物为主体的印刷传媒对外宣传体系，这些刊物承担起了我国主要的对外宣传任务。

1978 年，中共十一届三中全会以后，中国实行改革开放，国家的政治、经济和社会生活发生了重大变化。1995 年，中共中央指定中国外文局为中共中央所属事业单位，承担党和国家赋予的对外宣传任务，并明确了它的主要职责是贯彻中央有关对外宣传的方针、政策，总体规划外文书刊的出版、印刷、发行等工作。

以印刷传媒为主的对外宣传机构，除了有中国外文局所属的期刊社和出版社以外，还有《中国日报》、《人民日报》（海外版）等报刊以及其他一些承担对外宣传任务的出版发行机构。

《中国日报》创刊于 1981 年 6 月 1 日，是我国唯一一份国家级英文日报，其主要读者对象是在中国的外国人，包括来华访问、工作、旅游的各国人士，以及对中国感兴趣的海外读者和国内的英语爱好者。

《中国日报》国内订阅结构为：国内经营类公司占 30%，教育科技界事业单位占6%，各国驻华使馆、新闻机构、星级饭店占9%，政府机构占23%，外企占26%，其他占6%。根据《中国日报》北美发行公司的调查，《中国日报》国外订阅结构为：工商金融界占54%，政府部门占16%，贸易机构占13%，新闻出版界占4%，其他占13%。[①]

该报的期发行量逐年增长，读者遍及国内外150多个国家和地区。除正刊外，该报还办有《北京周末报》《上海英文星报》，同时还创办了香港版、北美版和欧洲版等，形成了自己的报刊体系。

其中，《中国日报》香港版创刊于1997年，周一至周四每天24版，周五32版，周末每天16版，是香港回归祖国后中央批准在香港出版的唯一一份中央级报纸，发行至港、澳、台地区，同时，该报也有部分东南亚国家的行政机构官员、企业高级管理人员、学者等高端读者。

《中国日报》美国版创刊于2009年，周一至周四每天16版，周末40版，主要是美国政府机构、高端智库、重点大学、主要金融机构、跨国公司和包括联合国在内的众多国际组织订阅此报。

《中国日报》欧洲版创刊于2010年，周刊，每期32版，主要是英国、德国、法国、比利时、西班牙、荷兰、瑞士、葡萄牙、挪威、波兰约40个国家的政府机构、议会、高端智库、跨国企业及社会名流等订阅此报。

《中国日报》亚洲版创刊于2010年，周刊，每期24版，主要是日本、韩国、印度尼西亚、印度、泰国、新加坡、马来西亚、阿联酋、澳大利亚等亚太国家的决策阶层和精英阶层订阅此报。

《中国日报》非洲版创刊于2012年，周刊，每期24版，覆盖肯尼亚、南非、尼日利亚、埃塞俄比亚、坦桑尼亚、加纳等非洲重要国家，主要是非洲各国的政府机构、工商界人士、主要智库、重点大学、在非洲的国际组织和跨国公司、驻非外交人员等订阅此报。

《中国国家形象专刊》创刊于1992年，月刊，随《每日电讯报》《金融时报》《华盛顿邮报》《纽约时报》《国际先驱论坛报》等欧、美主流报纸夹报发行，直接送达各界高端读者手中。

---

① 关世杰. 国际传播学[M]. 北京：北京大学出版社，2004：365.

21 世纪英文报系中，《21 世纪英文报》创刊于 1993 年，是一份面向国内广大英语学习者的普及性英语周报，每周出版大学生版、中学生版、小学生版等共 8 个版本，该报系还主办 21 世纪网和《21 世纪英文报》手机报，最终该报系形成了“21 世纪英语教育传媒”品牌。

在新媒体方面，《中国日报》于 1995 年创办中国日报网。中国日报网是中国最早的国家级英文网站，现已成为国家级综合性媒体网站和中国最具影响力的英文门户网站，日均页面访问量超过 4 700 万次。中国日报网开设了 30 余个子网站和 300 余个频道，多渠道、全天候向全球传播权威的中国资讯。

《中国日报》iPhone、iPad 客户端也分别于 2009 年 9 月、2010 年 4 月登陆全球最大的在线软件店——苹果 App Store。现在，《中国日报》在全球已有超过 100 万用户，他们分布在 120 余个国家和地区。《中国日报》是中国第一家在苹果产品平台上推出资讯服务的国家级平面媒体，与西方主流媒体在该平台上进行竞争。①

在不断提升网站建设水平的同时，《中国日报》也在微博、微信、Facebook 和 Twitter 等社交媒体平台上开通了账号。截至 2019 年 8 月，《中国日报》微博粉丝数超过 4 500 万，微信订阅人数超过 600 万，Facebook 账号粉丝数超过 8 000 万，Twitter 账号粉丝数超过 400 万。

2019 年 1 月 2 日，《中国日报》国际版正式创刊，国际版网站、客户端及社交媒体账号等也同步启动，有效整合了原有的美国版、英国版、欧洲版、亚洲版、非洲版、拉美版和加拿大版等多个海外版资源，突出中国立场、国际视野、深度为要、融合传播，倾力打造向世界讲述中国故事、传播中国声音的主渠道和新平台。《中国日报》国际版每周一至周五出版对开 16 版日报，每周五增出 4 开 32 版周末版；在全球 33 个印点全彩印刷，总期均发行量 30 万份，覆盖 63 个国家和地区的高端读者。②

创刊于 1985 年 7 月 16 日的《人民日报》海外版是以海外侨胞、外籍华

---

① 中国日报网 . 中国日报简介 [EB/OL].（2014-05-25）[2019-06-02]. http：//www.chinadaily.com.cn/static_c/gyzgrbwz.html.

② 中国日报网 . 中国日报简介 [EB/OL].（2014-05-25）[2019-06-02]. http：//www.chinadaily.com.cn/static_c/gyzgrbwz.html.

人、港澳台同胞及懂中文的外国朋友为主要读者对象的大型综合报纸。《人民日报》海外版于2002年和印尼《国际日报》开展内容合作，开始尝试与华人华侨比较多的海外国家和地区的媒体开展合作，通过与海外华文报纸合作的方式开拓海外市场、扩大海外版的影响。[①]《人民日报》海外版选择爱国、有资金实力和发行渠道的媒体作为合作对象，给合作方以《人民日报》海外版战略合作伙伴的名号，合作方报纸则拿出一些版面专门刊登《人民日报》海外版上的稿件。[②]2010年，已有20家海外华文媒体和《人民日报》海外版建立了合作，如希腊《中希时报》、罗马尼亚《旅罗华人报》、爱尔兰《新岛周报》、南非《华人报》等。新媒体业务方面，《人民日报》海外版与意大利天天电信公司合作的意大利版手机报是很成功的例子。[③]

近几年，《人民日报》在媒体融合道路上一直走在前列，相继推出"中央厨房"试运行实践平台以及"融媒体工作室"计划，致力于打造媒体融合战略体系。不仅如此，《人民日报》为了满足用户的多元化需求，还先后推出微博、微信公众号和客户端等，形成独特的新媒体矩阵。报社共有118个微博账号、142个微信公众号以及31个手机客户端，覆盖用户超过2.5亿。[④]

1980年以后，我国还出版了《中国旅游导报》（英文周刊）、《中国西藏》（英文季刊）、《华声》（中英文月刊）等一些对外宣传报刊；出版了大量有关我国政治、经济、文化、历史、科技、旅游、民俗等方面的外文书籍和画册。这些报刊、图书同其他对外宣传媒体共同真实地报道和宣传了我国的政策、建设成就、社会状况、历史传统、民族文化、科技发明等，使广大海外读者了解到中国的历史文化和现实发展，进而我国的改革开放和现代化建设拥有了良好的国际舆论环境。

---

① 周新宇．一扇让世界了解中国的独特窗口——《人民日报》海外版副总编辑刘国昌访谈 [J]. 中国记者，2010（9）.

② 周新宇．一扇让世界了解中国的独特窗口——《人民日报》海外版副总编辑刘国昌访谈 [J]. 中国记者，2010（9）.

③ 周新宇．一扇让世界了解中国的独特窗口——《人民日报》海外版副总编辑刘国昌访谈 [J]. 中国记者，2010（9）.

④ 翟钦奇．新媒体形势下《人民日报》在融媒体化发展过程中的得失 [J]. 新媒体研究，2017，3（16）：70–71.

在开展对外政治、经济和文化交流，发展同其他国家关系方面，我国除了采取对外宣传报道方式，让世界了解中国外，还对内进行国际报道，向广大国内读者报道国外情况，让国人了解世界。

目前，我国大多数综合型机关报刊和中央级的行业报刊、专业报刊都设有国际版，主要刊登由新华社、中新社和中国国际广播电台等新闻机构采编的国际新闻。有些大的报社，像《人民日报》《光明日报》《经济日报》《中国青年报》等也刊发本报外派记者的稿件。

我国印刷媒介中国际新闻报道的主力是一些专门性的国际新闻报纸和期刊，其中影响最大的是《参考消息》。《参考消息》1931 年 1 月 7 日诞生于中共中央革命根据地瑞金，从 1985 年 1 月 11 日起，开始在全国发行。作为参考类报纸，它主要选登世界各通讯社的消息和海外主要报刊的材料，以国际时事报道为主，报道涉及世界政治、经济、科技、军事、社会、体育等各类信息和知识。《参考消息》融时事性、参考性、知识性、可读性于一炉，是国人获取国际时事信息和知识的主要渠道。

目前，《参考消息》在全国 31 个省（自治区、直辖市）开设了 56 个分印点，采用卫星传版和同步印刷，是我国设立分印点最多的报纸，也是中国发行量最大的日报，读者规模近 2 000 万。

2007 年，世界报业协会公布了“全球日报发行量前 100 名名单”,《参考消息》排第五位。2008 年,《参考消息》获得“2008 年度中国最具品牌传播力的强势媒体——中国十大品牌传播力综合专业报”荣誉称号和《哥伦比亚新闻评论》发布的“2008 年（首届）传媒行业中国标杆品牌”（时事类报纸）称号。

2009 年，《参考消息》入选中国世界纪录协会中国发行量最大的日报。2010 年 6 月 28 日，世界品牌实验室（World Brand Lab）在北京发布了 2010 年（第七届）《中国 500 最具价值品牌》排行榜。《参考消息》品牌价值突破 80 亿元，由 2009 年的 72.96 亿元上升至 82.61 亿元，位居中国平面媒体第二。2010 年 8 月，世界报业与新闻工作者协会发布“2010 年世界日报发行量前 100 名排行榜”，《参考消息》排名第六，发行量为 325.4 万份。

除此之外，我国印刷媒介中国际新闻报道的主力还有人民日报社主办的《环球时报》、中国国际广播电台主办的《世界经济新闻报》和国家对外经贸合作部主办的《国际商报》等一些专门性的国际新闻报纸。

我国的传统印刷媒介是对内和对外双管途径中都很有影响力的媒体，但如何提升传统媒体美誉度，产生更多国际知名媒体，则是我国下一步需要慎重考虑的问题。

二、卫星电视

我国的电视事业起步于 1958 年。到 20 世纪 70 年代初，我国基本建成了从北京通向全国的微波干线，这是我国当时电视传播的主要方式。由于我国幅员辽阔，地形复杂，70% 以上的地区为山地和丘陵，而微波传送技术受地形、地貌的影响和制约，电视节目覆盖率增长不快，到 1985 年，电视节目覆盖率仍然不足 50%。

1972 年 2 月，美国总统尼克松访华，北京电视台（中央电视台的前身）、上海电视台协助美国三大广播公司的记者和技术人员通过卫星向国外传送电视新闻节目，这是我国首次通过国际通信卫星向世界发送电视新闻报道。此后，一些国家元首访华，北京电视台都协助对方通过卫星传送实况或新闻图片。1976 年 1 月 8 日，周恩来逝世，应国外电视机构要求，北京电视台独立通过印度洋、太平洋、大西洋上空的国际通信卫星向世界播发了有关周恩来丧事活动的 3 条彩色电视纪录片。之后不久，毛泽东逝世的新闻图片也通过卫星传送到世界各地。

1984 年 4 月 8 日，我国自己发射的第一颗实验通信卫星“东方红二号”成功定点于 125°　E 的赤道上空，标志着我国广播电视事业开始迈入空间时代。经过一段时间的调试之后，1984 年 4 月 20 日，“东方红二号”进行了 15 路广播、1 路电视信号的传输实验，新疆的乌鲁木齐当天就接收到了中央电视台的节目。

为了满足亚太地区的经济发展需要，一家以中资为主的从事通信卫星及地面通信设施服务的公司——亚太通信卫星有限公司，于 1992 年在香港成立，并于 1994 年 7 月购买了第一颗商用卫星“亚太 1 号”。

1990年，我国的长征三号运载火箭在西昌卫星发射中心为亚洲卫星通信有限公司成功发射了“亚洲1号”卫星。1995年11月，作为“亚洲1号”备用星的“亚洲2号”成功发射，其C波段覆盖北起俄罗斯，南到澳大利亚，东到日本，西到东欧北非的广大地区，约可覆盖世界72%的人口。

我国的卫星电视对外输出节目业务开始于1991年，其中的一条通路是租用“亚洲1号”卫星上的一个转发器，用NTSC制向亚洲地区播送中央电视台的第四套节目；另一条通路是租用96.5°E俄罗斯卫星上的一个波段。中央电视台第四套节目又通过其他国际通信卫星对外传送节目，传播范围覆盖全世界，并开始全天24小时播出，初步完成了中国电视走向世界、覆盖全球的对外传播计划。

为做好卫星节目的落地工作，美国3C集团与中央电视台合作，于1993年1月1日起开辟了一条由中国至北美的国际卫星特别传输通道。中央电视台每天将节目发送到“亚洲1号”卫星上，然后中国香港卫星地面站、国际中转卫星和美国卫星地面站将节目传到芝加哥华语电视台，之后3C集团所属的新世纪北美联播网，使用可以涵盖整个北美地区的C波段和KU波段卫星，将节目发送给北美地区国家播出。

目前，中国的海外电视频道以中国中央电视台的外语频道和中国中央电视台的海外分台开设的频道为主。2004年，中央电视台启动“走出去”战略，CCTV-4和CCTV-9开始改版。两个频道从改进对外传播的观念入手，对传播的思路、内容、方法和角度进行了深入革新。例如，CCTV-9的宣传词从“Your Window on China”改成了“Your Window on China and the World”，传播内容中增加了对文化和经济的报道。2004年10月，中央电视台又开办了第三个国际频道CCTV-西法频道。与此同时，中央电视台又联合国内地方电视台和境外的中文电视媒体组成了“中国卫星电视长城平台”，该平台由17个电视频道组成。2004年10月，长城（北美）平台率先在美国开播。2005年以后，中央电视台的电视对外传播业务发展速度开始加快。2005年2月，长城（亚洲）平台开播，当年CCTV-4整频道在世界各国和地区的落地项目完成了50项，海外华语观众的覆盖数超过了1 000万户，CCTV-9整频道落地的合作项目完成了75项，海外用户数达到了4 000万户。

2006 年，长城（欧洲）平台开播。2006 年年底，中央电视台还制订了到 2010 年实现包括六大语种、十个频道的电视对外传播计划，其中包括三个中文频道（中文国际频道的亚洲版、美洲版和欧洲版）、三个英文频道，还包括西班牙语频道、法语频道、俄语频道和阿拉伯语频道。2007 年，中央电视台开始实施“世界大台”的发展战略。2007 年 1 月，CCTV–4 中文国际频道实现了分地区（亚洲、美洲和欧洲）播出，2007 年 10 月，西法频道实现了分频道播出。CCTV–9 的分频道播出也在准备之中。此外，网络媒体央视国际的外语频道也在迅速发展。

概括而言，目前中央电视台的电视对外传播业务可以分为五个部分。（1）电视国际频道。到 2007 年 12 月，四个国际频道在 137 个国家和地区实现了节目的落地入户播出，整频道的境外落户数达 8 380 万户，其中英语频道占 75%，约为 6 285 万户，中文国际频道占 18%，约为 1 508 万户，法语频道占 4%，约为 335 万户，西语频道占 3%，约为 251 万户。（2）长城卫星平台。其美洲、亚洲和欧洲三个平台的受众合计超过了百万户。（3）节目外销。中央电视台通过国际营销网络每年销售近 10 000 部 / 集的专题片、电视剧、电影、纪录片、综艺节目。（4）与境外电视媒体合作。中央电视台在重大事件的报道中先后与 100 多个国家和地区的 300 多个电视媒体进行合作。（5）新媒体业务，主要是开发网络媒体和手机媒体的视频节目。可以看出，经过近几年的发展，中央电视台的电视对外传播业务已经初步形成了多语种、多频道、多地区、多领域全球覆盖的对外传播格局。①

在国际传播效果上，中央电视台也取得了一定成就。以 CCTV–9 为例，其栏目分为新闻节目和特色节目两个板块，以新闻节目为主。新闻节目主要对发生在世界上的，尤其是发生在中国和亚洲其他国家的重大新闻进行实时跟踪报道。特色节目包括文化和文艺类节目，主要介绍中国的历史、地理、文化等。

根据 2003 年一份调查 CCTV–9 受众结构的报告，笔者发现从受众所处地域看，CCTV–9 已经拥有的外国受众占 42%，中国受众占 58%。外国受众中居住在国外的占 39%，他们中又有 58% 的人没有到过中国。从年龄分布看，外

---

① 刘笑盈，吴燕．CCTV 电视国际传播及其对世界传播格局的影响 [J]. 现代传播，2008（10）.

国受众的年龄在30—55岁的占74%，中国受众以青年学生为主。①

可见我国在卫星电视的使用上，属于后发国家，虽然在西方国家面前紧追慢赶，也取得了一定成效，但依然存在传播频道不多、节目内容单一等问题。目前CCTV-9播出的国内新闻中，最显著的行为者不是国家领导人，而是其他政府官员和普通民众，二者分别占比27.63%和28.95%，紧随其后的是占13.60%的专业人士和占12.28%的利益集团，总体来说，官方内容与非官方内容的占比约为4 ∶ 6，由此可见，CCTV-9在对外传播的过程中，明显淡化了官方色彩。②

三、国际广播

纵观历史，我党早在抗日战争时期就着手广播电台的外语宣传建设工作，这是发展国际广播工作的开端。1941年12月3日，延安新华广播电台开始了它的第一次日语广播，发出了中国人民对外广播的第一声。那时的日语广播每周只有一次，每次30分钟。广播的主要内容是宣传世界反法西斯战争和中国人民抗日战争的胜利，宣传中国共产党的政策和主张，揭露日本侵略者的暴行，介绍在华日本人反战同盟的活动，宣传我军的优待俘虏政策等。在宣传策略上，当时延安新华广播电台已经注意到内外有别，于是将事实报道与评论、综述分开，加强针对性。1943年春天，由于机器故障，延安新华广播电台的日语广播与对内广播同时被迫中断。

1947年9月11日，延安新华广播电台已由延安迁至河北涉县沙河村，并改名为陕北新华广播电台，开始播出英语节目，每天20分钟。这是我党领导下的中国人民对外广播的第二个外语节目。1949年3月，陕北新华广播电台随中共中央迁入北平（现称北京），改名为北平新华广播电台，同年6月，日语广播恢复播音，同时，北平新华广播电台又开办了对外广播的广州话、潮州话和厦门话节目。中华人民共和国成立后，北平新华广播电台定名为中央人民

---

① 郭可．国际传播学导论[M]．上海：复旦大学出版社，2004：234，239．

② 王燕．国内新闻对中国国家形象的建构作用——以CCTV-9频道为例[J].新闻战线，2015(24)：35-36.

广播电台，在进行对内广播的同时也进行对外广播。

到1965年10月底，我国对外广播使用语言达32种，当时中国对外广播的规模、语种数和播音时长仅次于苏联和美国，在世界上居第三位，听众也越来越多，仅1965年就收到133个国家和地区的听众来信28.6万多封，创历史最高纪录。[①]

1978年5月，我国对外广播的呼号“北京电台”改为“中国国际广播电台”。1982年中华人民共和国广播电视部成立后，采取了一系列措施，进一步加强了对国外广播的领导。在中央的关怀下，对外广播的指导思想摆脱了“左”的思想桎梏，得到了端正，对外广播的节目实现了主旋律和多样性有机结合，节目的新闻性、知识性、针对性有了很大改善。

目前，中国国际广播电台使用61种语言向全世界广播，截至2010年年底，每天累计播出节目2 471个小时。2010年，中国国际广播电台共收到来自世界161个国家和地区的听众的来信、电子邮件等300万件，遍布世界各地的听众俱乐部有3 165个。就使用语种数、播出时长和听众来信数量而言，中国国际广播电台已经成为世界主要国际广播电台之一。

2006年1月28日，中国国际广播电台在海外开设的第一家调频广播电台在肯尼亚首都内罗毕开播，该调频台每天使用英语、斯瓦希里语、汉语普通话播出19个小时节目。

2006年11月19日，中国国际广播电台开设的老挝万象调频台(FM93)开播，时任中国国家主席的胡锦涛同志与时任老挝国家主席的朱马里共同出席了开播仪式并启动了调频台的开播按钮。胡锦涛同志发表讲话，称中国国际广播电台万象调频台的开播，将为增进两国人民的相互了解与友谊架起一座新的桥梁。截至2010年年底，中国国际广播电台在境外共有51个整频率调频或中波台，180多家调频/中波合作电台，每天使用41种语言，累计播出1 100多个小时的节目。

2008年8月，北京奥运会召开之际，移动国际在线中英文版上线试运行，为智能手机和其他移动终端用户提供奥运快讯、北京旅游实用信息以及其他各

---

① 刘继南.大众传播与国际关系[M].北京：北京广播学院出版社，2000：46.

类信息。奥运会后，移动国际在线又根据受众反馈情况，适时推出语言教学、视频节目等内容。

2011 年 1 月 18 日，中国国际广播电视网络台（CIBN）正式成立，它是新媒体领域的国家广播电视播出机构，是中国国际广播电台适应当代网络、数字等新媒体技术发展趋势，为实现无疆界、跨媒体综合传播做出的重大选择。中国国际广播电视网络台以多语种、多类型、多终端为特色，涵盖多语种网站集群、多语种网络电台集群、多语种网络电视频道和多语种移动服务终端等新媒体业态，致力于向全球受众提供更好的时事、政治、经济、文化、体育、旅游、社会和汉语教学等信息服务。

中国国际广播电台开办了 5 套对国内广播的外宣节目，分别是《环球资讯广播》、《英语综合广播》（轻松调频 EASY FM）、《国际流行音乐广播》（劲曲调频 HIT FM）、《英语环球广播》、《外语教学广播》。截至 2010 年年底，中国国际广播电台每天累计制作 384.6 小时节目，分别在北京、上海、广州、南京、深圳、合肥、乌鲁木齐、天津、重庆、厦门、烟台等国内大中城市播出。

中国国际广播电台办有《国际广播影视》（中文）、《信使报》（英文）、《信息与回声》（德文）、《友谊花坛》（西班牙文）、《友谊之声》（乌尔都文）等 30 个文种的报刊，读者遍布世界各地。中国国际广播电台还办有中国国际广播出版社和中国国际广播音像出版社。①

改革开放四十多年来，中国国际广播电台在广播语种数、播出时长、发射条件、覆盖手段、收听效果、新闻来源等方面得到了新的历史性的开拓和发展。目前，中国国际广播电台不仅是我国拥有海外受众最多、影响最大的外宣单位之一，而且它的广播语种数、播出时长、发射功率和听众来信四项指标均居世界国际广播电台排名的前列。

随着中国综合国力的增强特别是经济实力的不断提升，中国在国际社会中的地位越来越突出，中国通过国际广播这一迅捷的途径可以及时向世界告知中国正在发生的变化，让中国的信息融入世界信息流之中，使中国成为信息全球

① 中国国际广播电台．中国国际广播电台简介 [EB/OL].（2014-05-25）[2019-02-03]. http://gb.cri.cn/cri/gk.htm.

化过程中重要的参与者。

中国不断发展，对旧有的国际上的强势国家构成威胁，出于自身利益的考量，有些国家的媒体在报道中国时刻意渲染其劣势、问题，并宣扬“中国威胁论”。出于这样的形势，我国只有通过国际广播这一迅捷的途径，才能让世界及时知道真实的中国，才能在国际传播中抢回属于中国的话语权，塑造良好国家形象。

最后，中国利用国际广播，在塑造良好国家形象的基础上，可以充分展现自身悠久文明历史及现代化建设成就，展现自身文化软实力，吸引更多的外国友人了解中国文化，理解中国的发展模式。

综上所述，国际广播对于中国国际传播的意义在于：传递来自中国的信息与观点，以增进世界对中国的了解和理解；抵消西方对中国“妖魔化”报道的负面影响，塑造中国良好形象；开展中国公共外交，展现中国软实力。

四、通讯社

我国最有名的通讯社是新华通讯社（简称新华社），其是中国国家通讯社和世界性通讯社，是涵盖各种媒体类型的全媒体机构。

新华社的前身是1931年11月7日在江西瑞金成立的红色中华通讯社（简称红中社），1937年1月在陕西延安改为现名。新华社总部设在北京，在全国除台湾地区以外的各省、自治区、直辖市以及香港特别行政区、澳门特别行政区设有33个分社，在台湾地区派有驻点记者，在一些重点大中城市设有支社或记者站，在中国人民解放军、中国人民武装警察部队设有分支机构，在境外设有140多个分支机构，建立了比较健全、覆盖全球的新闻信息采集网络，形成了多语种、多媒体、多渠道、多层次、多功能的新闻发布体系，每天24小时不间断用中文、英文、法文、俄文、西班牙文、阿拉伯文、葡萄牙文和日文8种文字，向世界用户提供各类新闻产品。

新时期，新华社全面推进战略转型，加快由传统新闻产品生产为主向新时代多媒体新闻信息业态拓展、由面向媒体为主向直接面向终端受众拓展、由立足国内为主向有重点地更大范围参与国际竞争拓展，大力加强国际传播能力建设，着力实施“阵地前移”战略，充分发挥党和人民的喉舌、耳目、智库的作用，初步建成融通讯社业务、报刊业务、电视业务、网络业务、金融信息业务、新媒体业务和多媒体数据库业务等为一体的全媒体机构，逐步探索出一条以事业体制为主导、与市场经济成功对接、多元运营体制并存的事业发展新路子。新华社舆论引导能力和国际传播能力不断增强，在国际传媒领域的地位和影响力不断提升，正阔步向着中国特色社会主义世界性现代国家通讯社和国际一流的现代全媒体机构加速迈进。

新华网是新华社主办的中国重点新闻网站，被称为“中国最有影响力网站”，每天 24 小时以 7 种文字、通过多媒体形式不间断地向全球发布新闻信息，全球网站综合排名稳定在 190 位以内。新华网还开通了 31 个地方频道，承办中国政府网、中国平安网、中国文明网、振兴东北网等大型政府网站，形成了中国最大的国家级网站集群。其还创办新华网产业园区，为进一步拓展全媒体业态打下了基础。其与中国移动合作推出“盘古搜索”，着力打造“国内一流，世界领先”的搜索引擎。

中国新华新闻电视网（CNC）是党中央批准成立、新华社主办的以电视网为主体的技术引领型国际传播平台，电视新闻采集量日均 800 分钟，居国际电视新闻行业首位。其开通的中文台、英语台 24 小时不间断播出新闻节目，节目卫星信号覆盖亚太、北美、欧洲、中东、非洲 200 多个国家和地区的 55 亿人口。中国新华新闻电视网建成了亚太卫星台、北美卫星台、非洲卫星台等 10 个直属台和合作台，覆盖面和影响力不断扩大。其还创办手机电视台、网络电视台，并与中文台、英语台一同在苹果产品终端上线，在利用新媒体全球传播渠道方面取得了突破。

金融信息平台“新华 08”，是新华社采用先进的信息与通信技术自主研发的综合性金融信息服务平台，被列入国家“核高基”项目予以重点扶持。其产品内容涵盖宏观经济、外汇市场、货币市场、证券市场等诸多领域。“新华 08”已经形成以 PC 终端为核心，视频终端、网站和《金融世界》杂志同步发展的多终端产品业态，受到海内外用户好评。“新华 08”被广泛运用到上海中国金融信息中心、北京国家金融信息中心、大庆国际石油资讯中心的建设中，并促使全球第一家金融信息交易所正式开业。

新华社主办的中国全球图片总汇是国内规模最大、内容最权威、产品最丰富的新闻图片库，海内外签约摄影师总数超过 8 000 人，每天实时更新各类新闻图片、图表 2 000 余张。新华社大力推进图片产业化，创建中国国际文化影像传播有限公司；创办“新华影廊”并在海内外多个城市开展、延伸图片产业链；推出“新华典藏”，在海内外成功举办有关北京奥运会的多个大型图片展。新华社还拥有国家级的中国照片档案馆，馆藏照片超过 500 万张，其中最早的拍摄于 19 世纪末的清朝。

新华社多媒体数据库是中国媒体行业最大的多文种多媒体数据库，也是世界上最先进的多媒体数据库之一。截至 2010 年年底，其已存储 1.2 亿条文字信息，1 000 多万张新闻图片和图表，3.5 万多小时音视频新闻信息，并与日俱增。通过不断改造提升，新华社多媒体数据库将逐步建成多文种、多媒体、全方位展示新华社新闻信息产品并直接面向海内外终端受众的商业数据库。2017 年 5 月，为深入推进媒体融合发展，更好满足用户需求、提升用户体验，新华社启用了新型全媒体供稿系统，即“新华全媒”新闻服务平台，用户访问新华社供稿网站、新华社多媒体数据库时，将自动转至“新华全媒”新闻服务平台登录页面。①

新华社编辑出版并公开发行 20 多种报刊，包括《新华每日电讯》《参考消息》《经济参考报》《中国证券报》《上海证券报》《现代快报》《现代金报》和《瞭望》《瞭望东方周刊》《环球》《财经国家周刊》《半月谈》《中国记者》《摄影世界》《金融世界》《世界军事》《中华人民共和国年鉴》等，单期总发行量最高时超过 1 000 万份。

新华社注重加强对外交流合作，发起并成功承办世界媒体峰会、“国际儿童日”大型公益活动和 24 小时环球直播报道等全球性重要会议、重要活动。新华社是许多国际新闻组织成员，已同世界 100 多个国家和地区的通讯社和其他新闻机构签署了新闻交换、人员交流和技术合作等方面的协议。

---

① 新华社 . 关于访问新华社供稿网站、新华社多媒体数据库将自动转至“新华全媒”新闻服务平台的通知 [EB/OL].（2017-05-27）[2020-08-03]. https：//www.sohu.com/a/144196147_267106.

第五章　融媒体语境中的中国国际传播力

第一节　融媒体时代的中国国际传播力

随着互联网的出现而诞生的新兴媒体，有着与传统媒体迥异的特征，它是建立在数字技术基础之上的包含信息丰富、速度更快、传播方式多样的媒体。第一，它主要包括光纤电缆通信网、数字电视、手机等。第二，随着社会发展和生活方式的改变，一直存在但长期未被社会发现传播价值的渠道和载体，因为营销理念的变革和泛商业化的运用而成为新型传播载体，被赋予了媒体的意义。[①] 新媒体技术带来广电、电信和互联网的产业融合，即“三网融合”，也催促着传统媒体积极踊跃投身融媒体变革浪潮之中，技术的进步、传播语境的改变、传统话语权的解构和内容生产方式的转变也渗透在国际传播建设的过程中。

一、融媒体时代国际媒体变革新趋势

在当代，随着网络的发展，全球化的概念从经济领域扩展到信息领域，国际传播的能力又一次随着技术发展而提升，网络和以网络为依托的社交平台发

① 贾文凤．新媒体的发展和社会影响 [D]. 成都：四川省社会科学院，2007：5.

展日新月异，世界日益连成一个整体，世界的经济、政治、文化、军事领域都受到了信息化和全球化的重大影响。而随着5G时代的到来，在国际传播过程中，我们只有把握住国际传播趋势，跟上媒介环境变革，才能在国际传播的不平等格局和强势文化中占得一席之地。

（一）多元化互联网时代重构国际媒介格局

随着互联网尤其是移动互联网的高速发展，人们的工作和生活方式迎来多方面变革，同时也直接或间接地改变着曾经被西方发达国家传统媒体主导的世界舆论格局。截至2019年6月30日，全球网民数量已达44.22亿，中国网民数量为8.29亿（互联网普及率为59.6%），占比18.75%，规模居全球之首。[①] 这说明互联网全球化浪潮已经改变了以美国为中心的媒介格局，更加多元化的互联网时代正在来临。面对新的媒介格局，“改进国际传播策略，提升融媒体环境下的舆论影响力”已经成为当下各国应对国际传播形势变化的一致选择。

（二）全媒体时代推动传统媒体渠道融合

在互联网时代，声音、文字、图像等符号被整合到了一个平台上，互联网和各种智能终端的逐步普及让信息流动方式从延时单向传播转变为即时互动交流，从官方发布变为全民播报。为了适应时代变化，进行更加有效传播，传统媒体也在不断调整自身传播机制，进行升级改造和多渠道发行。例如，报纸行业采取新闻中心模式、报网合一模式，甚至直接从纸质媒体转为网络媒体。传播内容多样化、主体多元化和渠道立体化带来的直接结果是越来越多的“官媒”主动出击入驻YouTube、Twitter、Facebook等社交媒体，越来越多的普通民众和民间团体走出国门，加入国际传播大军。概而言之，新媒体环境下的国际传播渠道图文与声像并茂，权威媒体与民间记者共存，官方报道和小道消息齐飞，传者与受者角色互动互换，信息不仅通过传统渠道单向直线传播，还通过移动终端和人际关系网进行互动式、裂变式扩散。

---

① 硅谷动力．全球网民数量创新高：中国手机网民8.17亿[EB/OL].（2019-07-18）[2020-08-08]. http：//www.enet.com.cn/article/2019/ 0718/A20190718949926.html.

（三）大数据时代引导传播理念更新迭代

随着信息和通信技术的普及与日益成熟，大数据应运而生。麦肯锡全球研究所对大数据是这样定义的：一种规模大到在获取、存储、管理、分析方面大大超出了传统数据库软件工具能力范围的数据集合，具有海量的数据规模、快速的数据流转、多样的数据类型和价值密度低四大特征。[①] 大数据为人们提供了一种全新的看待世界的方式，很多企业在使用大数据寻找自己目标受众、投放广告上早就手段娴熟，大数据也为媒体精准接触到受众提供了便利工具，许多媒体开始通过大数据分析获取受众信息消费“肖像”，从而了解用户使用媒介习惯，进而实现媒体产品的精准推送，媒体的传播理念也逐渐从自上而下传播转变为精准化传播，开始从受众思维向用户思维转变，注重个性化内容的精准传播。

（四）全民参与时代注重切换文化传播视角

随着电脑、手机、数字电视终端的普及，新媒体平台的多元性、开放性、民主性正在赋权于民，使国际传播走进了“人人都是麦克风”的新时代，只要拥有一部能上网的手机和相应的 App，人人都可以成为国际传播的参与者。过去传统媒体自上而下的灌输和宣传腔调早已过时，全民参与的时代氛围也让主流媒体纷纷开始注重话语的“亲民性”。

对此，党中央从提升国家软实力和构建国际话语权角度也提出了“讲好中国故事，传播好中国声音”的要求，强调注重国际传播的方式方法以提升传播实效。比如，前几年“复兴路上工作室”相继推出讲述中国故事的系列短片，它们以生动的说唱形式出现，汇集卡通、快闪、美剧风、漫威风、饶舌神曲等多种风格，受到国外网民的喜爱，并在 YouTube、Facebook、Twitter 等海外社交媒体上被大量转发。

---

① 薛永宁. 大数据背景下的数据库新技术 [J]. 商情，2017（45）：134.

二、融媒体时代主流媒体的国际传播策略

2009年，中央下发《关于印发〈2009—2020年我国重点媒体国际传播力建设总体规划〉的通知》，标志着国家着手从顶层设计层面规划国际传播能力建设。十多年来，各重点媒体纷纷以硬件设施建设作为突破口，不断优化海外传播平台的人员、技术配置，完善采编播报网络，拓展对外传播渠道，在短短几年的时间里重点媒体海外传播平台实现了跨越式发展。

（一）打造品牌形象，CGTN组团出海

近年来，中央政府力求在战略层面加强管理，注重主流媒体的品牌形象建设。2018年3月，中央决定撤销中央电视台、中央人民广播电台、中国国际广播电台建制，组建中央广播电视总台，对外统一呼号为“中国之声”，这是我国对外传播能力建设或国家传播资源整合的一个全新举措，进一步增强了广播电视媒体的整体实力和竞争力，使它们在向世界发出中国声音方面发挥更为重要的作用。

2016年12月31日，着力于建设外宣旗舰媒体的中国国际电视台（CGTN）正式开播，其以重大主题报道为牵引，以融媒中心启用为契机，升级报道手段，开拓报道选题，丰富节目形态，用一系列创新突破让自身国际影响力不断提升，使融合传播向着纵深发展，开启了国际化传播新时代。

当前，基于“一带一路”倡议和“命运共同体”的理念，中国正在成为“新全球化”的重要力量，塑造着更加公平、公正、包容的全球传播新秩序。CGTN正是在全球传播新秩序下应运而生，也承担着“增稠加厚”（thickening）的使命，即对根植于不同历史和文化语境下的多元内容和不同声音进行“复调传播”，强调的是不同文明之间的交流互鉴和共生共荣。

CGTN诞生以来，迅速成为中国第一家真正意义上的全球媒体平台，问世不到半年便跃升为Facebook上第一大媒体账号。CGTN新媒体新闻编辑部运营了全球12大平台23个官方账号，所有社交账号更名统一到CGTN下，建设由主账号、北美账号、非洲账号和CGTN多语种账号所构成的账号集群。截至目前，CGTN英语主账号总粉丝数约7 000万；其他各语种账号的粉丝总

和超 8 800 万。2019 年 10 月 10 日，融媒中心正式投入使用，成为 CGTN 开启国际化融合发展新征程的重要标志。融媒中心按照融合传播理念打造核心业务平台，秉承多形式采集、同平台共享、一体化生产、多渠道多终端分发的运行思路，实现资源最大化共享。

（二）不断提升采编能力，增强全球覆盖实力

国际传播能力的评估标准之一，就是看媒体机构落地覆盖的实力如何。国内的主流媒体在落地建设方面的步伐从未停止。其中以新华社和中国国际广播电台为例，新华社从 20 世纪 80 年代就开始了建设世界性通讯社的步伐，特别是随着互联网的发展，新华社不断发展多种媒体形态，加速发展新媒体业务，采取了一系列融合发展措施。

1. 新华社

新华社从 1997 年起开始互联网化发展，经过十几年的发展，新华网已经成为海内外网民浏览中国新闻信息的首选网站之一。新华网的各种新闻信息被国内外搜索引擎、政府网站、新闻网站大量转载，日均发稿量从最初的 50 条增加到 1.2 万余条，受众覆盖面从最初的几个国家和地区扩大到 200 多个国家和地区，日均点击量从最初的 10 多万次增加到近 10 亿次，报道形式从最初的文字图片形式扩大到音视频、手机短信、彩信、手机报、无线网站、现场直播、网上访谈等形式，并且增加了论坛、博客等，增加与受众的互动。2000 年，新华网改版，形成了 24 小时实时发布新闻，将深度报道、背景资料、图片图表、新闻检索集于一体的综合性新闻网站，信息量增加了 5 倍以上，栏目综述较之前增加了 15 倍，全球网站综合排名稳定在 190 位以内，被称为“中国最有影响力网站”。

新华社在网络和新媒体时代不断发展完善各种媒体形态，以多语种进行对外传播，新闻信息产品已经覆盖世界上 200 多个国家和地区，为提高我国的国际传播能力做出了重要贡献。为深入分析我国主流媒体的国际传播力，笔者采用比较分析法和文献分析法，通过官方网站和中国知网（CNKI），尽可能收集一些统计资料，并进行二次分析。笔者现对新华社、路透社、美联社的采编能力、制播能力、覆盖能力、传播效果等进行比较分析，见表 5-1。

表 5-1 新华社与路透社、美联社传播能力对比表

主要评估指标		新华社	路透社	美联社
采编能力	员工总数	1 180 人	17 800 人	4 200 人
	采编人员数量	708 人	4 063 人	3 000 多人
	分支机构数量	200 余个	199 个	243 个
	驻外分支机构数量	170 余个	120 个	95 个
	驻外机构分布国家（地区）	136 个	91 个	72 个
制播能力	发稿语种数	8 种	23 种	7 种
	平均每天播发产品量	文字新闻信息稿 11 000 多条，图片 900 多张，音视频新闻 20 余条	文字稿件约 800 万字，图片 1 300 张	文字信息约 300 万字，超过 1 000 张图片
	主要产品	文字新闻报道、多媒体数据库、中国新华新闻电视网（CNC）、图片图表新闻产品、音视频新闻产品（如新华视讯手机视频）、新华网、新华短信、新华信息产品、社办报刊	电视视频、新闻线路、新闻图片、新闻图表、网络在线服务	AP Financial Tools、AP 广播新闻、AP NEWS TICKER、AP 音像服务、AP 财经新闻、APTN 每日娱乐新闻、APTN 广播服务、图片档案、全球图片、AP 数字
覆盖能力	覆盖的国家和地区	200 多个	209 个	121 个
	在国际主流媒体中的用户覆盖率	（暂无确切数据）	83.13%	78.31%
	海外站点覆盖区域	136 个国家和地区	94 个国家和地区	97 个国家和地区
传播效果	用户数	2 万多家	全世界共有 37 万个接收路透社新闻信息的终端	为 1 万多家新闻媒介供稿

（注：数据来源于 CNKI 数据库，截至 2012 年年底。）

笔者认为，新华社在采编能力、制播能力、覆盖能力、传播效果方面，基本达到了国际性通讯社的标准，被新闻界公认为四大世界性通讯社之一。但是，通过数据比较笔者发现，新华社工作人员数量和采编人员数量都远少于路透社、美联社。另外，新华社的发稿语种数少于路透社。

2. 中国国际广播电台

近些年来，中国国际广播电台围绕中央提出的目标，抓改革、求创新、谋发展，积极推进全媒体发展，增加播出语种数量，不断扩大覆盖范围。由表 5-2 可知，中国国际广播电台的播出语种数量从 2008 年年底的 36 种增加到了 2013 年年底的 65 种，五年的时间增加将近一倍；境外整频率电台数量从 2008 年年底的 20 家增加到了 2013 年年底的 95 家；覆盖范围也从 2008 年年底的 60 多个国家和地区拓展到了 2013 年年底的 200 多个国家和地区；落地节目每天累计播出时数也翻了一倍多。

表 5-2　中国国际广播电台的发展

时间	驻外记者站	语种数量	境外整频率电台数量	覆盖范围	落地节目每天累计播出时数
截至 2008 年年底	32 个	36 种	20 家	60 多个国家和地区	700 多小时
截至 2013 年年底	32 个	65 种	95 家	200 多个国家和地区	近 2 000 小时（推测）

截至 2013 年年底，中国国际广播电台除拥有 95 家境外整频率落地电台外，还有 12 家境外广播孔子课堂，4 112 个境外听众俱乐部；多语种平面媒体海外发行 132.5 万份，具有全球信息采集能力和传播覆盖能力。2013 年，中国国际广播电台共计收到世界各地受众来信、电子邮件 389.3 万件，多语种网站日均页面浏览量 2 464 万。从以上数据可以看出，中国国际广播电台在全球范围内发展迅速，国际传播能力增强，影响力也不断扩大。

中国国际广播电台在世界范围内积极推进传播能力建设，也不断推进全媒体形态发展，着力突破传统手段、单一媒体的发展局限，积极拓展传播渠道，丰富媒体形态。其中，中国国际广播电台的“国际在线”网站是中央重点新闻网站之一，目前，已发展成为由65种语言组成的中国语种最多的网络平台。“国际在线”的访问者来自世界180多个国家和地区，日均页面浏览量1 900万。此外，“国际在线”通过开展对外合作，使转载其内容的境外网站不断增加。据不完全统计，世界范围内链接“国际在线”各语种网站首页的网站数量达到近15 000个。到目前为止，“国际在线”已经陆续开通了19家环球网络电台。

由以上中国国际广播电台的发展举措可以看出，中国国际广播电台现在已圆满完成广播、网络、电视、报纸、新媒体等媒体业务布局，把一个传统无线广播占主导地位的单一媒体，发展成为集音、视、网、报、刊于一体、传统媒体与新兴媒体融合发展的新型综合媒体，成为国内媒介形态最全的媒体集群。

为深入分析我国主流媒体的国际传播力，笔者采用文献分析法和比较分析法，对中国国际广播电台（CRI）和美国之音（VOA）、英国广播公司（BBC）的采编能力、制播能力、覆盖能力、传播效果等指标进行比较分析，见表5-3、表5-4、表5-5。

表5-3 中国国际广播电台（CRI）

评估指标		CRI
采编能力	驻外记者站数量	32个
	驻外记者队伍	60人
制播能力	播出语种数	61种
	服务产品	电台广播、“国际在线”网站、网络电台、CRI手机广播电视、“移动国际在线”英文版、中国国际广播电视网络台（CIBN）、CIBN互联网电视
覆盖能力	覆盖的国家和地区	200多个国家和地区
传播效果	海外落地节目播出时数	近2 000个小时

表 5-4 美国之音（VOA）

评估指标		VOA
采编能力	驻外记者站数量	22 个
制播能力	播出语种数	44 种
	每周节目时长	1 300 个小时
覆盖能力	海外受众规模	超过 1 亿

表 5-5 英国广播公司（BBC）

评估指标		BBC
采编能力	全球记者站数量	46 个
	驻外记者站数量	42 个
	驻外记者队伍	1 200 个海外采编人员
制播能力	播出语种数	43 种
	服务产品	电台节目、电视节目、BBC 互动（包括数字电视、互联网）
覆盖能力	覆盖的国家和地区	223 个
	海外受众规模	2.39 亿
传播效果	海外用户所占比例	61.4%

（注：数据来源于 CNKI 和中国国际广播电台网站，截至 2012 年年底。）

笔者通过对比发现，中国国际广播电台已经基本形成以无线广播为主体，以在线广播为支撑，以新媒体发展为重点的现代国际广播体系，在制播能力、采编能力、覆盖能力、传播效果等重要指标上，已经接近或超过美国之音和英国广播公司，有实力在国际舆论发挥重要的引领作用。

（三）坚持“移动优先”战略，布局海外客户端

2017 年 9 月，互联网信息服务提供商 ComScore 在发布的《2017 全球移动报告》中称，在调查了 14 个市场（美国、加拿大、英国、法国、德国、意大利、西班牙、阿根廷、巴西、墨西哥、中国、印度、印度尼西亚和马来西亚）的移动趋势与用户行为后调查者发现，仅使用移动设备的用户数量在持续增长，[①]这揭示了一个不容置疑的事实——移动端成为主要信息接收平台。

手机上获取各类信息的主要载体是客户端。艾媒咨询数据显示，截至2017年第四季度中国手机新闻客户端用户规模达6.36亿人，[②]这是一个庞大的数字。从新闻资讯获取来说，手机新闻客户端打破了以往从广播、报纸、电视等传统媒体获取信息的时间、空间限制，因承载的实时推送、信息整合、视频直播、社交互动等多种功能成为移动互联网时代新闻资讯的主要获取渠道，为此，国内各大外宣媒体争先开发移动终端应用软件，希望借此平台吸引更多海内外受众。以新华社、《人民日报》和中央广播电视总台为核心的中央三大媒体积极布局新媒体，不断通过技术、体制、管理、平台的创新，增强在国内的传播力和影响力，三大央媒也纷纷开设了外语新闻客户端，搭建国际传播新矩阵。

2014年12月2日，央视推出中国首个英语新闻短视频客户端“CCTVNEWS App”。该客户端将由央视英语新闻频道的在北京、北美和非洲三地的国际新闻制作团队24小时为用户提供有关中国的英语视频资讯和互动服务。[③]2016年9月，中国国际广播电台（CRI）推出的China Plus英语新闻客户端在各大应用商店正式上线，迈出了传统媒体向新兴融合媒体发展的重要步伐。同年年底，中国国际电视台（CGTN）开播，CGTN客户端同步上线。

2017年10月，《人民日报》英文客户端People's Daily上线，这是《人民日报》推动国际传播能力建设与媒体融合发展的积极尝试，也是宣传报道党的十九大的重要举措之一。People's Daily客户端立足提供信息资讯服务，依托《人民日报》国际部、对外部、驻外分社机构，以及《人民日报》海外版、《环球时报》中文版和英文版、人民网英文频道等组织和平台，

---

① COMSCORE. The global mobile report[EB/OL].（2017-09-12）[2020-08-08].https：//www.comscore.com/Insights/Presentations-and Whitepapers/2017/The-Global-Mobile-Report.

② 艾媒咨询. 2017—2018中国手机新闻客户端市场研究报告[EB/OL].（2018-03-22）[2020-07-12].https：//www.iimedia.cn/c400/60894. html.

③ 邹林娟. 中国首个英语新闻短视频客户端“CCTVNEWS App”正式上线[EB/OL].（2014-12-02）[2020-08-08]. http：//www.chinadaily. com.cn/micro-reading/interface_baidu/2014-12-02/12823810.html.

整合国际报道资源，借鉴中央厨房、《人民日报》客户端、《环球时报》英文客户端成功运营经验，聚合全球海量用户。截至 2017 年 10 月，人民日报社在国外建有 39 个分社，其中包括 7 个中心分社，报道覆盖 180 个国家和地区。

2018 年 1 月新华社英文客户端上线。近年来，新华社在智能化开发方面取得了极大成效，以新华云、AI 主播、智能剪辑系统等为代表的新技术不断创新新闻的生产和传播方式。在新华社英文客户端建设方面，新华社积极应用新型网络技术，对用户需求进行精准匹配，实现个性化信息推送和服务。

（四）增加跨文化视角，利用社交媒体"借船出海"

社交媒体在国际传播中具有不可忽视的强大传播力和影响力。基于高速便捷的网络传播工具，社交媒体可以跨越时间和空间的阻隔高效传播。社交媒体传播渠道是使用者的线上社会关系人群，个人成为传播的节点。[①] 由于这种社交上的关系性，人们对相关人推荐的信息的关注度自然会高，社交媒体由于人际传播的参与，其影响力自然会大。社交媒体用户根据他们自己的兴趣、需求自主制作、接收或传播信息和新闻，这些信息和新闻不经过新闻组织或机构的严格把关或者编辑、过滤而发布，内容包括用户在日常生活中所见所闻的新鲜事实信息或对信息的评价。[②]

《中国移动互联网发展报告（2017）》显示，2016 年，中国主要媒体借助移动互联网强化对外传播，其最突出的两个表现，[③] 第一个是通过利用境内第三方平台、拓展海外第三方平台和自建渠道等方式拓宽对外传播渠道，特别是《人民日报》、新华社、中央电视台、《中国日报》等四家主要媒体在脸谱网和推特上的账号的粉丝数和互动量相较 2013 年都有数百到数千倍的增长；第二个是各媒体利用移动互联网平台提供的丰富表达手段和渠道加强内容创新，围绕重大主题唤起人们的情感共鸣，针对热点讲明中国主张，推动文化交流互鉴。

---

① 赵洁．论社交媒体 [D]. 武汉：武汉理工大学，2012.

② 田智辉．论新媒体语境下的国际传播 [J]. 现代传播（中国传媒大学学报），2010（7）.

③ 中国社会科学网．《中国移动互联网发展报告（2017）》发布 [EB/OL].（2017-07-25）[2020-08-08].http：//ex.cssn.cn/ts/ts_scfj/201707/t20170725_3590429.shtml,/093-097.

面对移动互联网带来的机遇与挑战，各媒体应强化用户思维，提升传播效果，优化创新机制，从形式、渠道等方面深入钻研如何讲好中国故事，传播好中国声音，不断研究海外用户的思维习惯和文化心理，提升在海外的传播力和影响力。

第二节 融媒体时代的主流媒体国际社交媒体平台拓展

从当代国际传播环境角度而言，社交媒体已成为许多国家对外传播、塑造国家形象的手段之一。在新媒体时代，国际传播在增加信息传播手段、突破信息传播屏障等方面都有了较大进步，也实现了信息传播的针对性。[①] 我国的国际传播影响力必将随着新媒体手段的广泛运用、传播内容的丰富、传播主题的多元而不断提高。

一、主动融入：《人民日报》基于 Twitter、Facebook 的对外传播

随着中国综合国力的稳步增强，对外开放的格局不断扩大，参与国际事务的广度和深度不断拓展，中国越来越受到国际媒体和外国民众的关注。如何传递中国声音，讲好中国故事，让世界听到中国发出的声音并理解中国的想法，是中国媒体一直以来不断探究的问题。

如今，社交媒体纷纷开通了脸谱网（Facebook）、推特（Twitter）、优兔（YouTube）账号，不断输出内容，吸引了大量粉丝。人民网创办于 1997 年 1 月 1 日，是《人民日报》建设的大型网上信息交互平台，也是互联网上最大的中文和多语种新闻网站之一。《人民日报》经过多年发展，深耕全球化布局，目前已经成为中国传播信息的重要出口。目前，人民网已经在海外社

---

① 田智辉．论新媒体语境下的国际传播 [J]. 现代传播（中国传媒大学学报），2010（7）．

交平台进行了深度布局，各个海外社交平台粉丝量总计超过千万。本研究聚焦 2019 年中华人民共和国成立 70 周年国庆大阅兵事件，从人民网在 Twitter 和 Facebook 上发布的内容、转推数、点赞数、评论数分析人民网在这两个平台上的对外传播情况。

（一）《人民日报》在 Twitter 上的传播情况

《人民日报》于 2011 年 5 月开通推特（Twitter）账号 @PDChina，开始在该平台发出中国声音，截至 2020 年 6 月 24 日，已收获 711.8 万粉丝，更新推文 8.65 万条。本节通过检索 @PDChina 从 2019 年 9 月 1 日到 2019 年 11 月 30 日关于“the 70th anniversary”的推文，从发推频率、推文形式、互动情况等方面分析《人民日报》关于中华人民共和国成立 70 周年纪念活动的推文（39 条）的传播情况，见表 5–6。

1. 发推频率

《人民日报》在推特上关于 70 周年庆典活动的推文从 2019 年 9 月下半旬开始逐渐增多，在 2019 年 9 月 1 日到 2019 年 9 月 15 日之间共发布相关内容 8 条，2019 年 9 月 16 日至 2019 年 10 月 15 日发布相关推文 25 条，2019 年 10 月 16 日至 2019 年 11 月 15 日发布推文 6 条。

由此可见，《人民日报》在推特上对该话题进行了提前预热以及事后回顾。预热阶段的内容以 70 周年庆典的相关信息为主，如阅兵的场地、时间，阅兵仪式的参与者，纪念币等情况，向海外受众多角度展示了 70 周年阅兵盛典的情况；事后回顾以习近平总书记的现场情况以及阅兵游行的情况为主，有助于网友对 70 周年庆典的后续关注。

2. 推文形式

在推文文本的呈现方式，《人民日报》改变了以往在纸质版上采用的长篇报道形式，将报道简化，提炼出核心内容，将单词数控制在百内，使受众一目了然，适应了推特平台网友轻松化、碎片化快速阅读的习惯。在 39 条推文中，29 条以图文形式进行展示，10 条以短视频形式推送，简要明了地说明了主题。图片也以《人民日报》拍摄的照片为主，除此之外，也有来自新华网的照片。在 10 条短视频中，7 条均来自《人民日报》自身素材，视频左上方添加有“people's daily”的水印。

3. 互动情况

推特平台上数据显示，此 39 条推文中，回复数最多的一条为阅兵游行的视频，转推数最多的一条为国人庆祝中华人民共和国成立 70 周年的视频，点赞数最多的亦为此条。由此可见，民间相关视频更易受到推特网友的喜欢，并容易产生互动。在权威话语体系下，适当融入平民化的、年轻人喜欢的语言形式和增加他们感兴趣的推文内容，对《人民日报》推广推特账号，使账号主体人格化有一定帮助。

表 5–6 《人民日报》推特账号 @PDChina 发布“the 70th anniversary”相关情况

序号	日期	内容	推文形式	回复数	转推数	点赞数
1	2019.9.2	相关通知	图文	22	25	169
2	2019.9.4	习近平讲话	图文	29	43	226
3	2019.9.8	相关通知	图文	25	27	190
4	2019.9.8	纪念币	图文	31	58	258
5	2019.9.9	无人机	视频	43	214	705
6	2019.9.11	相关通知	图文	8	23	107
7	2019.9.11	相关通知	图文	24	33	216
8	2019.9.13	习近平	图文	13	28	131
9	2019.9.16	相关通知	图文	14	20	98
10	2019.9.17	其他国家祝贺	图文	12	28	129
11	2019.9.23	烟火展览	视频	20	46	206
12	2019.9.26	庆祝	视频	68	218	762
13	2019.9.27	庆祝	视频	23	75	411
14	2019.9.27	其他国家祝贺	图文	18	43	159
15	2019.9.27	庆祝	图文	11	14	80
16	2019.9.28	阅兵游行	图文	38	61	295
17	2019.9.28	习近平	图文	14	17	133
18	2019.9.29	庆祝	图文	11	47	192
19	2019.9.30	习近平	图文	20	45	186
20	2019.9.30	庆祝	图文	13	26	158
21	2019.10.1	其他国家祝贺	图文	11	23	144

续表

序号	日期	内容	推文形式	回复数	转推数	点赞数
22	2019.10.1	阅兵游行	图文	25	31	251
23	2019.10.1	阅兵游行	视频	41	167	678
24	2019.10.1	阅兵游行	视频	121	202	722
25	2019.10.1	相关通知	图文	36	47	301
26	2019.10.2	其他国家祝贺	图文	18	44	194
27	2019.10.2	其他国家祝贺	图文	4	30	127
28	2019.10.3	其他国家祝贺图文	图文	16	16	157
29	2019.10.5	庆祝	视频	16	127	597
30	2019.10.6	其他国家祝贺	图文	19	67	273
31	2019.10.6	习近平	图文	10	32	164
32	2019.10.8	相关新闻	视频	19	101	558
33	2019.10.9	习近平	图文	22	23	159
34	2019.10.16	习近平	图文	11	14	93
35	2019.10.16	习近平	图文	5	15	71
36	2019.10.18	阅兵游行	视频	10	54	196
37	2019.10.20	阅兵游行	图文	10	33	142
38	2019.11.9	阅兵游行	图文	6	12	59
39	2019.11.11	阅兵游行	视频	6	36	158

（二）《人民日报》在 Facebook 上的传播情况

Facebook 是 2004 年开设于美国的社交服务平台，目前已经成为全球用户基数第一的网络社交平台。根据《人民日报》在 Facebook（以下称脸谱网）主页上显示的信息，截至 2020 年 6 月 24 日 17 时，其官方账号“@People’s Daily，China”的粉丝数已超过 8 489 万，点赞数超过 8 489 万，而“The New York Times”（《纽约时报》）仅有 1 736 万粉丝。巨大的粉丝基数让《人民日报》对外传播取得了不俗成果，《人民日报》脸谱网的账号更加注重传播内容的多元化，除了发布经济、时政、外交等新闻外，还发布社会、文化、体育等内容。因此，研究《人民日报》脸谱网账号，有助于我国改善其他海外平台上的媒体的运营情况。

1. 发帖频率

关于70周年国庆阅兵《人民日报》脸谱网账号发了18条内容（见表5–7），主要集中在2019年10月1日，共发了8条，前期在2019年4月22日、2019年4月23日、2019年4月24日，《人民日报》在脸谱网账号上连续三天发布图片为阅兵仪式预热，2019年9月，《人民日报》脸谱网账号发了3条推文进行宣传，2019年10月发送了阅兵仪式推文，年底，《人民日报》脸谱网账号回顾了阅兵的流程。

2. 推文形式

在推文文本的呈现方式上，《人民日报》脸谱网账号“@ People’s Daily, China”选择了用图片和视频的方式进行信息传递，这符合脸谱网上网民的观看习惯。在18条推文中，10条以图文形式进行展示，8条以短视频形式推送，简要明了地说明了主题。图片以《人民日报》自己拍摄的照片为主，视频基本都是《人民日报》自己拍摄的。

3. 互动情况

脸谱网平台上数据显示，《人民日报》的此18条推文中，回复数最多的一条为2019年10月1日阅兵游行的视频，点赞数最多的一条为2019年12月31日回顾阅兵仪式的图片。由此可见，民众对70周年国庆大阅兵事件还是印象很深刻的，阅兵相关的视频容易激发群众高昂的情绪。在脸谱网上，关于国庆阅兵的软新闻，更容易引起民众兴趣，并且能潜移默化地加强国外民众对中国文化的认同感。

表5–7 《人民日报》脸谱网账号@ People’s Daily，China发布“the 70th anniversary”的相关情况

序号	日期	推文形式	点赞数	评论数
1	2019.4.22	图片	9 292	73
2	2019.4.23	图片	4 732	66
3	2019.4.24	图片	4 769	42
4	2019.9.2	视频	622	11
5	2019.9.26	图片	3 139	38
6	2019.9.28	图片	9 654	138
7	2019.10.1	图片	3 458	55

续表

序号	日期	推文形式	点赞数	评论数
8	2019.10.1	图片	1 055	51
9	2019.10.1	视频	990	21
10	2019.10.1	图片	1 006	33
11	2019.10.1	视频	2 692	85
12	2019.10.1	视频	5 930	363
13	2019.10.1	视频	3 644	133
14	2019.10.1	视频	446	24
15	2019.10.2	视频	728	50
16	2019.11.11	视频	1 301	28
17	2019.12.31	图片	14 000	180
18	2019.12.31	图片	3 548	131

二、借势传播：国际版抖音传播力

（一）抖音的国际传播力

2020 年 4 月抖音及海外版 TikTok（以下称国际版抖音）在全球 App Store 和 Google Play 吸金超过 7 800 万美元（约合 5.6 亿人民币），较去年 4 月增长了 10 倍，位列全球移动应用收入榜冠军。根据 Sensor Tower 公布的 2019 年 App 下载数据，国际版抖音仅次于 WhatsApp，高居第 2 名，WhatsApp 下载次数以 8.5 亿次位居榜首，国际版抖音下载次数高达 7 亿次，排第 2 名。根据 2020 年 5 月 20 日外媒报道：知情人士称，在最近的非公开股票交易中，国际版抖音母公司字节跳动的估值上升了至少 1/3，达到 1 000 亿美元。

2017 年 8 月，国际版抖音登陆日本市场，从此开启了抖音的国际化道路。在登陆日本市场 3 个月后，国际版抖音成为日本苹果应用商店免费下载排行榜第 1 名，足以表明其影响力。Sensor Tower 数据显示，2018 年第一季度，国际版抖音在苹果应用商店的全球下载量达 4 580 万次，超越了脸谱网、照片墙、优兔等成为全球下载量最大的 iOS 应用；美国移动应用软件调查公司 App Annie 的数据显示，国际版抖音在日本、泰国、印尼和越南等国多次登顶当地

App Store或谷歌市场（Google Play）总榜，其中在泰国这个拥有6 800万人口的国家里，国际版抖音的下载量超过1 000万次。①

（二）国际版抖音传播特征

国际版抖音与国内版抖音具有同样的特征，这为国际版抖音的全球传播提供了保障，使得国际版抖音在短时间内风靡全球，赢得爆发式的用户增长。

1. 高用户参与度

国际版抖音同国内版抖音一样，短视频制作工具便利，受众可以根据音乐背景进行二度创作，突出个性和亮点。因此，国际版抖音传播的内容更为多样，既有平凡生活中的点点滴滴，也有搞笑段子、才艺展示、影视片段等，极大地丰富了受众的观看体验。通过设置挑战大赛，不定期发起一些趣味性话题，国际版抖音鼓励受众积极参与短视频创作，进行秀场展示和传播扩散。②

在创作环节之外，成品视频下互动区也有网友高频次的参与。国际版抖音发布的高品质内容，更受网友喜爱，网友参与度很高。国际版抖音所具备的社交属性使得受众可以以内容为载体在平台上进行高频次互动。国际版抖音用户由创作者和观看者组成，创作者专注于作品创作，人气的提升主要靠粉丝数和获赞数，越有创意的视频越受欢迎，创作者和观看者之间可以进行关注、点赞和评论式互动。

2. 智能算法推荐

国际版抖音同样利用智能算法推荐用户可能感兴趣的视频。首先，国际版抖音的观看界面以及交互设置简单明了，受众打开国际版抖音后国际版抖音自动播放受众可能喜欢的短视频，随后观看者只需上下滑动即可观看其他视频，观看者因此能够快速进入观看状态。播放页面简洁明了，不影响观众的观看体验。其次，在今日头条技术背景支持下，手机端编辑视频简单易行，除此之外，抖音官方还推出了一款手机视频编辑工具——剪映，可用于手机短视频的剪辑和发布，国际版抖音也可下载使用，这为大众提供了视频创作的机会与工具。再次，国际版抖音通过算法优势，了解受众的观看兴趣，增加类似视频的推送量。国际版抖音对通讯录好友的获取，进一步加强了它的社交属性。最后，国际版

---

① 匡文波，杨正．人工智能塑造对外传播新范式——以抖音在海外的现象级传播为例 [J]. 对外传播，2018（10）：11-13，38.

② 刘波维．短视频社交平台传播力探析——以“抖音”App为例 [J]. 传媒，2018（19）：53-54.

抖音为普通用户提供了广阔的创作空间。虽然明星具有带动作用，但互联网产品毕竟是去中心化的，也存在二八定律，普通人的表达权需要被尊重、被看到，国际版抖音为普通民众提供了更多的可能，很多玩法和挑战都是由普通网友发起，大量优质短视频也都是由普通网友创作而成的。

3. 明星效应显著

国际版抖音邀请当地明星入驻，这也是提高用户参与度的手段之一。明星属于本地区的文化标签，有着优质的内容生产能力和众多粉丝。与在国内的运营类似，国际版抖音的员工每个人都背负着“拉人”的任务。在日本，国际版抖音经过六七次恳谈交流，反复展现合作诚意，拥有 400 万推特粉丝的艺人木下优树菜（Kinoshita Yukina）入驻国际版抖音；随着在推特粉丝数超过 500 万的日本歌手彭薇薇、女子偶像团体 E-Girls、拥有 450 万粉丝的优兔博主 Ficher’s 等成为国际版抖音用户，国际版抖音在日本的内容的启动就快速完成了。①

明星的入驻为国际版抖音跨文化传播提供了保障，国际版抖音打破了各地区之间的文化沟通障碍，各地区意见领袖吸粉能力及人气增加了国际版抖音活跃度。由此可见，内容生产者对国际版抖音的重要性。

（三）国际版抖音所存问题

需要引起注意的是，虽然国际版抖音在全球拥有一定传播广度，其短视频内容生产符合快节奏的全球化趋势，但其自身同样存在问题，需要引起足够重视。

人工智能使观众陷入信息茧房。短视频的流行，加重了不想进行深度阅读的观众的惰性，观众的注意力被稀释、碎片化。国际版抖音采用的人工智能手段，使观众更多地看到算法计算下观众可能更感兴趣的短视频，窄化了观众的信息获取通路，这种人工智能手段也成为煽动用户情绪的一种手段。比如 UGC 短视频捕捉到印度每天数场的板球联赛，系统在每场比赛生成一个“PK 模式”，让双方球迷“尬舞”PK，现场两方对骂之类的内容被放到网络平台，变成音乐短视频。这样的短视频存在着极大争议，容易受到道德谴责。

国际版抖音内容生产同质化。短视频内容生产的快速化、操作的简单化，

---

① 匡文波，杨正．人工智能塑造对外传播新范式——以抖音在海外的现象级传播为例 [J]. 对外传播，2018（10）：11-13，38.

导致国际版抖音内容的同质化问题严重，这是目前国际版抖音平台内容生产方面的重要问题之一。国际版抖音的变装、模仿、对口型等视频虽然促进了其快速传播，但单一的模板化内容也容易引起观众审美疲劳。

除此之外，国际版抖音的变现方式也是其目前急需解决的问题之一，拥有了大量用户基础和人气，但国际版抖音的盈利方式还尚未明朗，让国际版抖音成为一个各方共赢的平台，国际版抖音才能长久发展。国际版抖音面临着当地政策风险，如果海外地区采取优惠政策扶持本土短视频软件的发展，国际版抖音的红利可能将不复存在，这也是国际版抖音需要考虑的问题之一。

总体来看，国际版抖音目前有着广阔的市场及发展前景，是建构国家形象的一个新渠道，短视频的形式也符合目前快节奏、碎片化的信息时代。国际版抖音通过高用户参与度、用户黏性等留住海外用户，为用户推荐可能喜欢的短视频产品，进一步通过明星效应稳固市场。但同时，国际版抖音存在着与国内版抖音相似的问题，并面临着当地政策、民情的挑战，需要引起足够重视。

三、手段创新：CGTN 在 YouTube 上的短视频传播策略

CGTN（中国国际电视台）成立于 2016 年 12 月 31 日，是 CCTV 的国际分支机构，该机构包括 6 个电视频道、3 个海外分台、1 个视频通讯社和新媒体集群。其前身 CCTV News 于 2013 年 1 月 24 日开设 YouTube 账号，截至 2020 年 6 月，该频道已上传 8 万余个视频，获得近 11 亿次观看，是目前中国国际媒体中较有影响力的一个。本部分将以 CGTN 在 YouTube 开设的频道作为案例，分析我国主流媒体在海外视频网站的传播力、影响力，见表 5-8。

（一）CGTN 传播特点

1. 频道布局

CGTN 目前在 YouTube 共开设了 10 个频道，除主站外还下设 9 个频道，从语言上划分包括西班牙语频道、法语频道、阿拉伯语频道和俄语频道；从地域上划分包括美洲频道和非洲频道；从视频类型上划分有直播频道和视频通讯社（即 CCTV+）。除主站外，订阅数最多的是非洲频道，这与我国近年来对非外交政策不无关系。

表 5-8　CGTN 所开设 YouTube 频道统计

频道	订阅数（单位：万）
CGTN	171
CGTN Live（2016 年 10 月后停止更新）	3.1
CGTN America	38.3
CGTN Africa	46.2
Faces of Africa（2018 年 10 月后停止更新）	0.46
CGTN en Español	19.8
CGTN Français	11.2
CGTN Arabic	23.9
CGTN нарусском	4.4
CCTV Video News Agency	29.9

CGTN 频道首页的布局，在有直播时，最先被观众看到的是正在直播的内容，没有直播时置顶的则是频道宣传片；随后紧跟的是多个播放列表，由编辑按重要性进行排序，能够体现出频道的编辑方针，在 2020 年 6 月底，频道节目播放列表的排序为：Coronavirus，New Era for China，Trending Right Now，Rare Look into Xinjiang，The 1.4 Billion，Job Challenge，The Point with LIU Xin，Impossible Challenge 和热门上传视频。相较于 BBC、ABC、RT 等国际新闻机构，CGTN 在主页设置上带有更加明显的政治属性和宣教色彩，新闻机构的特征被削弱。

2. 视频类型

从节目类型来看，CGTN 上传的节目涵盖了新闻、纪录片、访谈等多种类型，其中又以新闻为主。在 CGTN 开设的直播中，除了重要新闻事件直播，自然方面的直播也占了相当大比重。例如，自 2020 年 4 月以来，CGTN 直播珠穆朗玛峰风景多达 60 余次，直播朱鹮孵化过程 10 余次。这种直播与以往观众熟悉的由主持人进行解说的直播不同，它更接近于实时监控画面——没有解说，没有镜头切换，由提前架设的单一固定机位拍摄画面传给观众欣赏，并且时长往往有 10 多个小时。此外，CGTN 还于 2020 年 6 月 13 日转播了 KPL（王者荣耀职业联赛）春季赛决赛，颠覆了观众对于 CGTN 的一贯印象。

目前 CGTN 在 YouTube 上仍然保持更新的节目有 The Point with LIU Xin，Dialogue，World Insight，Assignment Asia，Icon，Biz Talk，CGTN Documentary，

Rediscovering China，Closer to China。所有节目可以概括为两个大类：向世界介绍中国的节目和文化交流互鉴节目。

3. 传播效果

前文提到过，CGTN 目前已上传 8 万余个视频，收获近 11 亿次观看，一个视频的平均观看次数在 1.3 万次左右。笔者将 CGTN 频道主页所上传的所有视频按热度排序后，共抓取到 200 个热门视频。其中观看次数突破千万的视频共 11 个，热度最高的是 2016 年发布的标题为“Impossible Challenge: Gymnastics Boy Arat Hosseini from Iran!”的视频，其播放量超过 7 400 万，收获 17 万个赞，与播放量居第二位的 2 400 万存在着断崖式差距。该视频是央视综合频道《挑战不可能》栏目的片段，2 岁半的伊朗男孩阿拉特成功挑战多项障碍攀越关卡，评论中多是对阿拉特的赞扬和惊叹。

200 条热门视频中，占比例最大的是社会新闻，超过 30%；其次是疫情相关内容，占到 25%；政治新闻和文化及趣闻类视频的占比位列第三、第四；其余是军事、科技、经济以及纪录片等多种类型视频。笔者在对 200 条新闻的标题进行词频分析后，结果显示 China 出现次数最多（29 次），其次是 Wuhan（21 次），而 Coronavirus 出现 16 次，COVID–19 出现 10 次。由此可以看出，比起其他新闻，CGTN 在中国新闻报道和疫情报道方面更得到观众的认可。此外 Xi（习）一词出现 18 次，表明中国国家领导人以及当前中国所推行的政策受到关注。

在社会新闻中，出现最多次的是电梯相关事故的新闻，escalator 出现 6 次，elevator 出现 4 次。我国的国宝熊猫凭借其憨态可掬的形象备受世界网友的喜爱，热门视频中 6 条熊猫视频共收获 2 880 万次观看。200 个热门视频中仅 30 条国际新闻，出现次数最多的国家是印度，共有 8 条印度相关新闻，且均为社会新闻。

表 5–9　CGTN 热门视频时长、数量、平均观看次数统计

时长	数量（个）	平均观看次数（万次）
1 分钟以内	64	262
1 分—1 分 59 秒	68	299
2 分—2 分 59 秒	13	436
3 分—3 分 59 秒	13	839

续表

时长	数量（个）	平均观看次数（万次）
4 分—4 分 59 秒	10	142
5 分—9 分 59 秒	17	152
10 分钟及以上	15	214

从表 5-9 可以看出，热门视频中数量最多的是 2 分钟以内的短视频，占到总体比率的 66%。但从平均观看次数来看，时长控制在 2 分—2 分 59 秒以及 3 分—3 分 59 秒的视频传播效果最佳。考虑到热门视频仅 200 个，样本量有限，因此笔者按时间从晚到早排序抓取 CGTN 频道内“视频”一栏 2020 年 4 月 16 日—2020 年 6 月 22 日的 2 991 个视频，在排除 348 个直播回放后，对视频的时长、数量、平均观看次数进行统计，结果见表 5-10。

表 5-10　CGTN 视频时长、数量、平均观看次数统计

时长	数量（个）	平均观看次数（次）
1 分钟以内	936	7 691
1 分—1 分 59 秒	526	7 711
2 分—2 分 59 秒	343	8 226
3 分—3 分 59 秒	169	6 091
4 分—4 分 59 秒	120	10 038
5 分—9 分 59 秒	260	12 849
10 分钟及以上	288	11 762

在数量上，仍是 2 分钟以内的短视频占据优势，其中 1 分钟以内的短视频数量占到 30% 左右，在平均观看次数上，3 分—3 分 59 秒的视频平均观看次数最低，表现更好的是时长较长的 4 分—4 分 59 秒的视频、5 分—9 分 59 秒的视频以及 10 分钟及以上的视频。3 分—3 分 59 秒的视频观看次数比预期提升很多，出现如此较大反差，是因为该时长的热门视频数量整体较少，但播放量第一的“Impossible Challenge：Gymnastics Boy Arat Hosseini from Iran!”处于这个区间内，所以极大地拉升了该时长视频的平均观看次数。

在直播方面，348 个直播回放中，关于新冠疫情的直播视频超过 100 个。348 个直播中 61 个观看次数破万，其中 3 条十万级，1 条百万级，百万级播放量的视频为 2020 年 6 月 21 日的日环食直播，视频向观众展现了记者从巴基斯坦、印度、迪拜等地观测到的日环食景象。播放量破万的直播中，软新闻过半，23 条与珠穆朗玛峰有关，其余内容多关于美国近期爆发的针对种族歧视的抗议事件，以及新冠疫情。

从受众的地域分布情况来看，CGTN YouTube 频道的观众以发展中国家人民和海外华人华侨为主，CGTN 在美国、欧洲等发达国家的影响力有限。

（二）CGTN 与 BBC News① 的 YouTube 频道对比

1. 视频发布情况：数量多、频率高

BBC News 的 YouTube 账号注册于 2006 年 4 月 7 日，有近 780 万用户订阅数。截至 2020 年 6 月 22 日 BBC News 共上传 11 745 个视频，收获了超过 19 亿次观看。BBC News 账号注册时间比 CGTN 早了 7 年，但是视频数量却只有 CGTN 的 1/7。BBC News 日均发布视频 2.13 条，单条视频平均收获 16.19 万次观看。CGTN 自账号注册之日至 2020 年 6 月 22 日共上传了 83 787 条视频，日均发布视频 31 条，单条视频平均收获 1.3 万次观看。

CGTN 的视频发布数量、发布频率都远超 BBC News，但是单条视频收获的观看次数不如 BBC News。这种情况出现的原因在于 CGTN 发布的视频内容过多过杂，缺乏侧重，节目上传时未能经过审慎选择。从 CGTN 和 BBC News 的对比中我们可以看出，单纯依靠大量内容输出对于提升传播力的作用有限，比起依赖数量，精良的节目内容才是提升传播力与话语权的核心因素。

表 5-11 BBC News 热门视频时长、数量、平均观看次数统计

时长	数量（个）	平均观看次数（万次）
1 分钟以内	12	913
1 分—1 分 59 秒	28	367
2 分—2 分 59 秒	34	405
3 分—3 分 59 秒	24	283
4 分—4 分 59 秒	11	330
5 分—9 分 59 秒	48	288
10 分钟及以上	43	325

① 考虑到 CGTN 侧重新闻报道，娱乐性内容较少，因此选择 BBC News 与 CGTN 进行对比。

2. 视频类型情况：过于依赖短视频

笔者在抓取 200 条 BBC News 热门视频，以及将 2 216 条视频发布时间由晚到早排列后，对视频的时长和平均观看次数进行了统计（见表 5–11）。结果显示，在热门视频中 1 分钟以内的视频平均观看次数最多，达到 913 万，与其他时长的视频拉开了明显差距。其余时长的视频在观看次数上并未出现显著差距。断层出现的原因在于 BBC News 播放量前两位的视频均位于 1 分钟以内这个区间，并且 1 分钟以内的短视频数量较少，因此平均值显著提高。

表 5–12　BBC News 视频时长、数量、平均观看次数统计

时长	数量（个）	平均观看次数（万次）
1 分钟以内	133	11.96
1 分—1 分 59 秒	387	12.84
2 分—2 分 59 秒	356	17.38
3 分—3 分 59 秒	270	15.92
4 分—4 分 59 秒	181	24.08
5 分—9 分 59 秒	579	31.47
10 分钟及以上	310	39.48

如果将范围扩大至按时间顺序抓取的 2 216 条视频，BBC News 长视频的表现显著优于短视频，也就是说深度内容更加受到网民欢迎，见表 5–12。CGTN 的表现与之类似，从整体来看，长视频的表现略优于短视频，但遗憾的是，CGTN 侧重向短视频发力，2 分钟以内的短视频在数量上占据绝对优势，但是在播放量上未能取得较好成绩。这和 YouTube 的平台特点不无关系。2005 年 4 月 23 日，YouTube 的创始人之一卡林姆（Jawed Karim）在网站上上传了第一部影片，时长仅 19 秒。早期 YouTube 视频时长限制在 10 分钟以内，到 2010 年 7 月延长至 15 分钟，同年 12 月取消上传视频时长限制，这充分反映出 YouTube 用户对于长视频的需求。即便近几年短视频社交爆发，但更多集中在以 TikTok 为代表的竖屏短视频社交 App 上，YouTube 等视频网站上用户

对于长视频的需求依旧旺盛。

3. 话题频率情况：国际视野不足

正如前文所说，CGTN 发布的热门视频中，国际新闻仅占 15%，CGTN 在中国相关话题上更有影响力。但为了判断热门视频中国际内容占比少是否受国际新闻的整体比例影响，笔者对抓取的 2 991 个 CGTN 视频标题进行了词频分析，结果如表 5-13 所示。

表 5-13 CGTN 视频标题词频分析

单词	频数（次）	单词	频数（次）
COVID-19	698	WHO	91
China	618	Trump	118
Chinese	231	Beijing	106
Pandemic	133	US	96
Coronavirus	110	Xi	77
Wuhan	105	Police	76
Medical	76	Lockdown	72
Hongkong	69	HK	65
Floyd	67	Legislation	64
Virus	63	Qomolangma	60
Protests	56	UK	56

可以看到 China（618 次）、Chinese（231 次）高频出现，此外 Beijing（106 次）、Wuhan（105 次）、Hongkong（69 次）、HK（65 次）、Qomolangma（60 次）等中国地区同样多次出现，国家领导人的名字出现 77 次。总体来看，中国相关新闻的数量在 CGTN 的报道中占据绝对领先地位。

在国际内容报道方面，CGTN 最关注的是美国，Trump 和 US 分别出现 118 次和 96 次。CGTN 近期密切关注美国针对种族歧视的抗议事件，受害者 Floyd 的名字出现 67 次，Protests 出现 56 次。其次 CGTN 关注的是英国，UK 一词出现 56 次。

表 5-14　BBC News 标题词频分析

单词	频数（次）	单词	频数（次）
Coronavirus	527	Boris	87
Trump	151	Lockdown	83
UK	145	India	70
Johnson	106	China	65
Brexit	105	Protests	58
US	102	Hongkong	57
Election	97		

相比之下，BBC News 的国内国际报道则相对均衡。笔者在对 2 216 条新闻标题进行词频分析（见表 5-14）后发现，BBC News 的报道中，提及次数最多的是特朗普（Trump 151 次），超过英国现任首相 Boris Johnson 的提及次数。除了美国，BBC News 对于国际事务的关切也体现在其多次提及印度（India 70 次）、中国（China 65 次）和中国香港（Hongkong 57 次）。BBC News 作为英国媒体，对本国事务当然会投以更多关注，如蔓延全球的新冠疫情（Coronavirus 527 次）和英国脱欧（Brexit 105 次）。总体来看，BBC News 对国际国内事务的报道相对均衡，国内相关视频并未占据压倒性优势。平衡的选题能够使 BBC News 适应更加广泛的受众，收获更多观看次数，从而提升影响力和话语权。

（三）融媒体时代下主流媒体在国际社交媒体平台拓展的现状总结

CGTN 作为专业的新闻机构，其内容产量值得肯定，内容生产能力也毋庸置疑，但在同 BBC News 的对比中笔者发现，BBC News 热门视频前 20 位中，超过 5 分钟的视频有 8 个。

当然，短视频有其独到的优势——更容易出“爆款”。BBC News 8 个观看次数超过 1 000 万的视频中，4 个视频在 2 分钟以内。CGTN 11 个千万级观看次数的视频中，7 个在 2 分钟以内。但从全局的角度考虑，适当延长视频长度、增加内容深度更能够整体提高视频的观看次数。

此外，在 CGTN 观看次数前 20 的视频中，除了 3 条疫情相关视频和 1 条政治领域视频外，其余内容均为社会新闻和趣闻类，这也从侧面反映出 CGTN

在国内外重大政治、经济、军事等话题上话语权不足，进而影响我国在国际舆论场中的议程设置能力。

CGTN 可以主动增加国际新闻报道比例，积极主动地参与国际重大事件的报道，增加报道深度，将自己带到国际观众的面前，扩大用户覆盖范围。最后，CGTN 应改变报道形式，减少宣传色彩从而降低国际观众的抵触心理，让他们更加乐于接受新闻所陈述的内容。

第六章　中国国际传播力的特殊形式（一）：公共外交

历史经验证明，外交实践需要跟上不断变化的世界，以适应新的挑战和满足国家利益的需要。随着大众传播时代的到来以及新媒体的迅猛发展，身处不同政治、经济、文化和历史背景下的国外公众，其对一个国家的认知和态度，在很大程度上由媒体主宰。一国的国际传播能力对本国外交政策的影响与日俱增，在这一背景下，西方许多国家开始重新审视其外交政策，权衡“软权力”和“硬权力”的相对重要性，把重视话语影响的公共外交和文化外交推向前台。

第一节　公共外交与国际传播的互动

虽然公共外交在具体实践中已经有了很长历史，但人们对公共外交的理论研究在“二战”之后才开始。冷战的结束致使公共外交一度受到忽略，美国负责公共外交事务的新闻署也合并到了国务院。“9·11”事件的发生，使得美国政府和学术界开始反思美国的对外政策，公共外交也重新回到大家的视线中。

一、公共外交起源与理论

“公共外交”一说最早源于美国。1965年，美国塔夫茨大学（Tufts University）弗莱彻法律外交学院院长埃德蒙·格里恩（Edmund Gullion）首次提出公共外交这一概念。在此之前，英国称“公共外交”为“文化外交”，中国则用“国际交流”来表示。[①] 弗莱彻法律外交学院在教学中使用的提法是：“公共外交所指的是超出传统外交范围的一种外交活动，其行为方式包括一国政府对他国公众舆论的渗透；政府以外，两国之间利益团体的互动；信息流通领域工作人员之间的互动等。”[②]

公共外交不同于民间外交，前者指一国政府对他国民众的外交活动，即以公众为受体的外交形式；后者则是以公众为主体的外交形式，是一国的民众与他国民众之间的交流活动。[③] 与政府对政府的传统外交形式相比，公共外交的行为方式是间接的，是“隐藏的说服者”，在很大程度上能改变另一国的政治生态，促进有利于自己的政策的产生。[④] 作为传统外交的重要补充，公共外交在国家外交战略中扮演着重要角色。约瑟夫·奈认为，公共外交的价值不仅在于其能完成特定时限的目标，而且其具有惠及所有国际事务的潜力，是实现一国长期战略目标必不可少的手段。[⑤] 首先，公共外交可为国际互动创造信任机制。公共外交在现代外交政策体系中的作用日益显现，主要在于它被视为一种培养信任和增进理解的有效工具，其重要使命之一就是向国外民众展示本国的正面形象，感化国外民众，以使其对本国形成亲和力。其次，这种“软性”政策为一系列硬性目标的成功铺路，“软性”政策带来的最直接效果就是实现了经济利益的最大化。过去仅仅通过经济手段追求经济利益的做法在今天的全球化时代已不复存在，文化与经济、情感和品牌、惯例与价值观不再分离。国家可借助公共外交这一政治色彩相对较弱的外交形式塑造有利的宏观经济结构。信息、文化的交流与经济界领导人在私人层面上形成的亲密文化关联，尤其能

① 唐小松．中国公共外交的发展及其体系构建 [J]. 现代国际关系，2006（2）：42.

② 周启朋，杨闯．国外外交学 [M]. 北京：中国人民公安大学出版社，1990：124.

③ 唐小松．中国公共外交的发展及其体系构建 [J]. 现代国际关系，2006（2）：42.

④ 赵可金．美国公共外交的兴起 [J]. 复旦学报（社会科学版），2003（3）：88.

⑤ NYE J S，OWENS W A. America’s information edge[J]. Foreign affairs （Council on Foreign Relations），1996，75（2）：20–36.

促进政府间的经济合作，并能加强商业部门和国外民众的沟通，使商业部门接触新的信息，催生充满活力的大众消费社会。

现在，公共外交对传统外交的增效作用日益为世界各国所认同。美国的公共外交是其外交政策中的一个恒常主题，一直担负着向世界散播美国价值观和思想理念的重任，今天更成了美国“国务院战略计划”的两大支柱之一。美国政府认为，开展公共外交是对大众媒体革命的自然适应，是与文化对政治影响力不断增加相呼应的。[①] 其他国家也越来越依赖公共外交手段创造与国际社会对话的气氛。

法国、加拿大、德国、日本等国已将公共外交当成对外政策中不可或缺的“中枢”和“支柱”。如果说公共外交是大国获取硬权力的辅助手段，那么对一些中小国家来说公共外交则有着更重要的意义。它们意识到，由于没有足够的硬权力，只能倚重软权力争夺关键领域制高点。利用公共外交在国际舞台上展现自己的存在，是这些国家基本的对外战略模式。意大利、印度、伊朗、土耳其等国家的决策者，都把信息和文化合作的外交方式看成评估本国海外形象以及与国外社会是否建立深层和稳固关系的重要指标。可以说，借助公共外交营造理解、善意和趋同的互信机制，已被各国视为与他国建立信任关系不可或缺的手段。

二、公共外交的定义和特点

关于公共外交的定义，除了上文弗莱彻法律外交学院比较传统的定义，根据 1987 年美国官方的规范定义，公共外交指的是“由政府发起交流项目，利用电台等信息传播手段，了解、获悉和影响其他国家的舆论，减少其他国家政府和民众对美国产生的错误观念，提高美国在国外公众中的形象和影响力，进而增加美国国家利益的活动”[②]。美国国务院编的《国际关系词典》中有，“公共外交是指由一国政府支持的，通过出版物、电影、文化交流、广播和电视等

---

① 唐小松．中国公共外交的发展及其体系构建 [J]. 现代国际关系，2006（2）：43.

② U.S.department of state. Dictionary of international relations terms[M].Washington：Dept.of state Library，1987：85.

形式，影响他国的公众”的一种外交方式。[①] 美国学者汉斯·N. 塔克（Hans N.Tuch）认为，公共外交的重点在于减少国家间的误解和猜疑，树立美国良好的国家形象，从根本上服务于美国外交战略的总体需要。各国在公共外交上的共同特点是将公共外交主体界定为本国的政府，客体界定为外国的公众。

还有印度学者拉那认为，公共外交包含对内和对外两个维度，开展公共外交既是为了赢得拥护，也是为了劝说他人。作为一种方法，在谈判过程中，公共外交常常被一个国家用来影响本国和国外的公众，以达到制造舆论向对手施压的目的。[②]

从最广义的概念角度来说，全国政协外事委员会原主任赵启正认为跨国交流中的两个主体中只要有一方主体是民众就算是公共外交。[③]

无论何种定义，就其核心共性而言，都要从公共外交的主体、客体和行为方式来界定其内涵和外延。公共外交有几个特点：首先，公共外交的客体是他国公众。由于通信技术的不断进步，公众可以更快更方便地了解到各种政府信息包括外交信息等，同时公众、舆论、非政府组织参政的诉求也越发强烈，他们通过各种方式和手段来影响一国政府的决策过程。因而本国应争取了解、引导和影响他国公众，改变他们的观念，进而影响他国政府外交政策的制定。

其次，公共外交的主体是政府或由政府起主导作用。公共外交的主体应该明确，必须是一国中央政府或者经由中央政府授权或委托的地方政府、非政府组织、个人等，[④] 简而言之，公共外交必须由政府起主导作用，没有任何政府因素起主导作用，只是一味地诉诸民间个人或非政府组织开展的对外交流活动，只能称之为民间外交。

再次，公共外交的行为方式主要包括政府公关外交、文化外交和媒体外交等。美国国务院公开咨询委员会认为公共外交的方式“包括民意调查以及对非

① 高飞 . 公共外交的界定、形成条件及其作用 [J]. 外交评论（外交学院学报），2005（3）：105.

② 高飞 . 公共外交的界定、形成条件及其作用 [J]. 外交评论（外交学院学报），2005（3）：105.

③ 金子将史，北野充 . 公共外交——“舆论时代”的外交战略 [M]. 公共外交翻译组，译 . 北京：外语教学与研究出版社，2010：1.

④ 赵可金 . 公共外交的理论与实践 [M]. 上海：上海辞书出版社，2007：16.

政府组织的支持等”[1]。从内涵上来说，公共外交是一种双向交流过程，公共外交不是单向的灌输，而是双向的交流与沟通；不是单方面发送信息，而是要了解和理解目的国的民众，并与其进行有效互动，使对方能充分理解本国所发送的信息、传递的声音，进而提升对本国的好感度。

最后，公共外交的核心追求是提升国家地位和影响力（知名度）、提升本国国家形象（好感度），形成别国对本国的认同感。判断公共外交有效与否，必须要综合考虑这三个不同层次的追求。有些国家知名度很高，但好感度不够（比如美国），有些国家知名度很高，但得不到认同感（比如日本），当然，这三者也会相互促进，知名度越高的国家，就越易受到其他国家的关注和重视，知名度高的国家就可向其他国家提供更多的信息，促进更多的了解，从而提高好感度，而拥有较高好感度的国家传递出的信息更受欢迎，进而别国对其的认同感加深。

综上所述，公共外交是指一国政府或在其主导下，针对他国公众开展的信息传播、政府公关、国际文化交流等活动，旨在增进他国公众对本国的好感和认同，创造有利于本国的国际环境，进而实现本国外交政策的目标和国家利益最大化。

三、公共外交与国家国际传播力

在2009年召开的第十一次驻外使节会议上，胡锦涛同志指出：“开展好公共外交直接关系到我国国际形象，是新形势下完善我国外交布局的客观要求，也是我国外交工作的重要开拓方向。”当今世界，作为身处不同政治、经济、文化和历史背景下的国外公众，其对一个国家的认知和态度，在很大程度上由媒体主宰。从这个角度来说，国际传播是公共外交的核心载体，一国的国际传播能力是决定公共外交成败的重要因素，没有传播，就没有公共外交。

在当代国际政治中，受众的态度，在很大程度上取决于媒体所提供的“拟

---

① United States Advisory Commission on Public Diplomacy. Consolidation of USIA into the State Department：an assessment after one year[R]. Washington D.C.：the U.S. Department of State，2002.

态环境”。“拟态环境”理论早在20世纪20年代即由美国学者李普曼提出。其提出的逻辑基础就是，受个人的时间空间限制，绝大多数的公众，只能通过新闻媒体来了解外部世界。因此，人的态度和行为已经不再是对客观环境的反应，而是变成对媒体提供的甚至提示的某种“拟态环境”的反应。这个理论说明国际传播决定了国家的影响力。

从传播学的角度来看,媒体为国际受众提供了一个有关国家的基础信息流，然后国际受众根据自己特定的文化和价值观背景，对这些信息流进行筛选、消化和吸收并做出判断，通过集体表达的形式形成国际舆论。因此，媒体在某一国家的信息采集和传播能力和媒体自身在国外的美誉度和公信力等指标，均会深刻影响公众对媒体所属的国家的态度。

在传统的纸媒时代，由于信息传播的速度有限，国际公众对某一事件的集体态度形成的时间长、影响力相对有限，只有明确涉及外交的事件，公众的态度才会被媒体放大成为国际政治领域的博弈力量。但在网络媒体高度发达、信息扩散呈几何速度增长的今天，公众对小小事件的态度，都有可能被具有强大辐射力、反馈力的互联网放大为内政、外交领域的博弈力量，可见，新兴媒体催生内政和外交的交叉融合。

当代媒体实际上已经成为社会全员参与的“新闻广场”。在这个广场中，公民通过对外交事件的讨论等方式发声，从而对外交的环境、政策实施过程和结果产生影响。借助传媒的参与，外交工作的“路线图”由传统的中央政府对中央政府的“两点一线”转化为“多点多维”，也即借助媒体的“广场效应”，两国的中央政府、地方政府、社会组织、企业、公众群体、个体等都能围绕外交的不同层面进行“全通式”的互动。一方面，通过公众参与，公共外交进一步社会化，外交工作的内涵和影响力被充分扩大和提升；另一方面，公众通过媒体发声来影响外交也是一把“双刃剑”，当公众受到偏激声音的引示，“新闻广场”上的声音就变得不理性。

公共外交和国家的软实力密切相关。软实力的核心能力就是能够说服或者影响他国做出其不愿意去做，或者对其没有好处的事情。① 显而易见，一国的

① 周庆安．公共外交研究的四个理论维度 [J]. 公共外交季刊，2010（2）.

国际传播力强、手段先进、美誉度高，该国的文化理念和价值观念就能广为流传，就能掌握影响世界、影响人心的话语权。以美国为例，早在20世纪末布热津斯基在其《大失控和大混乱》一书中就明确提出，增强美国文化作为世界各国“榜样”的文化和意识形态力量，是美国维持其霸权地位所必须实施的战略。

此外，以互联网为代表的新媒体，凭借其高度的信息扩散能力和多向互动的全通性特征，已经成为基于意识形态和国家利益之争的政治博弈平台。2012年相关资料显示，全球访问量最大的100个网站有94%设在美国，全球7 240万个网站，美国占73.4%。在网络信息资源中，英文信息约占90 %。因为网络等新媒体的传播具有开放、多元、瞬时、互动、无障碍等传统媒体难以企及的优势，所以，网络等新媒体成为直接干预外交议程和结果的工具。[①] 甚至，外交界出现了一个新名词——“微博外交”，目前，全球数十位首脑使用类似微博的网络平台进行互动，可见网络等新媒体已日益成为公共外交的平台，成为一种外交竞技场。

随着新媒体在日常生活中作用的凸显，国际传播对公共外交的影响与作用与日俱增，甚至成为公共外交实现目标过程中不可或缺的重要环节。有学者曾说，公共外交强调的是“一国政府与国外民众的‘合作’度以及国外民众的‘接受’程度”。要让国外民众真正“接受”一国政府想要表达的观念，不仅要通过一对一、面对面的交流，更需要借助国际传播，了解并影响公共外交目标国的社会舆论，减少他国政府与民众对本国的错误认知，避免两国关系的变故甚至倒退，并提高本国在他国公众中的形象。

---

① 季萌．新媒体外交与美国的实践 [J]. 公共外交季刊，2010（4）.

第二节 中国公共外交评估

公共外交虽然是一个诞生在20世纪的全新概念，但其理念以及实践萌芽却早已有之。例如，在春秋战国时期，诸侯国之间就懂得在对方国内制造舆论、蛊惑人心，营造“战略突破点”，但这毕竟还不能算作真正意义上的外交，只不过充斥着公共外交的理念而已。在我国，真正的公共外交实践产生于中华人民共和国成立之后，并根据不同时期国际国内形势的不同、战略任务的不同分为几个不同的阶段，在不同阶段中，我国公共外交的侧重点、目标、方式方法都不尽相同。

一、中国公共外交历程

自中华人民共和国诞生以来，我国各届政府领导人都意识到公共外交对中国社会发展的重要意义，并在具体政策制定、实践中有所彰显，尽管这种意识在某些阶段还处于模糊的认知状态。中华人民共和国成立后，我国公共外交实践依据我国不同发展阶段的具体国情、国外环境、目标任务的变化而有所不同，大致可以分为以下几个阶段。

第一阶段：中华人民共和国成立初期至改革开放前。在中华人民共和国成立初期，我国面临的国际环境是相当严峻的，西方帝国主义国家企图将这一刚刚诞生的社会主义国家扼杀于摇篮之中，采取经济上封锁、军事上遏制、政治上孤立的战略。面对如此严峻的国际环境，我国公共外交的主要任务首先是要获得其他国家的理解与支持，结束孤立状态，尽快与他国建立正式的外交关系。在具体实践中，我国一方面向其他国家，特别是第三世界国家宣传新生的社会主义政权的面貌，另一方面通过支持亚非拉国家的反殖反帝运动加强彼此的团结合作。1949年，中华人民共和国成立不久，便成立了国家新闻总署，下设国际新闻局，管理对外新闻传播工作，在此基础上，为了让国际社会更好地了解中国的内政外交政策，了解新中国对国际事务的立场、态度、见解等，周恩来同志提议创办新中国自己的英文刊物《北京周报》，1958年创刊的《北京周报》是当时介绍中国政治、经济、文化的权威刊物，也是中国对外传播的重要媒介。此外，当时的中国国际广播电台也成为我国政府与第三世界国家交流沟通，与西方资本主义国家展开辩论的重要平台。我国在中国国际广播电台的建设上投入了大量资金,中国国际广播电台在新中国的对外传播与交流中发挥了重要作用。

总体来说，这一时期中国的公共外交主要有以下几个特点：首先，对外宣传得到一定发展，初创了一些重要的对外宣传机构和刊物。例如，1950 年，中央广播电视局建立对外广播编辑机构，1951 年，新中国最早的英文报刊《人民中国》创刊，1958 年，中央电视台（当时称“北京电视台”）成立，以后我国又陆续创办了英文版的《中国画报》《中国建设》《北京周刊》，并于 1963 年成立外文出版发行事业局。中华人民共和国成立初期，对外宣传从无到有迅速发展，初步形成对外宣传体系。其次，对外宣传范围狭小，途径有限。受当时国际形势的影响，新中国的对外宣传对象主要是其他社会主义国家以及亚非拉新独立的民族国家。宣传途径以新华社在这些国家所设立的分社为主，兼出版发行一些英文出版物，传播范围极小，影响力较弱。再次，这一时期的对外宣传服务于意识形态，配合外交和对外斗争是其运行模式，输出革命是其主要内容。在抗美援朝期间，中国对外广播局举办了不少节目，配合前线的军事斗争。例如，1951 年 1 月到 1953 年 7 月，对外广播播出了针对侵略朝鲜的美军的专题英语节目，播送战俘的录音讲话，揭穿美国和当时的李承晚集团所谓的朝中方面“虐待”战俘的谎言。最后，从宣传技巧上看，这一时期的对外宣传缺少与外界的融通与互动，忽视对宣传效果的研究。

第二阶段：改革开放至冷战结束后。1978 年党的十一届三中全会后，我国正式从以“阶级斗争”为纲转到以“经济建设”为中心的道路上，并确立了改革开放的方针政策。随着改革开放政策的实施，我国与他国公众交往的界限逐渐模糊，沟通渠道不断增多，政府也开始重新重视公共外交的重要作用。改革开放的总设计师邓小平在很多场合讲过，要让中国走向世界，必须让世界了解中国，要走出去，请进来，让更多的国际人士看到、听到、谈到一个改革开放后的真实的中国。[①] 在这一时期，无论是涉及公共外交的政府机构设置，还

---

① 新华社新闻研究所．邓小平论新闻宣传 [M]. 北京：新华出版社，1998：50–55.

是各种传播媒介的发展都处于风生水起的阶段。

1980年，我国成立中央对外宣传小组，由外交部、中宣部、文化部、国务院侨务办公室、新华社、人民日报社、外文局等的负责人组成，归中央书记处领导，该机构成为我国独立的外宣实体，虽然该机构在1987年因为中央机构调整被撤，但在1990年即被批准恢复。在该机构的带领下，我国在改革开放初期着手发展对外报道事业，并于1986年成立了专门的对外文化交流协会，作为中央对外宣传小组的对外民间机构。改革开放后，我国政府在公共外交方面取得的一个重大突破是，1983年外交部建立了新闻发言人制度，为我国对外就某一国内、国际热点问题表达、阐释自身观点、立场提供了更为直接、便利的平台。此后，国务院以及国家各部委都纷纷效仿建立了新闻发言人制度，该制度也成为我国开展公共外交的重要渠道。除了在有关公共外交的政府机构设置方面取得进展外，这一时期我国的对外传播媒介也在不断丰富，相继推出了《中国日报》以及《人民日报》海外版，新华社也在这一时期不断拓展对外传播业务，“1981年新华社对外中文广播开播，1983年新华社在全球各地建立5个总分社，1988年在50个国家和地区建立电传供稿业务”①。

这一时期，由于国内政策的变化以及国际形势的变化，中国公共外交有了新的发展，主要体现在以下几点：首先，多门类、多渠道、多层次的对外宣传格局开始形成。这一时期又有很多对外宣传机构建立。不仅如此，各地以经贸、旅游、友好城市等形式开展地方外宣，形成了从中央到地方完整的外宣体系。其次，对外宣传的国际影响力大增。由于对外开放的实施，受中国对外宣传影响的国家增多，中国国内也在不断改革，不断融入国际社会。这一时期，我国也开始注重国内国外的互动，对外宣传逐步由原来的单向灌输变为双向交流，开始注意因文化、意识形态等差异造成的宣传手段的内外有别。最后，这一时期的对外宣传表现出明显的以经济建设为中心的特点，缺乏对国家形象的整体塑造。改革开放改变了原来的以阶级斗争为纲的做法，把经济建设作为一切活动的中心。对外宣传也受到了这种政策转变的影响，

---

① 唐佳梅. 从“对外宣传”到“公共外交”：改革开放三十年我国对外报道的思路演进 [J]. 广东外语外贸大学学报，2008（11）：19-6.

宣传主要集中在经济建设方面，还没有充分重视国家形象建设，没有产生整体构建国家形象的意识。

第三阶段：冷战结束至今。冷战结束后，随着苏联的解体与东欧各国的剧变，国际社会曾一度出现“中国崩溃论”，认为冷战结束意味着西方资本主义世界的全面胜利，中国作为社会主义国家的一员，必定如苏联一般走向崩溃灭亡。但中国在20世纪90年代的发展使“中国崩溃论”无以立足，不过国际社会又出现了“中国威胁论”。面对国际社会的偏见与指责所造成的严峻国际舆论环境，我国在这一时期更加重视公共外交的重要作用，特别是在美国发生“9·11”恐怖袭击事件之后，我国对公共外交的关注，不仅体现在学术领域，更体现在政府发言、机构设置当中。总体而言，我国在这一阶段的公共外交更加受到政府部门的重视，形式更加多样，相应的政府机构设置比之前也相对完善。

1990年，我国成立中央对外宣传小组，该小组负责“对国际、港澳台地区以及海外侨胞宣传的协调，是主管对外宣传事务的政策协调和领导机构”①。1991年，我国成立国务院新闻办公室，作为对外新闻传播的领导机构，该机构主要负责“通过召开新闻发布会，提供书籍资料、影视作品等方式开展工作，对外介绍中国；协助外国记者在中国的采访；广泛开展与各国政府机构和新闻媒体的交流、合作等”②。在20世纪90年代，我国在中宣部、国务院新闻办、中央对外宣传小组等机构的组织协调下得以开展一系列对外传播活动，并未成立专门处理公共外交事务的组织机构。步入21世纪后，我国政府领导人提出要有“跨世纪外交”和“总体外交”意识，即外交包含政治、经济、文化、军事、民间等各个领域，而不再是之前狭义的外交概念，这就将公共外交涵盖进了国家总体外交方略之中。在2001年美国遭受恐怖袭击之后，包括我国在内的全球各个国家都意识到开展公共外交的重要意义，并纷纷采取行动。我国于2003年在外交部新闻司下设“公共外交处”，并设有外交部的“公众开放日”，主要目标是促进国内公众对外交事务的了解与参与。2009年，公共外交处升

---

① 赵可金．软战时代的中美公共外交 [M]. 北京：时事出版社，2011：62.

② 朱穆之．朱穆之论对外宣传 [M]. 北京：五洲传播出版社，1995：322.

级为“公共外交办公室”，负责外交部公共外交工作的统筹规划和协调指导，以及外交部大型公共外交活动的组织策划。除此之外，为了便于及时研究、解决我国公共外交活动中所遇到的问题，我国在 2010 年 8 月成立了公共外交咨询委员会，该委员会由资深的外交官以及专注于研究公共外交的学者组成，主要任务是为我国的公共外交发展提供咨询意见。

除了在政府机构设置上对公共外交格外重视外，我国在公共外交的具体实现形式上，如政府公关、媒体传播信息、教育文化交流等方面都提供了人力物力支持，并多次在政府重要工作会议中提及公共外交的重要性。在第十次驻外使节会议上，胡锦涛同志提出：“维护我国发展的重要战略机遇期，争取和平的国际环境、睦邻友好的周边环境、平等互利的合作环境和客观友善的舆论环境，为全面建设小康社会服务，是当前和今后一个时期我国外交工作的根本任务，也是基本目标。”① 这是我国首次将争取友好的“国际舆论环境”作为外交工作的任务目标。在政府公关活动中，除了领导人越发重视在出国访问期间通过“亲民活动”将自身的人格魅力、亲民形象展示给对方国家公众外，各驻外使领馆也愈加重视通过与驻在国公众进行互动建立良好关系，促进双方国家文化的交流，增进彼此的了解与理解。例如，一些驻外使领馆在春节期间，开展一系列公共外交活动，除邀请国内的知名团体演出外，还通过举办文艺晚会、花灯展、图片展等引导驻在国公众参与互动，并利用驻在国的主流媒体发表新春贺辞。可以预见，活跃在一线的驻外使领馆工作人员的一系列公关活动将成为我国开展公共外交不可或缺的重要参与因子。

在媒体传播信息层面，进入 20 世纪 90 年代以来，我国无论是在国际广播、报纸杂志、电视新闻，还是在新兴的网络媒介方面都取得了一定发展，虽然依旧未能改变西方媒体控制国际舆论的局面，但这些发展对我国的信息传播、舆论释放还是起到了不可替代的作用。在国际广播方面，中国国际广播电台延长了广播的时间并设法在国外开设调频广播电台，现在中国国际广播电台每天能用 43 种语言播出 211 个小时的广播节目，覆盖全球近 200 个国家和地区。中

① 新浪网 . 第十次驻外使节会议在京举行 [EB/OL].（2004–08–31）[2020–08–08]. http：//news.sins.com.cNc/2004–08–31/05453538518s.shTml.

国国际广播电台已进入世界对外广播三强之列，成为世界上最有影响力的国家广播电台之一。[①] 在电视媒体方面，我国不断加强电视对外传播的建设，并于 1992 年设立针对海外华人华侨、港澳台同胞的中央电视台第四套节目，2000 年设立面向海外主流观众的中央电视台第九套节目,之后又相继推出法语频道、西班牙语频道、阿拉伯语频道。另外，我国高度重视网络媒体这一开展公共外交的新型平台，之前开展对外传播的媒介都建立了相关网站，如中国日报网、中国国际广播电台网站、新华网等。此外，随着微博的日益兴盛，中国政府在开展公共外交的进程中逐渐采纳了微博这一新式的交流渠道，外交部于 2011 年 4 月份以“外交小灵通”的网名在新浪网上注册了微博，并通过微博及时对外发布外交部相关信息，这一举措是我国利用网络平台开展公共外交的重大突破。

20 世纪 90 年代以来，在对外教育、文化交流中，我国开展了一系列旨在与他国进行文化交流与互动的活动，并在 1998 年成立中外文化交流中心，专门通过举办大型综合活动，接待外国艺术团体来华演出，开展各类国际性的学术交流、考察访问推广中华文化。自 2000 年我国成功推出“中华文化美国行”活动之后，针对他国开展的中国“文化年”“文化节”便形成了一定规模，并相继在法国、俄罗斯等国家成功开展。而作为“战略沟通”的具体实践，奥运会、世博会、亚运会、大运会相继举办。在活动举办期间，我国要面对大量的国外运动员、来华参观者、海外媒体工作人员等，任何一个细节都会给外国人士留下或好或坏的印象，而中国的大量志愿者，特别是 80 后、90 后志愿者在与外国来访者的接触中，展现了中国年青一代敢于担当、乐于奉献、充满爱心的形象。2008 年北京奥运会上，奥运志愿者们的倾情奉献让国际社会看到了充满活力的中国。

这一时期中国公共外交的最显著特征是以塑造国家形象为目标。

首先，“冷战结束后，对外宣传的重点从强调宣传策略转向创建公共外交体系。中国真正意义上的公共外交是从这个时期开始的”[②]。中国的对外宣传

---

① 赵可金．软战时代的中美公共外交 [M]. 北京：时事出版社，2011：57.

② 唐小松．中国公共外交的发展及其体系构建 [J]. 现代国际关系，2006（2）：45.

工作开始改变单向灌输的做法，注重双向交流；改变原来盲目宣传的做法，增强宣传对象的针对性，注重研究受众的需求；改变对外过多宣传社会意识形态的传统，增加文化、经济、科技、教育等非意识形态的内容；改变对外宣传内容过分关注政治人物的做法，把宣传报道重点放在国外普通公众身上。公共外交的目标是：向世界说明中国，展示良好国家形象，营造有利的国际舆论环境，服务国家发展。总之，自冷战结束以来，中国的对外宣传目标已经转变为树立国家形象、服务国家发展。其次，公共外交形式下的对外传播日益规模化、系统化、复合化，影响力空前增大。中央电视台的对外国际频道（CCTV-4）和英语频道（CCTV-9）的节目覆盖全球98%的国家和地区。新华社基本实现了成为世界大通讯社的目标，国外分社达170多个。《中国日报》拥有8种外文出版物，主报发行至150多个国家和地区。中国现在每年向海外发行中外文书刊6 000余种、800万册，书刊市场已经拓展到180多个国家和地区。中国积极利用新兴网络媒介进行对外传播，国务院新闻办公室于1997年开通的中国国际互联网新闻中心，最高日页面访问量达到31.2万人次。现在，我国已经形成以印刷物、电子产品、网络、人际交流等多种渠道为媒介的复合型对外传播体系。中国的对外传播由原来渠道单一的对外宣传转变为拥有复合型传播体系，以展示真实而全面的国家形象为目标的公共外交。这不仅符合冷战后国际上淡化意识形态强调文化交流的趋势，也满足了新时期我国改善国际舆论环境，树立良好国家形象，增强软实力的需要。对外传播向公共外交转变符合时代潮流，满足了国家形象塑造的现实需要，有着重大的战略意义。

二、中国公共外交现状

自20世纪90年代以来，中国公共外交的目标已瞄准国家整体形象塑造，确保外交成为经济发展的增效阀。近年来，随着“和平发展”理念的深入，中国开始有意识地塑造与国际社会合作、维护世界和平的形象。

然而，中国仍然面临着比较严峻的国际舆论环境。一方面，西方大国利用资金和技术优势对全世界进行舆论垄断，以民主、政体和意识形态等方面的差异为借口，向中国发起舆论大战，极力封锁有关中国的正面声音，因而许多国家民众先入为主地接受了大国的“观念要挟”。可以说，当前世界舆论的导向基本上为数个大国所掌控。另一方面，随着近几十年中国经济持续迅速发展，中国综合国力得到提升，国际地位日益提高，这引起原本对中国有成见的国家的担心，这些国家开始鼓吹“中国威胁论”，强化对中国的观念输入和舆论渗透。

自中华人民共和国成立至今，我国针对不同国家开展了各种形式的文化交流活动，以达到塑造国家良好形象、增加国家吸引力的目的。从中美之间的“熊猫外交”、中日之间的“兰花外交”直到今天的中国文化节、文化年的举办以及侧重于语言教学和传统文化传播的孔子学院的设立，都突显了中国公共外交过程中“文化传播”的特征。2000 年，中国国务院新闻办和文化部在美国主要城市举办了以“走进中国”为主题的“中华文化美国行”系列活动，通过展览、文艺演出和演讲的方式介绍中国传统文化、现代艺术以及中国的历史和现状，引起了美国人的极大兴趣。据了解，前往观看的美国各界人士达 10 万人次以上。[①] 之后，我国又开展了对法、俄的“中国文化节”活动，向国外公众彰显了中国独特的文化内涵与魅力，使国外公众进一步加深了对中国的理解。

之所以我国在公共外交实践中突显“文化传播”这种特征，一是因为我国文化资源丰富，容易对国外公众产生吸引力；二是因为与政府公关、媒体传播信息相比较，我国在文化交流方面的经验更为丰富，而且文化交流这种方式本身较为灵活，富有张力，容易与对方国家公众互动，较不易受到对方国家政府或民众的控制或阻挠。而在媒体传播方面，虽然我国在努力创办能够使外国公众“听得懂、看得到”的广播、报纸等，但全世界有影响力的主流媒体大多掌控在西方国家手中。四大西方主流通讯社每天发出新闻的数量占了全球总新闻发稿量的 4/5，世界 90% 以上的新闻是由美国等西方国家发布的。信息控制、传播方面的实力差距加之西方国家长久以来的种族偏见以及在冷战期间形成的对共产主义的恐惧、敌视使得想要西方国家客观、真实地报道中国是不现实的，在短时期内也是无法实现的。虽然我国已着手打造强有力的媒体，但以目前我

---

① 央视网．中华文化美国行 [EB/OL].（2000-09-18）[2019-10-02]. http：//www.cctv.com/zhuanti/zm/zjzg/zjzg27.html.

国媒体在世界媒体中的地位来看，在短期内，我国若将媒体作为公共外交的核心手段以期获得公共外交的巨大进展将会面临很多挑战。

三、中国公共外交面临的挑战

中国的公共外交活动从理论探索到付诸实践只经历不过短短的二十几年，从整体来看，应该说已经取得了一定成效。但是，随着时代的发展，中国的公共外交事业也面临着诸多挑战，国外受众的思维方式与中国受众有较大差异，中国对外宣传方式有很大的改进空间。本章在对中国公共外交面临的挑战进行总结和分析的基础上提出针对性的意见和建议。

中国国内生产总值在 2010 年超过日本，成为世界第二大经济体、世界外汇储备第一大国、世界出国旅游人数第二大国、世界石油消费量第二大国和世界贸易总额第三大国。中国的安全利益、政治利益、经济利益和文化利益都在向全球拓展，反映出中国经济实力的变化和在国际社会地位的上升，因此，中国正在成为各国制定外交政策和国际战略时关注的重点国家，中国的公共外交活动也面临着前所未有的挑战。

首先，外部国际舆论环境的挑战。国际舆论环境是指世界大多数媒体在世界主流媒体主导下展开的有关各国状况及国际事务的报道和评论所构成的总体环境。当这些报道和评论集中指向特定的国家时就形成了该国家所处的国际舆论环境。[①] 从现实情况来看，当前的国际舆论环境对中国国家形象的构建、中国外交工作的延伸以及中国进一步的发展都是十分不利的，“中国威胁论”经常出现在世界各大媒体的报道当中。

当前，我国媒体的声音在国际上还相对较弱，全球重要的国际新闻，80% 以上由发达国家的几个通讯社提供。据统计，美国主流媒体对中国的报道，如果按照标题计算，负面标题占到 50%，中性标题约占 25%，含有积极意义的标题占 25%；如果按字数统计，负面报道更是占到了 90% 以上的篇幅，这是

① 赵启汇．中国面临的国际舆论环境 [J]. 世界知识，2004（5）：54.

因为负面报道字数多、篇幅长，而正面报道则寥寥几句。[①]这种情况对我国开展外交活动很不利。

当前，在国际形势改变和国内经济不断发展的整体形势下，中国面临的国际舆论环境发生了较大变化。第一，中国在国际社会中受到广泛关注。无论是外国的政府机构还是社会公众，都希望对中国有所了解，各国媒体在新闻报道中增加了有关中国的内容。第二，得益于我国对外宣传能力的逐步提升，宣传效果逐渐显现，在关于中国的新闻报道中，尽管负面消息仍占据相当大比重，但正面报道和客观叙述的内容逐年增加。第三，关于中国的新闻报道中，官方消息和其他权威机构的信息被引用的次数越来越多,但我们也要清楚地认识到，由于在文化背景、意识形态等方面我国与西方国家存在较大差异，从总体上看，国际主流媒体反映中国的声音依然不强，国际舆论形势未根本改变，中国在今后相当长的一个时期内所要面临的国际舆论环境依然严峻。

其次，公信力下降的挑战。古人讲“人无信不立”，一国政府作为行使公共权力的行为主体，其公信力对社会信用体系有着强烈的示范引导作用。政府的公信力体现了政府的信用能力，是指公民在何种程度上对政府行为持信任态度，是社会组织、民众对政府信誉的一种主观评价或价值判断。[②]政府的公信力由政府行为的客观效果和公众对政府行为的主观感知两大因素决定。政府公信力的强弱，取决于公众对政府行为的认可度及对行政工作人员的具体印象。

在改革开放 40 多年的过程中，社会的复杂性、开放性和多变性等特征开始显现，中国正在经历着前所未有的大变革，各种社会矛盾日益凸显。在此时代背景下，政府公信力的下降很难避免。由于社会利益的分化、价值取向的多元化和外部势力的影响等，政府在社会管理水平、公共服务意识方面，无法全部满足公民的期望，加之一些不规范行政行为的出现，政府的行政能力、公众威信和队伍形象受到一定损害，公众对政府产生了一些不满和不信任。

再次，互联网兴起带来的挑战。互联网作为一种新兴媒体，其功能越来越被公众所熟知，互联网所具有的匿名性特征及宽松的讨论氛围，使得其的传播范围和社会影响力迅速扩大。近年来，伴随着互联网技术的发展和中国网民的

---

① 赵启正．努力建设有利于我国的国际舆论环境 [J]. 对外宣传参考，2003（3）：2.

② 叶育登．信息的透明度 政府的公信力 社会的凝聚力 [J]. 中国行政管理，2004（4）：57.

成长，网络已不单纯是提供娱乐休闲的平台，更是民意表达和与政府沟通的重要渠道。网络意见受重视程度、信息反馈的真实性和政府应对的态度都影响着一国政府的形象。

从积极的角度来看，互联网作为新兴媒体，一方面可以全方位地传递政府声音，时刻关注信息动态，监视政府危机处理的进展；另一方面，互联网具有“传播器”和“聚集器”特点，能够整合多种资源，对问题的解决具有帮助作用。从消极的角度来看，互联网所具备的“放大镜”功效使许多公共事件遭到曝光和放大，负面影响急剧扩大甚至导致社会危机爆发。在互联网这一虚拟平台上，人们的言论更加自由，国外舆论对中国公众的影响也越来越大，可以说互联网的兴起对政府控制信息传播渠道的能力、应对信息的能力提出了新的挑战。其一，信息管道控制难度加大。根据信息论原理，危机信息在信息主体与社会公众之间的信息管道中流动。而在互联网中，政府的“官方言论”不足以充实整个信息管道，甚至大部分渠道都被小道消息，甚至是谣言所填充，因此，政府很难把握信息的变化。其二，信息回应速度要求更快。互联网上，信息发送、接收和扩散的速度相当迅捷，几乎同步进行。网络中的某一信息引起公众的关注后，公众将会通过邮件、论坛、微博、微信将信息很快扩散出去。在此过程中，政府获知信息的速度、回应信息的速度，以及回应信息的表现都会影响公众对政府的印象。

最后，信息不对称导致形象受损。无论是在现实生活中还是在网络虚拟平台上，都存在着信息不对称的现象。由于专业领域的划分，利益相关者之间的信息量有着很大差距，在信息不对称的条件下，如果地方政府不能及时地公开真相，给予解释，将会引发公众的猜测和负面想象，导致政府和国家的形象受损。

第七章 中国国际传播力的特殊形式（二）：文化外交

第一节 文化外交：从载体到主体

文化外交的重要性随着全球化发展程度的不断加深而逐渐显现。“天下之至柔，驰骋天下之至坚，无有入无间”①，文化外交凭借文化沟通、言语交流及意识形态输出等柔性模式，将国家间软实力竞争推向国际舞台中央。随着中国国力的增强和在国际事务中重要性的上升，有意识地推动世界对中国的了解和认同成为我国一项重要的工作，而文化外交在其中的重要性日益凸显，成为中国外交工作的新热点。

一、文化外交的起源与界定

要充分认识文化外交所具有的独特价值，必须先弄清文化以及文化外交的内涵。文化具有复杂性和不确定性，这增加了我们认识文化的难度。不同学科、不同学者对文化概念的理解也各式各样，“文化”一词的真正含义是什么？应该如何界定？目前学术界仍存在分歧。根据一些学者的不完全统计，目前关于

---

① 老子 . 道德经 [M]. 合肥：安徽人民出版社，1990.

文化一词的界定有 400 种之多。文化外交最初并非一个正式的概念，而是不同国家、城邦间约定俗成的一种交往手段。追溯文化外交的起源，美国前新闻署高级官员理查德・T. 安特博士（Dr.Richard T.Arndt）提出，至少在三千年前文化外交就已经出现，这种外交手段是国王们的首选。[①] 自青铜器时代，城邦间就已开启了文化外交，而英国人类学家泰勒 1871 年对文化的解释目前仍被视为经典定义之一。泰勒认为，文化和文明，就其广义的民族学而言，是包括知识、信仰、艺术、道德、法律、习俗和任何一名社会成员获得的能力和产生的习惯在内的复杂整体。除此之外，德国雅斯贝尔斯提供了另一种解释，他认为，文化是一种生活方式，它的支柱是精神的训诫，其范围包括系统的知识。这些定义的合理性显而易见，但是在国际关系研究中，我们最常引用的文化的定义，是美国芝加哥大学亚历山大・温特教授提出的，他称："文化就是社会共有知识。社会共有知识是个体之间共同的和相互关联的知识，共有是指社会意义上的共有，共有可以是合作性质的，也可以是冲突性质的，互为敌人和互为朋友同样是文化事实。"[②] 可见，这种在人类群体之间能够传承、交流的思想和意识形态便是文化，它涵盖了某国家或区域之内的思维方式、风土人情、传统习俗、价值观念、生活方式、行为习惯等。

在认识文化的基础上，我们再来谈什么是文化外交。国内外学者对文化外交定义尚未达成共识，众说纷纭。如王逸舟教授所言，"文化"与"外交"作为一对很难取得共识的概念，二者结合在一起更是添加了诸多不确定性。

首先，谈一下文化外交的起源，自人类进入文明社会以来，通过生活交往、物质交换和迁徙扩散，文化开始向外扩散，而文化外交就源于这种扩散。出于扩大影响和交往的需要，主权国家开始展开文化外交。中国古代张骞对西域的出访是人们早已熟悉的丝绸之路外交，其目的是联合西域对付匈奴，客观上带动了丝绸之路的发展。自西方文明开始以后，资本主义国家为了获得原始积累，在其他国家以文化的形式推行殖民主义，目的就是让被殖民者在精神上臣服。第二次世界大战期间，德国纳粹将文化作为战争工具之一，通过意识形态灌输、

---

① 欧阳安 . 文化外交的几个概念和关系 [J]. 上海文化，2014（8）：88.

② 潘一禾 . 文化与国际关系 [M]. 杭州：浙江大学出版社，2005：14.

播放宣传片和演讲等方式对人民进行洗脑，宣扬“民族优劣论”，制造社会矛盾；而日本、英国等国家则通过在殖民区大力宣扬本国文化，在掠夺财富的同时对当地人民进行文化侵略，使得殖民区人民一度丧失对本民族的认同感，这种文化殖民的影响至今仍能从原殖民区中寻找到痕迹。马克思在《不列颠在印度统治的未来结果》中说：“英国的海外殖民有两个使命：首先，消灭与自己不相融的亚细亚社会模式；其次，就是一种重建的使命，即在亚洲为西方式的社会奠定物质基础。”① “一战”后，西方大国对国内的文化生活加强了干预，对外也不例外，主要是出于以下几点考虑：一方面，明确意识到文化外交的重要性；另一方面，民间文化交流迫切需要国家的参与和引导。在《牛津汉语大词典》中，我们能够找到关于文化外交的最初定义：“英国议会为致力于英语的海外教学推广与发展，创造出了一种新颖的国家间文化交流手段。”总而言之，文化外交开始是一种非和平的交往方式，是一种具有对外战略意图的扩张手段，政府职能的扩大也极大地促进了文化外交的发展。必须明确文化在国家对外关系中的角色，如此才能促使文化外交在各国政府对外战略中的地位不断上升。

目前，关于文化外交的概念有许多种，大致可以分为以下两大类型：一是从文化服务于政治目的上理解文化外交，强调将文化外交视为一种外交手段服务于国家整体外交战略。比如美国学者宁柯维奇认为，文化外交“首先是在国际政治中运用文化影响的一种特殊政策工具”②。中国学者李智教授也持类似看法，“文化外交是以文化传播、交流与沟通为内容所展开的外交，是主权国家利用文化手段达到特定政治目的或对外战略意图的一种外交活动”③。孟晓驷认为文化外交是“围绕国家对外关系的工作格局与部署，为达到特定目的，以文化表现形式为载体或手段，在特定时期针对特定对象开展的国家间公关活动”④。

二是从发展国际文化交流，加强相互了解的角度把握文化外交。美国卡明

① 马克思，恩格斯．马克思恩格斯选集：第 1 卷 [M]. 北京：人民出版社，1995：768.

② 孟晓驷．中国：文化外交显魅力 [N]. 人民日报，2005-11-11（7）.

③ 李智．试论文化外交 [J]. 外交学院学报，2003（1）：83.

④ 孟晓驷．中国：文化外交显魅力 [N]. 人民日报，2005-11-11（7）.

斯教授认为，文化外交是指国家及其人民之间的观念信息、艺术以及文化等诸多方面的交流，主要目的是加强相互之间的理解。[①]中国学者胡文涛教授认为，文化外交是政府或者充当公共机构契约协作者的非政府组织向别国国民描绘本国情况的活动，目的就是使对方国的人民提高对本国的了解、同情，提升本国的声望。[②]复旦大学范勇鹏认为，文化外交是以一国政府为主体，基于主体的平等性、方式的对等性和相互性、内容的相对真实性、目标的长远性，对他国开展的持续性的人员交流、文化传播和思想沟通，目的是渐进地提升国家在国际舞台上的影响力，增强国家软实力，塑造良好的国家形象等。[③]

传统上，文化外交的主体是政府部门及其代表和专门的外交机构及宗教、文化教育机构。在全球信息一体化及市民社会日渐活跃的现今，民间的文化外交活动日趋频繁活跃，所以，文化外交的主体不仅是政府及其代表，还包括事业单位、非政府组织、民间文化团体、宗教团体以及个人等。有些民间文化外交本身就有政府背景，譬如，那些政府直接支持下的民间团体进行的，或者政府搭台民间唱戏的文化、音乐、教育、研讨等方面的国际互动。

文化、信息的交流是世界各国建构良好国家形象、实现国家利益最大化的必要工具，是应付全球相互依存的消极面或积极面的手段，也是调和国际争端的廉价方式。“在使用武力代价昂贵而且效果式微的时代，它成为国家间关系的一种理想的缓和剂。这种外交形式具有以低成本换取高收益的效力，能让实力较弱的国家弥补其硬权力的缺陷，平缓国际互动。”换言之，文化外交本质上是一种思想外交、观念外交，它传播的不是单纯的知识和技巧，而是一种价值观。只有价值观才能深入人的灵魂，只有价值观的改变才能带来态度和行为模式的改变，要影响他国民众心态和他国政府对外政策，就需要输送价值观。[④]

研究者有时会将文化外交与公共外交混为一谈。一些国家在实践上也长期未区别文化外交与公共外交，如英国把公共外交称为文化外交，美国长期将文

---

① CUMMINGS M C. Cultural diplomacy and the United States government： a survey[J].Washington D.C.：Center for arts and culture，2003（1）：20.

② 胡文涛 . 美国政府对华文化外交的试验（1938—1949）[J]. 广东外语外贸大学学报，2008（1）.

③ 范勇鹏 . 论文化外交 [J]. 国际关系研究，2013（3）：22.

④ 李智 . 文化外交：一种传播学的解读 [M]. 北京：北京大学出版社，2005：143.

化外交置于公共外交的范畴。虽然实践中存在着交叉混合，但公共外交与文化外交的概念显然是有区别的。有学者认为公共外交的目的是向别国公众解释本国政府的政策以实现本国政府的短期目标，因而，公共外交的功利性强，政府主导色彩明显，常常使用宣传手段和必要的欺骗辞令。文化外交更注重通过教育与文化交流来促进相互理解，致力于长期目标和长远利益的实现。①这里提出的“短期目标”是公共外交不同于文化外交的重要特征。国家进行文化外交不仅期望达到短期且具体的效用，还期望在国际上产生长远而深层次的影响，因此，维持真实友好、充满善意的国家形象是文化外交开展的必要前提。②但这种友好善意的外交并未摒弃国际关系中的竞争性，在合理的国际规则下开展友好竞争，是各国平等开展文化外交的基本准则。

二、文化外交方式、主要作用与特点

文化外交的方式多种多样。首先，文化外交作为一种国家政府间的行为，主要是靠签订国际文化交流项目，召集和参与各项国际文化会议，组建和加入国际文化组织，推动文化人员的互访、文化成果的对外展览等实现的。其次，文化外交可以作为一国政府向国际公众开展的一项国际公共关系活动，文化外交的关键是通过培养国际舆论场或影响国际舆论，间接左右他国行为来实现其外交战略，而想要影响国际舆论主要靠国际传播媒介（报纸、广播、电视、电影、互联网等）。

根据文化外交丰富的外在表现形式,学者范勇鹏将文化外交分为三个层次:思想外交、文明外交以及文艺外交。其中，思想外交是指人类认识世界的基本范式，即人类对人与自然的关系、人与人的关系、人与国家的关系和国家与国家的关系的基本看法；文明外交包含了物质文明、精神文明和制度文明上的交流；文艺外交实际上是竞争“美”的表现权，文艺外交表现为文学交流、艺术交流等。③在这里，我们以“形而上者谓之道，形而下者谓之器”为区分标准，

---

① 胡文涛．美国文化外交及其在中国的运用 [M]. 北京：世界知识出版社，2008：39.

② 范勇鹏．论文化外交 [J]. 国际关系研究，2013（3）：27.

③ 范勇鹏．论文化外交 [J]. 国际关系研究，2013（3）：28–29.

将文化外交分为两个层次：物质性文化外交和思想性文化外交。物质性文化外交更强调文化活动开展的形式和具体表征，是思想性文化外交的效用延伸。物质性文化外交的表现是多元的，能够具体展现出一国或某区域特有的地理风貌、历史人文、艺术积淀等。而思想性文化外交主要强调人类精神思维为基础的意识形态交流，更加关注政府领导层、社会人群的价值取向和社会行为，涵盖了人类对自然界、人类社会、社会关系、科学知识等的基本看法。思想性文化外交能够直接影响，甚至主导国与国之间的关系，是文化外交体系中的最高层次。一国思想性文化外交的内核与国家外交战略不无关系，国家通过输出文化观念和文化产品，达到争夺国际话语权、主动权的目的。

基于文化外交涉及领域广泛，一般而言，文化外交的对象，不只限于国家、政府，还包括民间团体或个人，甚至是公众，以便国家培养国际舆论阵地，在国际公众中树立良好的国家形象，正是在这一意义上，在有的国家，文化外交直接同公众外交联系到一起。确实，与政治外交、经济外交和军事外交相比，文化外交同公众外交的联系更为紧密，很大一部分文化外交属于公众外交（反过来，由于文化交流在国家政府与国际公众交往中所占比重越来越大，很大部分公众外交属于文化外交）。

文化外交作为国家的软性外交手段之一，具有不可忽视的重要作用。首先，文化外交有助于提高一个国家的国际地位与威望。一国在开展文化外交过程中，会将自身文化的优势与吸引力进行大力宣扬，旨在塑造良好国家形象和提升影响力，引发他国的追逐模仿，由此实现国际地位与威望的提升。中国国家汉语国际推广领导小组办公室（以下简称国家汉办）通过在一百多个国家建立孔子学院与孔子课堂，向世界推广汉语语言文化，增进了世界对中国的了解，提高了中国在国际中的地位和威望。

其次，文化外交有利于减少乃至消除国家间思想上的隔阂。近年来，随着中国综合实力的不断增强，国际上一些国家鼓吹“中国威胁论”。由于国际形势风云变幻，各个国家的综合实力此消彼长，这导致了国与国之间产生了隔阂。文化外交属于软性外交，需通过沟通、交流达到目的，方式更为温和，更易于被他国接受。文化外交以润物细无声的方式使他国“读懂本国文化”，消除国与国之间的隔阂。

最后，文化外交活动的开展，有利于国家间增加互信。国家作为国际关系的行为主体，互信是合作的基础与前提。鉴于各国的政治体系、文化内涵截然不同，充满互动性的文化外交活动能够从政府、非政府组织及人群等多个范围内展开。文化外交通过将外交理念、文化价值向外投射并积极反馈的方式，构建双边乃至多边的价值认同关系，增加彼此间的信任。

文化外交也有几大特点。首先，文化外交具有隐蔽性。这表现为目的隐蔽性，即国家以文化外交的名义，在文化互访和人员交流中实现特定战略目标，近代西方的文化外交是以传教的名义进行侵略，其中以美国传教士最为出名。[①]

其次，文化外交具有思想性。这体现在改变思想观念上，从另一个角度上考虑，文化外交是一场攻心战，不仅推动了国家间的文化交流，还促进了各国人民间的心灵沟通，使国际关系也提升到了一个新的高度。

再次，文化外交具有长期性。长期性就是指文化外交的实践过程相当缓慢，在短时间内是不能完成的。20世纪20年代中期，美国卡内基基金会负责人尼古拉·巴特勒认为，跨国接触与交往，能够使人们获得许多新的价值观与意识形态，进而能改变人们的道德观念，使人们以国际性的头脑正确处理现实文化问题。

最后，文化外交的依附性也比较强。文化外交不是一个独立的个体，而是有很强的依附性，其依附于国家的硬实力。作为手段，文化外交受到了政治因素和经济因素的左右，而外交对象的选择也深受政治、经济、意识形态等因素的影响。文化外交的这种依附性会随着外交格局的变化而变化，当外交格局以军事为核心时，文化外交只是一个载体，而一旦文化外交占据主导地位时，其也可以成为强有力的角色。

三、文化外交与国家国际传播力

文化外交源于文化交流、传播，是国家与国家之间的文化交流、传播。而国际文化传播是建立在不同国家、不同民族、不同地区之间不同文化的交流、传播基础之上的，因而可以说，一国的国际文化传播力是文化外交的基础。在

① 李定．中美早期外交史 [M]. 北京：北京大学出版社，1997：46–47.

全球文化思想浪潮相互激荡的当代社会，拥有国际文化传播力优势的国家才能够牢握时代的麦克风，更好地站在国际舞台上。

所谓“文化”，是指借助于语言文字，以内隐或外显的方式传达的某种精神、理念。它构成了处于一定历史传统和地理环境下共同生活着的群体的“特殊成就”——在人类认识世界和改造世界的过程中取得的特殊经验、智慧，其核心要素是价值观念和思维方式。这种“特殊成就”具有国别性、民族性和地域性，可以习得、继承、传播和交流。从宏观上讲，各民族国家所取得的特殊成就，都是人类文明的有机组成部分，作为人的产物，具有一定的普遍性，正是这种共性、共享性决定了“文化”在各民族国家传播的可能性。

此外，特殊时空背景下产生的各民族国家文化，具有特殊性也是必然的，这种个性决定了进行国际传播的必要性。人类在实践活动中创造了文化，生产力的发展进一步推动了文化的繁荣。随着科技水平的提升，创造文化或传播文化的过程不再受限于自然条件或地域因素，各类不同的文化实现了在不同的社会生态环境中“扎根落户”。文化承载着不同人群的智慧结晶，因人类实践的超越性实现了自身传播的超越性。总之，文化间的共性和个性所共同决定的互补性是国际文化传播的先决条件，文化方面所存在的“经验差异引发交际”“呼唤交际”。[①]

或者说，一国的国际文化传播力之所以成为文化外交的基础，其最直接的根源在于，各国际关系主体在文化方面存在竞争。各民族国家的文化在一定时期或范围内相对稳定，但随着时代的进步、社会的开放，各种文化“睁开眼睛看世界”，在彼此观照中，发现了相对于自身生存和发展实际需要的缺陷和相对于对方的优势与劣势，于是，各种文化之间展开了竞争。相互竞争构成了文化传播的必然性。文化传播在不经意间会对受众的行为、思维等产生影响，而国际文化传播的潜在影响甚至主导国际舆论。在近代历史中，不乏能看到多个利用信息文化传播达到引导公众认知的案例，而拥有强大国际文化传播力的一方往往更容易掌控国际舆论。[②] 国家文化外交的顺利与否与一国的国际威望休

---

① 陈大正 . 交际文化学 [M]. 武汉：华中理工大学出版社，1996：71.

② 王逸涛 . 战争中的国际舆论较量与文化传播力建构 [J]. 南京政治学院学报，2012（5）：90.

戚相关，从建构主义角度来看，虽然国家物质基础是主导国际关系的重要因素，但各国之间看待对方国家所持有的观念也是至关重要的。在两国具备近似或相同的物质实力与社会制度等前提条件下，外界对两国的不同看法将会导致不同的国际威望。① 在国际舞台上，国家的文化一旦落后，就意味着综合国力中无形的精神性要素的缺失和不足，并将延伸为国际威望不足；综合国力弱必然导致国家处于被动地位而受制于人，甚至还有可能挨打。

鉴于此，各国若想扩大自己在国际社会中的影响，树立国际威望，拓展立足、发言和表决的空间，摆脱或扭转被动挨打的局面，提高综合竞争力，就必须放眼世界，对自己的文化进行评估和定位，并积极采取措施进行国际文化传播，“寻求和倾听信息”②。从另一方面来说，文化本来处于强势地位的国家，同样要运用文化传播的方式，努力向文化弱势国施加舆论影响。正如美国学者卡尔·多伊奇所描述的：“影响国的新闻媒介可以对目标国发动一场强大而持久的宣传运动，从而使它（目标国）在一些有争议的问题上让步。”③

国际文化传播自从国家出现以来，一直存在，从未间断过，而且随着交通、通信等日益发达，国际文化传播变得越来越频繁。在跨文化传播中，各国在文化上相互交流、沟通、影响、学习和促进，增进了各国人民彼此的了解、理解，培养了国家间的公认、共识和互信，由此带来了国际的协作和合作，给世界传递着友谊与和平。如今，国际文化传播是否顺畅已经成为衡量国际关系是否正常和是否良性发展的一大标尺。从当今的国际文化传播形势来看，国际话语权依旧主要把控在以美国为首的西方国家手中，目前的国际格局中这些国家占据了绝对优势。如何跳出现有桎梏，与西方国家展开有效竞争，是中国在提升国际文化传播力这条道路上必须面对的挑战。

---

① 李智．试论文化外交对国家国际威望树立的作用 [J]. 太平洋学报，2005（3）：73.

② 施拉姆．传播学概论 [J]. 北京：新华出版社，1984：34.

③ 多伊奇．国际关系分析 [J]. 北京：世界知识出版社，1992：220.

第二节 中国的文化外交

中国在对外文化交流方面具有优良的传统和悠久的历史，比较为人所知的事例有：昭君出塞、玄奘求法、鉴真东渡、郑和下西洋等。1949 年以来，党和政府相关部门致力于挖掘并利用我们自身的传统文化资源，在实践中摸索和总结文化外交的战略与策略。中国文化外交要做的，不仅是使文化“走出去”，还要使文化“走进去”。

一、中国文化外交历程

1949 年以来，我们同世界各国进行了很多文化外交活动，尤其是改革开放之后，中国现代化的步伐明显加快，综合国力不断增强，国际地位迅速提高，中外交流日益增多，在这种背景下，中国的外交战略与政策吸引了全世界的目光。为了有效维护我国的国家利益，我们要充分利用自身的文化资源优势，在国际上积极开展文化外交。

（一）中国与其他社会主义国家的文化外交

中华人民共和国成立初期，百废待兴，我国一方面要进行社会主义建设，另一方面还要应对资本主义国家的经济和政治封锁，因此与具有相同意识形态的其他社会主义国家开展外交活动是我国必然的选择。

中国和其他社会主义国家开展文化外交体现了那个时代的特征，主要目的就是向“同志 + 兄弟”的其他社会主义国家介绍中国所取得的伟大建设成就，加强社会主义国家之间的感情，进一步巩固社会主义阵营。1949 年，毛泽东提出了针对青年文工团出访演出的三条要求：宣传、友谊、学习。随后，周恩来又将其具体上升为“三寻求”的出访方针——“寻求友谊、寻求和平、寻求知识”。

苏联是当时世界上最大的社会主义国家，也是引领社会主义浪潮的老大哥。因此，在学习苏联建设社会主义经验的基本目的下，我国发展和苏联的外交关系是开展对外关系的重中之重。而中苏也在中华人民共和国成立不久签订了《中苏友好同盟互助条约》（以下简称《条约》），为两国在军事上建立同盟关系奠定了基础，《条约》中指出“应当积极发展与提高中苏之间在经济与文化等多方面的关系”①，要在此基础上积极开展双边文化交往。1956 年年底，中苏签订了专门针对文化的合作协定，并在此基础上开始了高层次的文化交流。比如，中苏在文学、戏剧与电影等方面展开了全面合作，两国优秀作家、诗人和戏剧家进行了“文学之交”活动，促进了两国文学界的相互了解。两国的文化部门通过协商，决定两国图书馆进行交换图书方式的交往，而两国电台也可以交换节目，这进一步加强了中苏之间的合作，体现了两国人民的友好团结。在和苏联发展友好关系的同时，中国还和东欧其他社会主义国家进行了广泛的文化交流活动。中华人民共和国成立初期，中国与东欧其他社会主义国家、朝鲜和越南等国开展了多种多样的艺术交流展览，还相互派遣文化代表团实现互访，从而加深了彼此的了解，巩固了双边关系。在特殊时期，中国独特的也是唯一的文化外交工作就是与其他社会主义国家开展文化外交，因而开展得早也发展得快。

中华人民共和国成立初期，我国文化外交工作的重点是与苏联等其他兄弟社会主义国家开展文化外交活动，不仅时间上开展得最早，而且速度也是最快的。资料显示，截至 1958 年年底，我国文化相关部门共接待和派遣了总计达 17 400 余人次的代表，占对外文化交往总人数的 70% 以上。② 与此同时，文化外交所涉及的领域也相当广泛，在文学艺术、新闻出版、教育教学、电影文物、图书博物馆等各个文化领域都开展了广泛的合作和深入的交流。通过这一系列的文化外交活动，中国与其他社会主义国家建立了深厚的友谊，充分实现了文化外交的宣传意义。

中国和其他社会主义国家发展文化外交出于几方面的考虑。从中国方面来说，作为新成立的社会主义国家，需要争取社会主义阵营的支持，特别是社会主义老大哥苏联的强烈支持。这是因为无论在政策方面还是文化方面（包括电影、文化教育、体育等），中华人民共和国成立初期奉行的是全面学习苏联，

---

① 葛慎平，等 . 金桥新篇——新中国对外文化交流 50 年纪事 [J]. 北京：文化艺术出版社，2000：23.
② 葛慎平，等 . 金桥新篇——新中国对外文化交流 50 年纪事 [J]. 北京：文化艺术出版社，2000：23.

主要目的是实现国家战略目标，冲破资本主义国家对新中国的封锁，通过中苏军事合作来应对美国的挑衅。可以说，这一时期的文化外交只是一种“载体”的形式，其最重要的作用是服务于政治、军事和经济。从中华人民共和国成立直至现在，和其他社会主义国家开展文化外交一直都是中国外交努力的方向。就目前来说，中国与越南、朝鲜、古巴、老挝的文化交往效果明显，社会主义国家之间的联系更加紧密。

（二）中国与其他发展中国家的文化外交

其他发展中国家在历史上有着和中国相似的境遇，它们都曾经被殖民过，后又经过革命斗争取得民族独立。中国是发展中国家的典型代表，因此和其他发展中国家开展文化交流具有得天独厚的条件和基础，而其他广大发展中国家也对中国显示出了很大的兴趣。基于团结其他广大发展中国家的目的，中华人民共和国成立初期就和其他许多发展中国家开展了文化外交，而这种文化外交从根本上来说就是一种基于同种意识形态的交往。毛泽东、周恩来提出了“讲学术、交朋友、细水长流”的文化交流原则，这为中国和其他发展中国家开展文化往来提供了思想指导。中国与其他发展中国家开展文化外交甚至政治外交都有特定的目的，新生的中国政权需要大量支持力量，为其经济发展提供广阔的外部空间环境。万隆会议以后，中国开始了与其他发展中国家的文化外交，并且文化外交的对象不断增多，文化外交形式从文化交流转变为文化合作。在万隆会议上，周恩来同志向亚非各国朋友呼吁道：“亚非国家不但需要在经济上开展合作，还要在文化上不断深入合作，这从宏观上有利于消除大多数发展中国家在经济和文化层面的严重落后。”[①] 1963 年年底至 1964 年年初，周恩来对非洲 10 国的访问堪称新中国外交史上建立中非新型关系的“开山之旅”。1964 年 1 月，周恩来访问了非洲国家马里，并与当时的马里总统凯塔进行了首次会晤。在每年一度的伊斯兰教的斋戒节上，周恩来非常热情地拉着凯塔总统的双手跳起了非洲舞蹈，伴随着这种节奏欢快、情绪热烈的舞步，凯塔高兴地对周恩来说：“你知道吗？在非洲，歌舞是黑人生命的一部分。”周恩来马上接过话：“好哇，那我也有黑人的生命了。”周恩来以其独特的个人魅力迅

① 宋恩繁，等．中华人民共和国外交大事记：第 1 卷 [J]. 北京：世界知识出版社，1997：341.

速打开了中马之间的外交局面，相继获得独立的非洲国家也陆续与中国建立了外交关系。文化外交作为中国与其他发展中国家增进友谊和了解的桥梁，为中国自身扩大世界影响力奠定了基础，从客观上消解了资本主义国家对中国的文化和政治孤立。中国与其他发展中国家进行的文化外交都是建立在平等意义上的交流，不是文化的单方输入，更不是文化入侵。

从互利性上来说，与其他发展中国家进行文化外交的最初目的就是希望得到这些国家的支持，这在中国恢复联合国合法席位这件事上得到了很好的体现。而在文化输出方面，不管是在国家成立初期还是在 21 世纪，中国对其他发展中国家的文化外交都有文化输出的目的，中国将改革开放 40 多年的发展经验向外宣传，同时将先进文化向外输出，尤其是在其他发展中国家进行广泛的汉学输出，比如在广大非洲其他发展中国家建立孔子学院、派遣汉语援助志愿者和邀请其他发展中国家的优秀学者与青年来华访学等。在经济外交和文化外交方面，我国基于文化外交与其他广大发展中国家在经济、能源等方面开展了广泛合作。2015 年，国家发展和改革委员会、外交部、商务部联合发布了《推动共建丝绸之路经济带和 21 世纪海上丝绸之路的愿景与行动》。这一举措不仅是为了应对西方国家在能源方面对我国的制约，也是为了与其他发展中国家联合起来，与西方发达国家尤其是美国的霸权主义进行斗争。我国对其他发展中国家进行的文化外交，促使发展中国家之间增进了解，也实现了我国的外交战略目标。

（三）中国与资本主义国家的文化外交

国家成立初期，由于以美国为首的西方资本主义国家对新中国实行敌视封锁政策，中国外交局面很难打开。到 1954 年为止，与中国建交的国家只有 19 个，而且都是社会主义阵营国家和睦邻国家。关于如何处理与资本主义国家的关系，毛泽东在七届二中全会上说："关于帝国主义对我国的承认问题，不但现在不应急于去解决，而且就是在全国胜利以后的一个相当时期内也不必急于去解决。我们是愿意按照平等原则同一切国家建立外交关系的，但是从来敌视中国人民的帝国主义，绝不能很快以平等的态度对待我们，只要它们一天不改变敌视的态度，我们就一天不给帝国主义国家在中国的合法地位。"[①] 当时，我国政府

① 毛泽东 . 毛泽东选集：第 4 卷 [J]. 北京：人民出版社，1991：1435.

提出了与资本主义国家建交的三条原则：（1）凡愿与我建交的国家必须同“台湾当局”断绝外交关系；（2）对我国采取友好态度，支持新中国恢复在联合国的合法席位；（3）通过谈判证实其尊重我国主权的诚意。与此同时，在外交实践中，中国对资本主义国家进行了归类：第一类是西欧与北欧一些较小的资本主义国家，如芬兰、丹麦、瑞典、瑞士、挪威等；第二类是英国、荷兰等；第三类是以美国为首的一些资本主义国家。

法国对中国一开始采取敌视的态度，所以中法之间没有尽早建立正式外交关系，但这并不影响两国之间的交往，因为两国有很多相似之处，都有悠久灿烂的文化和历史，因而文化交流并不困难，并且能够逐步推动两国文化关系的建立。1954 年的日内瓦会议是新中国作为五大国之一参加的重要国际会议，会议目的主要是寻求和平解决朝鲜半岛问题和恢复印度支那和平问题，参加会议的除了五大国外还有十几个相关联的国家。中国派出了以周恩来为团长的代表团，中国代表团因整齐划一的服装、严明的纪律、昂扬的精神面貌让各国代表团及新闻媒体刮目相看。周恩来更是以他令人耳目一新的形象和风格在国际舞台上崭露头角，全世界也通过这次会议第一次认识了这位卓越的政治家和外交家。其间上演的中国的“罗密欧与朱丽叶”——越剧经典《梁祝》，为中国赢得了不少西方的同情、理解和支持。这次会议为中法两国扫清了交往障碍，进而开始有所接触，中国政府不失时机地展开了对法国的文化外交。中法两国建交之前，两国文化关系的逐步发展和经贸关系的日趋紧密构成了中法建交的前奏曲。近年来，中法在政府层面的文化外交活动比较频繁，主要是以举办文化年的模式进行，两国人民因此加深了互相理解。在教育文化交流活动方面，中国与法国的大学建立了较多联系，互派交流访问学生和学者，大大促进了两国的文化交往与合作。2014 年 3 月 28 日，中法建交 50 周年庆祝大会于法国巴黎举办，中国国家主席习近平出席并发表讲话，为两国友好关系的长期持续注入强心剂。2015 年 1 月 13 日，为纪念中法建交 50 周年，法国外交部举行了“法中 50 年”纪念活动推介会。2019 年 1 月 27 日，中国国家主席习近平和法国总统马克龙互致贺电，庆祝中法两国建交 55 周年，这不仅是中国外交的历史性突破，而且在中西外交史上具有里程碑意义。

20世纪70年代，由于在军事合作和领土方面产生争端，中苏关系走向恶化，中美关系则顺势有所缓和。中美外交的开始并不是简单的政府层面的直接交往，而是经过了前期的很多曲折。在第31届乒乓球世锦赛上，中国体育代表团主动邀请美国体育代表团访华，而美国体育代表团也欣然同意，这就是令世人瞩目的“乒乓外交”，它以一种特别的方式开启了中美关系，对中美外交产生了深远影响。中美乒乓外交成为当时国际舆论的头条，也是近代外交事件中广泛引人关注的重要事件。正是“乒乓外交”这种具有桥梁作用的外交方式，实现了中美两个大国外交上的历史性突破。中美之间的文化外交取得了许多成就，同时也带给了我们许多值得反思的东西。1956年9月，时任美国总统的艾森豪威尔号召全体人民积极开展同其他国家和地区人民的交往，他还推动建立了许多具有代表性的友好城市关系，希望通过市民间的文化、教育、经贸等交流，最终确立美国的主导地位，建立以美国民主自由价值观为核心的世界。2005年中期，美国联邦参议员在评价中美外交成绩时，讨论并提出了“美中文化交流促进议案”，该议案中提到联邦政府应当在支出中增加对中国外交的经费，以此来增强美国文化在中国的传播。由于受东西方不同价值观的桎梏，中美两国人民长期缺乏对彼此的深入、真实的了解，孔子学院的建立为美国人民系统地了解真实的中国提供了可能。2009年9月，中美政府同意就两国人文交流建立新的双边机制，并将其写入了《中美联合声明》中。2010年，中美人文交流高层磋商机制正式落地北京，磋商内容涉及教育、科技、体育和文化等多个领域。中美两国分别作为全球最大的发展中国家和发达国家，两国外交产生的影响不仅能够直接左右两国人民的命运，还影响未来的国际关系格局与走势。如今，中美双边关系已进入“不惑之年”，美国对中国已不再抱有放松心态，随着中国国家实力的增强与国际影响力的提升，中美仿佛陷入了“修昔底德陷阱”。2003年至2005年，美国政府单方面向中国挑起一系列贸易摩擦，给两国的正常经贸往来蒙上了一层浓重的阴影。特朗普上台后，美国将以往对伊朗的注意力更多地转向了中国，于2018年掀起了新一轮的中美贸易争端，两国间的嫌隙加大。2020年暴发的新冠肺炎疫情蔓延全球，虽然中国顺利走出了疫情的阴霾，但美国当局对疫情的轻视和消极对待，导致美国人民陷入水深火热之中。面对严重的社会危机，美国为了转移矛盾，再次将目标对准了中国，如今中美之间面临“冷战”风险，如何在当前环境下顺利推进文化外交，是两国“破冰”的关键。

我国文化外交的历史较长，从中我们得到了许多深刻的教训，也积累了丰富的经验，比如正确对待中国文化与外国文化的关系、坚持独立自主的和平外交政策等。中国是正在崛起的全球最大的发展中国家，为了更好地促进国家经济发展和社会繁荣，兼顾中国文化目前在国际中的传播情况，进一步加强国家文化外交迫在眉睫。我们通过长期的文化外交实践，宣传了自身的国际形象，使西方一些不了解中国的人士了解了中国现代化发展的成果，使“中国威胁论”得到进一步澄清，使中国的对外发展不再遇到强大阻力，更使中国的和谐外交理念得到了进一步解释和阐述。近几十年来我们进行文化外交战略的基本经验就是吸取别国优秀文化，抵制别国腐朽文化，进而形成自身文化优势，再对外进行文化宣传。这种积极主动的文化外交理念依然是我们今后开展文化外交实践过程中的一个基本指导思想。

二、中国文化外交现状与挑战

中华人民共和国成立以来，中国的文化外交取得了很大成绩，但其发展仍然具有很大潜力。改革开放以后，中国经济外交占据优势地位，以至于外交方式和外交手段也常采用经济形式，而中国文化外交一直没能很好地发挥作用。从中国文化外交取得的成绩来看，近年来，文化外交逐渐受到重视，在各种外交手段的选择比例上，文化外交占有一定的比例且呈上升趋势。从文化外交产生的积极效果来看，其能够缓和两国之间的关系、帮助加强国家间的了解和尊重、推动中华文化的传播等。文化外交已经取得了可喜的成绩，但其产生的作用与传统的外交形式如政治外交、经济外交相比仍然较小，而且文化外交自身的发展也存在很多问题，需要着力加以解决。当今时代，各国对于文化外交日益重视，文化外交在各种外交手段中的地位也日益上升，另外，文化所带来的创造力和民族凝聚力方面的积极效果越来越受到重视，文化外交已成为考察一国综合实力的重要指标。在这样一个背景下，我国政府逐步加强对文化外交的重视程度，将文化外交的发展作为国家发展战略的重要组成部分。随着文化外交地位的提升，文化外交将会与政治外交、经济外交等传统的外交形式一起发挥积极的作用。

中国文化外交的发展过程并非一帆风顺，直到新中国实现改革开放，国家科技实力与综合国力不断增强，中国才逐渐认识到走“文化强国”道路的重要性，改变了原本不够主动的文化传播状态。

国家的文化精髓是国家的“隐形资产”，体现了国家的精神风貌。文化外交在中国和平发展战略中的作用越来越重要。中华人民共和国成立以来，国家地位发生了显著变化，中国外交目的从满足自身生存发展需要逐渐转变为追求其他国家特别是国际大国的尊重和认可。外交政策也实现了从最初的依附苏联老大哥到后期的独立自主、和平发展的根本转变。中国的国际任务也实现了从最初的支持民族独立解放到追求全世界和谐发展、共同繁荣的转变。由此不难看出，随着中国国际地位的逐渐上升，中国的国家形象也在不断得到认可，在此背景下，中国需要而且必须重视文化外交在国家形象塑造过程中的突出作用。① 文化外交是塑造一国国际形象的手段之一，国家通过向国际社会投射具有本国特色的文化信息与价值观念，吸引他国，目标在于建构良好的国家形象，获得国际社会的好感。

国家形象是一国自身的表现和发展给国际社会带来的认知，依据一定的衡量标准国际社会对该国政治、经济和文化等多种因素进行一个客观公正的评价。国家形象建立在国际社会的感知、评判之上，是一种多层面、全方位的评价组合，是受主客观影响的存在。学者王家福认为，国家形象是国家软权力的“最高层次”，是国家走向国际必然体现的国家质量和信誉；而法国学者亨利·巴柔提出，国家形象是一种刻印在他国公众眼中的某国文化形象。② 具体而言，一个国家的形象在国际上主要体现为经济形象、政治形象、军事形象、科技形象和文化形象等，其中文化形象的独特意义更加突出。③ 文化作为国家的“无形资产”，在国家发展中发挥着重要作用，是一国国家形象的核心，是一个民

① 周翎，游越．文化外交与国家形象的塑造 [D]. 昆明：云南行政学院学报，2012（2）：140.

② 吴友富．中国国家形象的塑造与传播 [M]. 上海：复旦大学出版社，2008.

③ 管文虎．关于研究中国国际形象问题的几点思考 [J]. 国际论坛，2007（2）.

族的精神与灵魂。[①]

一国能够形成具有自身特色的民族，基础便在于人民群体对所处社会拥有文化认同感，当认同感在国际社会实现扩大化，该国的国家形象便会向积极、良好的方向倾斜。文化具有渗透性，传播方式不受限制，这也使得文化外交具有潜移默化、不受时空限制的特点。与其他的外交方式相比，文化外交具备独特优势，国家能够通过“润物细无声”的方式对国际社会进行缓慢的、循序渐进的影响。这种方式淡化了政府宣传的强势和直接，更易于被广大公众接受。文化外交这一概念进入中国公众视野的时间并不长，外交手段尚不成熟，仍有许多进步空间。在开展文化外交活动时，我们应克服“以宣传扩大影响力”的惯性思维。“propaganda”不仅有“宣传”的含义，还有“鼓吹”的含义，带有强烈的主观情感色彩，在西方社会，其是趋于贬义的词语，人们常常将宣传与操纵、灌输公众意见相联系。[②]而在中国，“宣传”并不是一个贬义词，其表现出一种积极、正面的形象，譬如宣传报道某个先进人物，以彰显社会正能量。中国在进行文化外交活动时要注意“宣传”在国际语境中的不同含义，尽可能避免主观色彩较浓的“宣传”，多采用潜移默化的方式进行“传播”，这样才能够使中国文化更好地走向世界，塑造出易于被国际社会接受的国家形象。

中国自改革开放以来迅猛发展，其成就已经有目共睹，但其中，文化的发展需要时间的积淀，其发展速度远远落后于经济和军事。中国经济、军事方面的发展已经逐渐缩短了与西方国家的差距，但是文化发展缓慢和创新能力不足还要求中国不断改革落后的体制，培养高精尖人才，提升国家自主创新能力，增强国家的文化影响力和创造力。当前，中国政府大力支持文化产业发展，在外交策略中，也将文化外交提升到与政治外交、经济外交同等的地位。中国在对外文化传播过程中，在世界各国建立的传播中国文化的“孔子学院”已经被很多国家接受和认可。孔子学院成为集教育、文化交流于一身的文化外交的崭新平台，孔子学院致力于汉语的传播，同时也承担着扩散中华传统文化的任

---

① 周翎，游越．文化外交与国家形象的塑造 [D]. 昆明：云南行政学院学报，2012（2）：140.

② 周翎，游越．文化外交与国家形象的塑造 [D]. 昆明：云南行政学院学报，2012（2）：143.

务。孔子学院自成立以来，发展速度不断加快，规模也在不断壮大，据中华人民共和国国家汉语国际推广领导小组办公室（以下简称国家汉办）数据，截至2020年8月，全球已建立541所孔子学院和1 170个孔子课堂，分布在162个国家（地区）。[①] 孔子学院的诞生实现了我国在新形势下真正“走出去”开展文化外交的目标。孔子学院成了传播中国传统文化和推广汉语的一个国际化的平台，在这个平台的创建和发展过程中，中国传统文化中“以和为贵”的理念逐渐得到世界上其他国家民众的广泛接受和认可，孔子学院将成为树立中国良好形象的强有力手段。

当前，对于中国而言，虽然自身发展还存在一些问题，但是，已经在国际上塑造了自信、负责、务实的大国形象。进一步展现中国良好的国家形象，是中国实现现代化和中华民族伟大复兴过程中要做的重要工作。文化外交的开展将有利于中国与世界交流，有利于树立中国良好的国家形象。中国与周边其他发展中国家一样，在经济腾飞后，应该回归民族传统，从传统文化中寻找中国进一步发展的动力和支撑点。[②]

三、孔子学院评估

冷战结束已数十年，世界朝着多极化格局不断发展。国际体系各个层面的体系改造、格局演进、战略转型、关系重塑、结构调整、理念创新，为中国的改革发展提供了机遇，也设置了诸多障碍。在改革开放过程中，中国积极参与经济全球化，主动融入现存国际体系，同世界各国广泛开展互利合作，主张在不挑战国际秩序、不威胁任何国家的情况下，和平实现快速发展。但是，同其他新兴大国一样，中国这只发展中的“出头鸟”，引起了外界高度关注和各种反应，其中不乏有对中国“崛起”的疑虑、误解、防范，甚至遏制。要消除这些不利影响，单单依靠传统的外交力量是不够的，因为，中国对外工作要面对的对象和行为体越来越多，仅靠政府外交既难以应对，也不符合市民社会的特

① 光明网．孔子学院：践行《世界文化多样性宣言》的东方典范[EB/OL].（2020-10-27）[2020-12-20]. https：//m.gmw.cn/2020-10/27/content_1301725594.htm.

② 程曼丽，王维佳．对外传播及其效果研究[M]. 北京：北京大学出版社，2011：42.

性。在全球化的今天，随着新媒体的普及，传统的外交方式已经越来越不适应当今社会外交的发展趋势，越来越多的民众从外交行为的旁观者变成了参与者。而政府在对外传播中的职能，也正在从一手包揽转换为协调性服务。① 正是在这样的背景下，孔子学院作为文化外交的手段蓬勃发展了起来。纵观孔子学院的成效，可以说，孔子学院以民间文化交流办学的形式很好地诠释了文化外交的独特魅力；以"文化传递观念"的逻辑很好地贯彻了国家形象塑造的历史叙述路径；以面对面交流的模式，避开了西方的强势"媒体权"，寻找到了一种增强中国话语权的方法。

（一）孔子学院的发展概况

自 2004 年第一所孔子学院在韩国开办至今，孔子学院以其独特的魅力吸引了众多学者对其开展研究，有学者从语文教学的角度开展教育学研究，有学者从文化传播角度开展传播学研究，但更多学者是从文化外交的角度开展的研究。这是因为，孔子学院在机构设置、人员配备、覆盖范围、教学内容上都体现了文化外交主体、客体、内容等方面的核心要素，是一种新型的外交模式。根据孔子学院官方年报的数据，截至 2020 年 7 月，全球 162 个国家（地区）共设立了 541 所孔子学院和 1 170 个孔子课堂。其中，亚洲 39 国（地区），孔子学院 135 所，孔子课堂 115 个；非洲 46 国，孔子学院 61 所，孔子课堂 48 个；欧洲 43 国（地区），孔子学院 187 所，孔子课堂 346 个；美洲 27 国，孔子学院 138 所，孔子课堂 560 个；大洋洲 7 国，孔子学院 20 所，孔子课堂 101 个。② 孔子学院现有中外专兼职教职员工 4.7 万人，各类面授学员 186 万人，网络注册学员 81 万人，全年举办的各类文化活动的受众达 1 300 万人。为适应逐渐升温的全球"汉语热"需求，网络孔子学院自 2017 年开始推出"中国语言文化学习一站式服务"，累计开设各类在线课程 70 多门 2 000 余节。截至 2018 年 12 月底，网络孔子学院总学习人数达 1 023 万人，其中注册用户 82.3 万人，2018 年总访问量 235 万人次。

---

① 戴蓉．孔子学院与文化外交 [C]// 吴应辉，牟岭．汉语国际传播与国际汉语教学研究——第九届国际汉语教学学术研讨会论文集：上．北京：中央民族大学出版社，2011：7.

② Franplus 加法·法国留学．法国的这 18 所孔子学院都是些什么来头？ [EB/OL].（2014-05-25）[2020-08-20]. https：//www.sohu.com/a/365505686_120103259.

1. 孔子学院的机构设置和人员配备

孔子学院总部设在北京，其上级主管部门是中华人民共和国国家汉语国际推广领导小组办公室，简称“国家汉办”，组长由国务委员担任，下设办公室。孔子学院总部则是非营利性教育机构，采用中外合作的办学模式。合作方式大致有两类：第一类是中方大学或中学与外方的大学或中学合作，如复旦大学与德国汉堡大学合办孔子学院；第二类是中方的政府部门或企业与外方的政府部门或企业合作，如教育部与汇丰银行等 5 家英国企业在伦敦合办孔子学院。各孔子学院的行政管理由当地承办方负责，师资力量则由中国各承办高校推荐的教师或个人申请的教师与承办方当地的教师共同构成。

整体上看，孔子学院总部是由中国政府部门领导的非官方组织，各孔子学院的行政人员和教学人员均为非政府部门人员，这是符合文化外交以政府为主导、民间力量为主体的特点的。这样的“民间”面孔构成的传播主体非常契合当前全球化进程中市民社会传播的需求。当然，也有学者指出，目前孔子学院作为传播主体，其大多数传播行为是无意或不自觉的，即没有明确的目的。这种文化外交主体意识的缺乏会导致孔子学院文化外交职能履行不到位。而孔子学院的教师经历各不相同，对外国人学汉语的特点以及海外的语言环境掌握不到位，这是培训方面的问题，而非制度设计层面的问题。

在上述合作模式中，中方主要负责派遣教师、赠送教材。学院的硬件设施和主要师资都是依靠当地合作方的原有条件。中国以有限的投入换来了孔子学院爆炸式的发展：不仅覆盖国家地区范围扩大，还有注册学生人数上升、师资力量不断充实、交流活动规模更大、教材配套更完善等。第十三届孔子学院大会发布的数据显示，截至 2018 年年底，孔子学院面授学员达 186 万，各类汉语考生达 680 万；举办各种文化活动约 4 万场，参加人数达 1 300 万人次。[①]而 2019 年，海地、中非、乍得、朝鲜、多米尼克、东帝汶、马尔代夫、沙特

① 孟妮．孔子学院搭建中外友好交流平台 [EB/OL].（2018-12-07）[2020-08-20].https：//wap.cnki.net/touch/web/Newspaper/Article/GJSB201812070031.html.

等8个国家首次设立孔子学院，较2018年，2019年共新增孔子学院27所、孔子课堂66个。①

2. 孔子学院的交流活动

孔子学院通过其丰富的教学活动，直接与数以百万计的外国普通民众进行文化交流。我国采取这种面对面性质的交流与互动旨在消除他国媒体对我国信息进行歪曲的可能，消除再次传递错误源信息的可能。自2006年起，孔子学院总部每年都会召开两项重大会议，分别是孔子学院理事会议以及孔子学院大会，这是对外直接传播中国领导人声音的重要途径。国家汉办官网显示，截至2018年12月，孔子学院已成功举办了十三届孔子学院大会。② 大会上，中国党和国家领导人会出席会议并发言，大会还举办专题论坛、孔子学院院长论坛或校长论坛及工作坊。例如，2018年12月4日召开的第十三届孔子学院大会以“改革创新促发展，携手同心创未来”为主题，并就“提升孔子学院学术水平”和“孔子学院与职业技能培训”两个主题开展了专题论坛。大会还开展了八个议题作为校长论坛，分别是“孔子学院办学模式和管理机制创新”“骨干教师的职业化”“‘汉语+’与孔子学院特色化发展”“孔子学院的数字化建设”“孔子学院评价与退出机制建设”“培育孔子学院的多元化合作伙伴体系”“搭建孔子学院双向、多元交流平台”，以及“塑造和展示孔子学院公共形象”。此外，第十三届孔子学院大会开展了六个工作坊项目，分别是“如何将汉语和职业教育相结合以助力当地发展”“如何办好孔子学院‘中文日’‘中国周’和‘中国节’活动”“如何优化孔子学院预算申报”“汉语水平考试如何助力孔子学院发展”“‘孔子新汉学’计划将如何促进孔子学院与大学各院系间的合作”“如何提高‘孔子学院奖学金’效益”。十多年来，孔子学院不断加强资源库建设，目前已经形成“网络孔子学院”“汉考国际”“长城汉语”“国际汉语教材编写指南”“CIIC中文路”

---

① 赵晓霞.2019年共新设27所孔子学院、66个孔子课堂[EB/OL].（2019-12-13）[2020-08-20]. https：//www.lipuedu.cn/yaowen/2019/1213/1392.html.

② 百度百科.第十三届孔子学院大会[EB/OL].（2019-12-09）[2020-07-25].https：//baike.baidu.com/item/%E7%AC%AC%E5%8D%81%E4%B8%89%E5%B1%8A%E5%AD%94%E5%AD%90%E5%AD%A6%E9%99%A2%E5%A4%A7%E4%BC%9A.

等 17 个教学智库网络体系，以文字、漫画、视频教学、App 交互等方式，为不同年龄段的汉语学习者提供帮助。①针对“一带一路”建设，孔子学院结合自身特点与各国当地经济发展需要，推出系列“中文 +”特色项目，涉及高铁、经贸、旅游、法律、海关、航空等数十个领域，为各国经济发展贡献了中国智慧。②

此外，孔子学院在国际中积极发挥着中外文化交流平台作用。自 2008 年以来，全球孔子学院和孔子课堂致力于举办各类文化活动，累计举办 22 万场，参与活动人数累计达 1 亿人，2018 年文化活动的参与人数是 2008 年参与人数的 8 倍，2018 年文化活动举办场次是 2008 年举办场次的 20 倍。③自 2009 年开始，孔子学院总部每年组织国内高校专家、师生赴各国孔子学院开展专家巡讲、艺术巡演、文化巡展的“三巡活动”，致力于推动中国与世界其他国家的人文交流，向世界讲述中国故事，向世界全方位地展现生动、立体的中国形象。截至 2018 年年底，孔子学院总部累计派出了 302 个艺术团组，这些艺术团组赴 112 国 468 所孔子学院开展演出，围绕“展现中华优秀传统文化”这一主题，累计开展文艺演出 2 500 多场，观众共计 243 万人。除了派文艺团组演出，孔子学院还邀请了教育、经济、政治、外交、中医、太极各领域近 500 位专家赴全球各孔子学院开展巡讲活动，还积极组织多种类型的汉语图书展、文化主题巡展等。2016 年至 2018 年，孔子学院连续三年与法兰克福书展合作，推出“中国孩子的书香世界——中国儿童绘本展”“以天为食、以食为天——中国饮食文化展”“城与乡——中国建筑文化遗产展”三个主题展览。

为进一步激发、增强各国青年学生对汉语学习的热情，为进一步推进国际社会对中华文化、中国语言的理解与接纳，孔子学院自 2002 年开始，启动了名为“汉语桥”的系列中文比赛项目。目前赛事项目主要为三项，分别是“汉语桥——世界大学生中文比赛”“汉语桥——世界中学生中文比赛”“汉语桥——

① 对外汉语人俱乐部 . 第十三届全球孔子学院大会日程 [EB/OL].（2018-11-22）[2020-07-25]. http：//www.jiaohanyu.com/article/757.

② 孔子学院 .“中文 +”模式助力各国人才培养，国际中文教育结硕果 [EB/OL].（2019-12-04）[2020-07-25]. https：//www.163.com/dy/article/EVIATI110514A5E2.html.

③ 对外汉语公开课 .《2018 年度孔子学院发展报告》，这些数据应该要知道 [EB/OL].（2019-05-28）[2020-07-25].https：//www.sohu.com/a/316948351_100119508.

全球外国人汉语大会”，每年举办一届。根据《2018年度孔子学院发展报告》数据，截至2018年年底，已有来自152个国家的近130万名青年学生积极踊跃地参加了“汉语桥”系列海外预赛，并有近6 000名优秀的外国选手经过激烈竞争脱颖而出，来华参加决赛。“汉语桥”系列赛事在国际社会上受到了广泛关注，被誉为以汉语为主题的“奥林匹克”。目前，该赛事成为各国汉语学习爱好者高度关注、踊跃参与的国际赛事，每年观看比赛的海内外观众超一亿人。自2006年开始，孔子学院启动了两项“汉语桥”来华项目，分别是“汉语桥夏令营”和“汉语桥校长访华团”。截至目前，已有来自70多个国家的近2.5万名大中学生来华参与夏令营项目，来自60多个国家的1万余名教育官员和各大中小学的校长来华参加校长团项目，来华项目成果颇丰。许多外国教育官员回国后，积极推动汉语教学进程，将汉语教育纳入当地的中小学课程体系。为进一步增进中非青年友谊，加深彼此了解，孔子学院总部面向非洲大陆建设了中非青年跨文化交流平台。2015年11月，首届“汉语桥——中非友谊知识竞赛”正式启动，为中非友谊迈上更高台阶注入了新的活力。

可以看出，孔子学院通过汉语教学、教学科研以及汉语竞赛三项活动，使他国的普通民众与精英阶层能够切身体会到汉语文化带来的影响，这种影响是直接的，影响的范围也越来越大。与他国公民直接接触是中国开展文化外交中必要的一环，推动汉语教学国际化将有利于中国观念的表达和中国形象的塑造。

3. 孔子学院的教学模式

除上述汉语传播举措，孔子学院特有的汉语教学内容与教学模式也值得我们做出深度探究，笔者对孔子学院的教材和课程等做了调查分析。

课程方面，早年间，孔子学院属于非学历教育，教学重点是应用汉语，其课程安排如下：“基础汉语（上）——每周3学时，情境会话——每周3学时，体育汉语——每周2学时，旅游汉语——每周1学时，中国文化概况——每周1学时。”[①] 而近年来，随着孔子学院课程的改革，“中文+”的教学思路已

---

① 董蓉蓉 . 孔子学院个性化汉语课程评价体系初探 [J]. 剑南文学（经典教苑），2012（9）.

经逐渐成熟。例如，自 2016 年起，泰国孔敬大学以“中文 + 职业技能”为特点，启动“中泰高铁汉语培训班”项目。自项目启动以来，四届共培养学生近 200 名，其中，前三届 135 名学生都已被送往中国学习铁路相关专业。这些学生在学成回国后，成为泰国首批复合型人才，他们精通中文，并通过课程学习掌握了中国在铁路机械、铁路信号等方面的先进技术，为泰国铁路建设做出重要贡献。① 自 2017 年起，日本关西外国语大学孔子学院开设了“空乘汉语”课程，受众是将要从事航空领域事业的关西外国语大学学生 [已通过汉语水平考试（HSK）4 级以上考试]。数据显示，截至 2019 年秋季学期，“空乘汉语”课程已连续开办 3 年共 6 个学期，目前已有 2 个班次同时授课，超过 180 人参加课程学习。日本关西外国语大学孔子学院在教学方面进一步创新，将汉语学习方向与不同的就业方向进行巧妙结合，陆续增设了各类特色汉语教学课程，如商贸汉语、医疗汉语、全球职业规划研究等。②

孔子学院还在全球范围内组织实施了各类考试服务项目，累计服务全球各类考生 3 000 多万人次，项目包括：汉语水平考试（HSK）、汉语水平口语考试（HSKK）、商务汉语考试（BCT）、中小学生汉语考试（YCT）、“国际汉语教师证书”考试（CTCSOL）等。③ 在多年的教学实践中，孔子学院通过不断创新汉语水平考试种类和方法提高教学质量，考生每年以 15% ～ 25% 的速度增长，2018 年，全球各类考生达 680 万人次。截至 2018 年，孔子学院总部在全球 137 个国家和地区共设立了 1 147 个线下考点，并提供 453 个线上网考服务点，实现“线上线下相结合”的便捷考试模式，网考覆盖率达 39.5%。④ 数据统计，2018 年汉语考试考点数量为 2008 年的 7 倍，2018 年参加汉语考试的学生数量是 2008 年的 15 倍。

---

① 人民网 .“中文 +”的未来之路 [EB/OL].（2019-12-20）[2020-07-25]. https: //www.sohu.com/a/361568660630337.

② 人民网 .“中文 +”的未来之路 [EB/OL].（2019-12-20）[2020-07-25]. https: //www.sohu.com/a/361568660630337.

③ 对外汉语公开课 .《2018 年度孔子学院发展报告》，这些数据应该要知道 [EB/OL].（2019-05-28）[2020-08-05]. https：//www.sohu.com/a/316948351_100119508.

④ 对外汉语公开课 .《2018 年度孔子学院发展报告》，这些数据应该要知道 [EB/OL].（2019-05-28）[2020-08-05]. https：//www.sohu.com/a/316948351_100119508.

为培养更多合格的教师与汉语人才，孔子学院采取教奖并举的模式对学生、学者和教师进行激励。自2009年起，孔子学院总部设立“孔子学院奖学金”项目，奖学金用于资助来华前往相关大学学习的外国学生、学者和汉语教师。目前，奖学金主要资助以下几个类型人才：汉语国际教育专业硕士生、汉语国际教育本科生、一学年研修生、一学期研修生和四周研修生等。为拓展“汉语+”人才培养功能，促进“一带一路”人才队伍建设，孔子学院奖学金还增设“一带一路”在华优秀留学生项目。自2009年至今，累计有来自163个国家的45 000余名学生获得各类孔子学院奖学金，其中，“一带一路”沿线59个国家获得奖学金的学生占总数的56%，获取学历的留学生占27%。

关于汉语教材方面，孔子学院总部负责教材的编写，2006年至2010年间，孔子学院总部编写的《汉语900句》已经出齐了45个语种的9套教材和工具书，教材内容涉及中国的历史、文化、民俗、地理等，包含了政治、经济、科技、文化、社会等各个领域的信息。（1）截至2018年年底，孔子学院完成了适合全球多个地区使用的汉语教材的出版，其主干教材资源库有54个语种的6 700多册汉语教材及通俗文化读物。孔子学院总部将三套工具书翻译成80个语种并出版，分别为《汉语图解词典》《汉语图解小词典》和《汉语800字》；将《中国文化常识》《中国历史常识》《中国地理常识》翻译成9个语种，并配套多媒体光盘；将《奥运汉语30句》翻译成7个语种，完成《快乐汉语》第一册示范课；完成多媒体教材《新乘风汉语》的平台开发、内容选择和内嵌游戏制作工作。（2）孔子学院启动了“国际汉语教材编写指南”编写工作。国家汉办为在全球范围内推广、宣传汉语教学的标准化资源，于2013年启动建设“孔子学院数字书苑”，并推出“国际汉语教材编写指南”平台，该平台在线版注册用户数2018年已达11.5万人，取得各类教材编写成果6万余个，对教材的开发、翻译和出版发行起到了积极推动作用。截至2018年年底，共有114个国家的457所孔子学院（课堂）开发了适应当地教学大纲和考试标准的教材3 119册，开发项目包括：《新概念汉语》《孔子卡通读物》《中国好人》等新教材的开发；《中国文化常识》《中国地理常识》《中国历史常识》被翻译成30个语种，《中外文化交流故事丛书》被翻译成10个语种；孔子学院本土教材开发项目；《中外文化交流故事丛书》iPad 版本的开发等。（3）孔子学院调整对外赠书书目，改革赠送办法。如孔子学院增加了汉外双语介绍中华文化和当代中国情况的图书和音像制品比例；启用网上赠书系统。（4）孔子学院组织国内出版社参加国际书展、语言展等文化展览活动。如巴黎语言展、伦敦书展、法兰克福书展、英国语言展、西班牙高等教育展、美国 ACTFL 展览。通过版权转让，《快乐汉语》《跟我学汉语》《长城汉语》等 8 套汉语教材在英国、西班牙、俄罗斯、澳大利亚、印度尼西亚等国出版发行。（5）孔子学院大力开展教材使用培训。据统计，全球孔子学院出版学术著作、译作达 640 多册，开展学术项目 1 600 多个，组织学术讲座、论坛和会议 7 000 多场。经不懈努力，孔子学院收获颇丰，截至 2018 年年底，已有 60 多个国家颁布政令，将汉语教学纳入国民教育体系，开设中文专业或汉语课程的国家已超过 170 个，累计带动全球超 1 亿人学习汉语。

以上数据信息显示，教材和课程等都是塑造中国国家形象的有效源信息，能够给予孔子学院的学生以直观的中国印象。同时，孔子学院借助各种教学活动，如体验中国民俗、欣赏中国戏曲、学习中国传统技艺等，帮助学生理解中国文化，进一步加深他们的情感认同。除了以中国历史文化为传播内容外，孔子学院还通过提供信息咨询业务，如开展来华留学、来华旅游、当代中国介绍、中国文化体验和对华商贸知识等项目，向更多国家和地区的民众传播有关中国的最新信息。

为进一步培养汉语学习者对中国文化的深入认知，帮助新一代的各国汉学家成长，促进中国与世界其他各国人民之间的友谊，孔子学院总部于 2013 年推出重点品牌项目——“孔子新汉学计划”。本计划包含了 6 个项目，涵盖专业领域为社会科学以及人文科学，分别为“中外培养博士项目”“来华攻读博士学位”“理解中国”“青年领袖”“出版资助”“国际会议”。该计划旨在促进孔子学院可持续发展，繁荣汉学与当代中国研究。孔子学院充分调动了国内高水平大学的相关专业资源，并聚合了来自人文社科领域 1 200 余名中外专家的力量，其中，中国专家有 1 000 余名，外国专家有 200 余名。自“孔子新汉学计划”实施以来，孔子学院累计资助了 600 多名学生、学者、青年汉学家和 700 余名青年领袖和业界精英来华攻读学位和进行研究、访问，支持了 30

余场国际学术会议的召开，资助了10余种中国典籍和现当代作品在海外翻译出版。

4. 孔子学院的媒体形式

近些年来，随着网络和新媒体技术的发展，孔子学院的形式得到进一步发展，更加注重与其他媒体形式的结合，出现了网络孔子学院、广播孔子学院、移动孔子学院等多种形式。

2006年5月，中央广播电视大学与美国密歇根州立大学合作成立了全球第一所网络孔子学院——“密歇根州立大学孔子学院”（CI–MSU）。该孔子学院采取先进信息技术进行汉语文化教学，并将相关网络学习资源、汉语文化学科知识推广到美国密歇根州及周边的20余个州中，为累计超过3万名美国学生提供了便捷的中华汉语文化教学服务，包括汉语普通话1A至4B级的在线学习课程、针对汉语基础4—5年学习经验的APChinese课程及4个主题的文化产品等。截至2020年7月，该孔子学院在线课程上注册的K–12学生已经超过5 000人，针对汉语教师的年度培训会议开设超200场，社区拓展活动超200次。[①] 2008年，中央电大的“易学汉语网络孔子学院”（MyEChinese）远程汉语网络教学系统正式上线，其运用现代科技手段为汉语学习者、中华文化爱好者创设了便捷的网络教学环境，提供了丰富的教学材料和高效的服务。是对面授汉语教学的“跨时间”“跨空间”补充，也为其他语种教学提供了先进范式。自2017年开始，网络孔子学院为全球孔子学院提供慕课、微课、教学资源库等资源支持，把提供教、学、培、考、认证一站式服务作为建设目标，目前，课程包括汉语学习、国际汉语教师培训、中国概况、中国传统文化等，累计开设各类在线课程70多门2 000余节。截至2018年12月底，网络孔子学院总学习人数达1 023万，其中注册用户数82.3万，2018年总访问量达235万人次。[②]

2007年12月，国家汉办授权广播孔子学院在中国国际广播电台成立，中国国际广播电台汉语国际推广的新局面由此诞生。中国国际广播电台于

---

① 引自密歇根州立大学孔子学院网站，网址：https：//education.msu.edu/cimsu/online/ap-chinese/。

② 对外汉语公开课.《2018年度孔子学院发展报告》，这些数据应该要知道[EB/OL].（2019–05–28）[2020–08–05]. http：//www.hanban.org/confuciousinstitutes/.

2011年1月18日正式成立了中国国际广播电视网络台（China International Broadcasting Network station，CIBN），该电视网络台致力于整合中国国际广播电台在海外地区的丰富资源，探索海外地区品牌建设，通过打造二级业务品牌的方式做大品牌效应，形成包括国际在线外文网、海外电台、外文报纸杂志以及网络电视台、网络电台等多语种品牌媒体集群。[①] 至2012年，广播孔子学院依托中国国际广播电台多语种、多媒体优势，坚定秉持“用母语教汉语”的理念，以跨国媒体为模式搭建多种教学平台，其中包括无线广播教学平台、互联网电视教学平台、网络传播教学平台、多终端汉语教学平台、IPTV等多媒体教学平台等。广播孔子学院建有12所广播孔子课堂，分布在肯尼亚、孟加拉国、巴基斯坦、意大利等国家，吸引了超12 000名海外学生学习。[②] 广播孔子学院还开发了《每日汉语》《实景汉语》等多语种教材，深受海外学员喜爱。此外，广播孔子学院还推出了大型多媒体系列文化项目——《你好，中国》。自成立以来，广播孔子学院在教材开发、课堂建设以及项目推进等多方面取得重要进展，并得到国际社会的关注和好评，它已经成为我国深入推进国际传播能力建设不可或缺的重要支点。

2010年9月，世界第一台“移动孔子学院学习平台”在厦门大学研制成功。“移动孔子学院学习平台”是一个对外汉语教学与管理的移动互联网终端，只有7英寸大小，但功能全，能进行移动视频教学、互动交流。平台具有智能化、个性化的特点，突破了以往传统的纸质教材的刻板局限，具有了跨空间、跨时间的优势，能够随时随地使用，教学内容丰富全面，使用方式便捷灵活。[③] 这款“移动孔子学院学习平台”可以为平台使用者提供“六台一库”，分别是在线学习平台、移动汉语资源下载平台、娱乐综合平台、移动教学平台、移动教务管理平台、移动教学管理统计平台以及移动的教学资源数据库。该学习平台在全球互联网产业迅猛发展以及汉语言文化国际传播的双重背景下应运而生，

---

① 王健．加速外宣广播“全媒体”转型的路径选择——以国际台全媒体发展战略为例[J].对外传播，2012（6）：32-33.

② 潘莹．广播孔子学院成立5周年吸引万余洋学生学中文[EB/OL].（2010-12-14）[2020-08-05]. http：//www.chinanews.com/edu/2012/12-14/4409581.shtml.

③ 中国新闻网．全球首款“移动孔子学院学习平台”研制成功[EB/OL].（2010-09-13）[2020-08-05]. http：//www.chinanews.com/hwjy/2010/09-13/2529675.shtml.

它面向全球移动互联网用户，旨在提高全球网络汉语教学便捷程度，以便促进文化交流合作与海外汉语教育。平台支持各类教学功能，包括移动视频教学、师生互动沟通、信息资讯反馈以及内容管理推送等，能够为用户带来全方位的移动终端服务，拥有线上信息资源共享、教辅材料易得等优势。它的诞生，将为全世界孔子学院（课堂）和数万所华文学校的数百万学习者提供很好的教育支持。

如今，除了网络孔子学院外，长城汉语、国际汉语教材编写指南、CIIC中文路、中华经典资源库、快乐汉语、Pop On、汉语文化体验园、CoolPanda、声典蛙等多个中文在线学习资料库，联合雨课堂、爱乐奇、荣宝斋教育等多个在线学习平台，依托现代先进科技手段创设便捷高效的网络教学环境，全方位拓展孔子学院对外汉语线上的教学渠道，这是具有创新性的教学模式，同样也是对面授教学的重要补充，顺应了信息技术促进教育改革的历史潮流。①

这些新的以媒体为依托的孔子学院不仅丰富了教学形式，形成了线下与线上教学、广播及移动多媒体教学相结合的教学系统，也极有力地扩展了孔子学院的覆盖范围，扩大了受众群体，增强了孔子学院在语言教学与国际传播方面的能力。

总之，孔子学院是中国政府委托孔子学院总部开展的海外语言教学项目，是中国政府主导的文化交流项目之外的文化外交的新方式。孔子学院也是民间力量参与的长期性文化项目，能够逐步扩大对他国公众的影响，具有去政治化叙述中国历史的优势。

（二）孔子学院与国家形象建构

关于孔子学院为何能够与国家形象建构相关联，首先需深入了解孔子的来历。孔子是儒家学派创始人，是中国古代著名的思想家、政治家和教育家，其思想对中华文化具有深远影响，可以说是中华文化的重要代表，同样，孔子的儒家学说至今在亚洲乃至世界都有着举足轻重的影响。因此，以孔子命名的孔子学院不仅仅是教授汉语知识的场地，还是海外研究孔子学说和儒学、

---

① 资料来源：国际中文教育大会，网址为http: //conference2019.hanban.org/page/#/pcpage/mainpage/resource。

弘扬中国传统文化的重要场所。比如，孔子学院在进行汉语教学的同时教学生包饺子、用筷子、练武术，让他们了解中国风俗习惯。孔子学院的独到之处在于，老师在教授汉语文化的同时也向外国友人们传播着孔子的“以和为贵”“重义轻利”“和而不同”等思想。早在2006年9月1日，《华尔街日报》发表的《汉语推广热全球》一文便对中国政府推广汉语这一战略举措进行了深入剖析，并解读出此举的深刻内涵：中国政府以孔子学院推广汉语，汉学教育能够直接有效地促使外部世界加深对中国的了解，这也是扩大中国影响力的最为有效的途径，虽然武器、战舰能够让他国人民暂时“臣服”，却不能让人真心“诚服”。通过具体生动地传授汉语及中国传统文化知识，孔子学院能够全面系统地进行中国历史叙述，从而有助于扭转中国形象符号化和标签化的倾向。

根据上文阐述，文化外交既然以塑造国家形象为主要目标，那么首先便需确定一个塑造国家形象的路径——通过叙述历史确定内容。对于一个国家而言，语言文字是其历史的产物。从汉语中，他国民众能够接触到中国悠久的历史文化气息与脉络。正因为文字对于一国历史的叙述功能，中国的海外语言教学机构选择了以孔子的名字命名。外国公众在孔子学院中通过学习语言文字能够了解到中国的历史、地理、文化等各方面的知识。而这些知识是吃一次中餐，或者看一场京剧表演所无法获得的。孔子学院通过语言教学自然地表达中国的身份观念，这种方式不同于灌输意识形态的宣传。汉语承载着中华数千年的优秀文化，是历史文明最重要的载体。要进行汉语国际化推广，就必然要将文化艺术（如中国的戏曲、书法等）置于重要位置。这些文化艺术，体现中国的核心价值理念和规范体系，如书法艺术呈现平衡和谐之美，中国戏曲故事强调国家社会规范，等等。这些价值理念和规范体系是中国身份形成的历史渊源。他国公众在学习汉语这一过程中，不仅能了解到中国的语言文化，领悟到中国的历史积淀，更能够对中国的身份观念产生认同。伴随汉语教育而进行的中国身份观念的传播是自然的、潜在的，而非生硬的、直接的。这种教学式的传播与传统意义上的对外宣传是完全不同的。

近年来，中国尝试拓展外交战略新途径，包括采取一些柔性的宣传方法。例如，从2006年我国推出第一部真正意义上的国家形象广告，主题为“中国制造，世界合作”，到2011年1月我国推出国家形象广告片《人物篇》和《角度篇》，再到2017年10月21日，《人民日报》推出最新国家形象广告片《中国进入新时代》，我国推出国家形象广告的强度逐步增大，内容也发生了较大转变，由传播传统文化符号发展到转而介绍当代中国人物，表现中华民族的家国情怀。① 但是，对于这种类型的宣传短片，外界的评价褒贬不一，原因主要是广告片时间较短，只能展示关于人物、景象的图片而无法深入叙述，因此，不同的受众根据其原有观念会对广告片有许多种解读。相比之下，孔子学院教学式文化传播具有交流的双向性，这种双向交流是随时随地、面对面、全方位的。对于某一文化现象、某一价值理念，参加学习的外国公众是否理解、是否认同，授课教师可以在第一时间获得反馈。国家汉办还会定期对学院的教学方式、教学内容进行评估。通过这些反馈信息，学院主办者能够了解传播的效果，掌握传播的技巧从而提高传播的有效性。也就是说在孔子学院的教学式文化传播中，传播者与接受者是自愿、平等地进行对话，因此，这种教学式的传播不是意识形态宣传。

孔子学院以课堂为传播平台，不受限于媒体渠道，可作为改变目前中国媒体话语权处于弱势状况的突破口。文化外交的有效开展，有赖于强大的话语权，但中国相对较弱的综合国力决定了国际话语权处于弱势。这种弱势至少体现在五个方面内容上：话语施行者偏少、话语内容单一、话语对象受限、话语平台缺失和话语反馈失灵。由于西方主导国际话语权，中国对自身形象的设定以及对自身担负的国际义务的认识等这些关键信息常常得不到自由传播。为了增强国际话语权，中国在数十年的改革开放进程中大力发展大众媒体。自1994年起，中国报协印刷工作委员会便开始对全国报纸印刷量进行统计，全国报纸印刷总量从310亿对开张增长到最高的2011年时的1 678亿对开张，从此中国迈入了报业大国行列。②2012年后，以无线宽带、移动通信、数字技术、互联网为代表的传播技术不断发展，新媒体迅速崛起，媒体融合趋势进一步加强。大数据、云计算等技术被运用到全媒体采编平台构建之中，

① 付东晗，胡杰．中国国家形象广告的变迁与发展 [J]. 新闻采编，2019（3）：53–54.

② 豆丁网 .2019—2025 年中国报纸行业发展存在的问题及对策建议研究报告 [EB/OL].（2019–05–28）[2020–07–25]. http：//www.doc88.com/p-6039934835357.html.

移动直播、第5代超文本标记语言（H5）等技术在采编制作环节普遍被采用，机器人写稿、无人机采集、虚拟现实等技术从无到有。从2016年年底开始，随着中国国际电视台（CGTN）、《人民日报》英文客户端和新华社英文客户端的陆续推出，以及专职人员增加、机构逐渐并组，一个国际传播体系正在初步建成。[①] 在地方媒体中，浙报传媒集团股份有限公司、浙江华媒控股股份有限公司、华闻传媒投资集团股份有限公司等单位的数字业务（动漫、数字出版等）收入实现较大幅度增长，平均净资产收益率均超过10%。[②] 虽然在中国内部，中国自身传媒渠道数量已有了较大增长，但在国际社会中，中国声音仍然不具备强大影响力，还较为微弱。《中国传媒智库》的调查显示，由于当前国际语言仍以英语为主导，中国中央级传统媒体与欧美主流媒体在以英语为主导的网络世界中，在整体传播力方面还是具有一定差距的，其中，中央新闻网站在海外网络传播力水平不均衡，新闻提及率并不高。[③] 以2020年新冠肺炎疫情期间的报道为例，西方媒体凭借多年来的语言主导和信息传播优势，相对而言其发布的信息更易获得海外受众的关注。某些西方媒体常年对中国形象进行刻板化、扭曲化甚至污名化处理，导致有些受众的思维模式已深受西方媒体影响，对于西方媒体过分依赖，而不信任中国媒体的报道。对比同主题视频，如有关李文亮医生不幸逝世的报道，CNN的观看量为1 383 999次，而CGTN的观看量仅为15 190次。首先，海外受众并不习惯通过中国外宣媒体观看新闻，所以很少使用中国外宣媒体的官网查询信息，即使部分海外受众想收看中国媒体的报道，但由于已养成习惯，他们往往选择到YouTube、Twitter、Facebook等著名海外社交平台进行查看。由此可见，未来中国仍需向着扩大“大国声音”的方向进发，中国外宣媒体在增强重要议题设置能力和提升国际话语权方面仍然有较大改进空间。

对于中国外交而言，孔子学院的建立有很大的助力作用。孔子学院为周边外交做出了积极贡献。在2012年建成的40所孔子学院中，有7所在亚洲

---

① 刘战伟，李媛媛．转型与抉择：中央三大央媒对外传播机构设置、平台建设与话语模式 [J]. 新闻传播，2019（24）：4.

② 卓宏勇．中国报业改革发展40年 [J]. 中国出版，2018（23）：16.

③ 张鑫，程景．“量”“致”兼顾——增强中国媒体海外网络传播力 [J]. 今传媒，2019（12）：41.

国家。举例来说，越南的河内大学从 2007 年开始申办孔子学院，而越南政府方面始终没有通过，但在 2013 年 10 月，越南教育部突然主动派出官员和校长来到北京，与国家汉办商议在越南建立孔子学院的事宜，并表示孔子学院在越南落地，不仅是中越两国人民友谊的象征，而且是中越两党关系改善的标志。[①] 越南孔子学院的建立是颇费周折的，追溯越南建立孔子学院的历史，可以发现孔子学院发展得顺利与否往往同中国和周边国家的关系的变化有紧密联系。举一个简单的例子，某些国家在签证发放事项上对中国人采取严格管理措施，这导致中国教师志愿者办理入境手续时出现"办理难""程序复杂"等状况。由于汉语教学不仅仅进行语言传播，还传播中国历史文化，部分国家的历史遗留问题可能会对汉语推广产生一些阻力。广西师范大学与越南河内大学通力合作建立的孔子学院，是中国在越南建立的第一所孔子学院，其不仅是双方历经多年坚持和努力所结成的硕果，更是孔子学院在越南建设工作的一次重要突破。该孔子学院自成立以来，已经开展了十余种活动，包括中国文化周暨孔子学院日活动、"汉语桥"大学生中文比赛、越汉互译经验交流会、留学中国项目推介会、海外夏令营等；活动参与群体也迅速增多，从河大师生、越南北部高校师生，扩展到社会协会、社团，以及众多中文爱好者，仅 2017 年（2 000 余人），参与人数就比 2016 年（800 余人）翻了一番。丰富的交互活动受到了中越两国国家级新闻媒体的关注，并予以了大量报道，该孔子学院的影响力日趋扩大，这对我国在越南的国际交流工作和汉语推广工作具有正面促进作用。[②]

正如上文述及的，在国家硬实力既定的情况下，增强国际话语权是实施外交战略塑造国家形象的关键，能够对硬实力的提升起到推动作用。在当前国家国际交往综合实力既定的情况下，可以通过制定新的话语规则和实施新的话语实践来赢取更大的话语权。中国开始在大众媒体之外寻求其他可以自由设置话语规则的文化外交平台，为维护国家形象，提升国际影响力谋求出路。孔子学

---

① 大公网 . 孔子学院助力中国公共外交 [EB/OL].（2013-12-03）[2020-07-25]. http：//finance.takungpao.com/q/2013/1203/2080061.html.

② 吕芳 . 越南孔子学院文化活动初探及传播策略分析——以越南河内大学孔子学院为例 [J]. 教育观察，2019（13）：23.

院以其课堂教学的开放性、平等性和交互性成了中国理想的可以设置话语规则的文化外交平台。作为语言教育机构，孔子学院在他国的大学或中学里开设课程，教师直接面对公众，传播者与接受者的关系是友好的，双方都是自愿或出于兴趣参加汉语教育和学习活动的；两者的身份地位是平等的，能够自由地交流沟通；两者的角色是开放的，随时可以由发言者转变为倾听者。以上这些课堂规则实质上都是话语规则，而且是一种不以强凌弱的理想化的话语规则。在这样的话语规则下，不存在西方强大的媒体的堵截，中国能够将传播本国形象的源信息进行最大程度的"保鲜"，并可以更加直接地聆听他国公众对中国文化以及中国国家形象的真实反馈。课堂交流不需要媒体的介入、不需要物质实力的支撑，是一种潜移默化的感化而不是强硬灌输的宣传。课堂交流中老师不仅传播信息，还能够照顾到每一个受众的感受和接受度。相比于借助媒体手段，借助孔子学院的"课堂式"话语规则，中国的历史文化知识能够得到更深入全面的介绍。

孔子学院多元化的办学模式，使中国文化外交的核心要素得以体现，并向世界全方位地展示了中国文化外交的魅力和能力。孔子学院为中国形象塑造设置了全新的话语规则，可以应对西方强势媒体的围攻。孔子学院是在弱势话语权现状下，中国开展文化外交的新手段和塑造良好国家形象的有效途径。

（三）孔子学院的未来推进方向

笔者对英国兰开夏大学孔子学院中方院长进行了深度访谈，旨在了解、探讨孔子学院日后的发展道路及模式。如上文所述，孔子学院的办学模式体现了中国文化外交的核心要素，为中国形象塑造设置了全新的话语规则，是在弱势话语权现状下，中国开展文化外交的新手段和塑造良好国家形象的有效途径。但迄今为止，这个有效途径并未如预期发挥出最大效用，这其中有孔子学院自身办学方面的问题，如社会力量参与办学不多，经费主要依靠政府划拨，学校建立速度与学员人数上升没有成正比，外派教师师资良莠不齐等。除以上问题之外，更深层次上的问题是，中国的外交战略与国家形象战略的构图目前尚不完整，还需进一步补充。孔子学院要想成为中国文化外交和国家形象建构的"法宝"，至少在以下四个方面要有所推进。

第一，需深入推进中国文化外交战略，做到与国家形象战略契合。孔子学院目前在历史叙述中仍然侧重文化符号的教学而疏于身份观念的说明。语言是文化的符号，身份是文化的外延，因此，学习语言势必会接触到文化中的价值规范等身份观念。鉴于孔子学院主办方为国家机关，西方学者和媒体常将孔子学院比喻为“中国政客对世界进行文化入侵、文化殖民的工具”，并以此为由发表大量负面新闻报道。实际情况是，孔子学院的教学以教授初级汉语，搭配一些京剧、武术、剪纸等中国传统文化兴趣课程为主，恰恰缺少对语言文化的核心——身份的解说。例如，作为孔子学院的精神象征——孔子的儒家思想没有得到充分介绍，甚至在海外孔子学院里鲜见孔子《论语》的译本，也没有其他儒家思想家的译本。关于国家形象建构这方面，孔子学院缺失建构的理念，其办学指导手册里缺少名为“国家形象战略”的章节。没有清晰的国家形象建构方案，缺失国家形象战略指导，孔子学院的教师将以何为依据向学生讲述“中国是谁”呢？这就如同创办孔子学院之初缺少规范通用的汉语教材一样，学院领导和外派教师在面对国家形象问题时只能根据实际情况自己看着办。

即使缺少国家形象战略的指导，在2004年时，孔子学院依然运转了起来，这是因为孔子学院的基本职能是海外汉语教学，而且又是初创业，一切从最基本做起是应该的。但是，正如孔子学院总部总干事许琳在接受央视采访时指出的：文化与语言是交织在一起的，只有对文化感兴趣了，学习语言才有真正的动力；只有学会了语言，才能理解文化。人们对一国文化的理解往往伴随在学习该国语言的过程中，因此，孔子学院不仅是教授汉语语言的学校，更是向国际传播中华文明、中国文化的重要平台，孔子学院文化外交职能日益凸显。令人遗憾的是，迄今为止，孔子学院并未明确自身是中国文化外交的新型手段与新颖方式。国家汉办作为孔子学院的政府监管部门，其主要职能是对汉语国际推广进行方针政策、发展规划的拟定，支持世界各国各级别各类机构开展汉语教学，开发、推广国际汉语教材以及制定全球汉语教学的标准等。而孔子学院总部作为孔子学院的直接主管部门，其主要工作也是围绕着开展汉语教学、培养汉语教师、开展各项各类汉语考试与资格认证业务等进行的。[①] 由此可看出，无论是孔子学院的政府监管部门，还是孔子学院的直接主管部门，它们的主要职能均为汉语传播，并未与文化外交或是国家形象战略联系在一起。2011 年，孔子学院总部总干事许琳女士在接受央视采访时曾表示，孔子学院的建立为中外文化交流搭建了平台，为中外政要的沟通与交流提供了渠道，她也并未直接认可孔子学院本身即为一种典型的文化外交手段。

这种认识上的滞后显然与中国国家形象战略的缺失有关。虽然近年来公共外交和文化外交大有发展，但是国家形象问题始终只停留在领导人只言片语中，只停留在对塑造国家形象重要性、必要性的认识层面，只停留在对良好国家形象的自我描述层面，而没有能够形成包含从法律到政策、从目标到手段、从职能划分到机构设置等的完整的国家形象战略。因此，孔子学院无法准确界定自身在外交中的地位作用、在国家形象塑造上的责任使命，无法确定哪些中国传统的价值观和社会规范可以成为当今塑造中国国家形象的要素，更无法有意识地向他国公众建构中国国家形象了。

第二，孔子学院需要在法律政策的支持下，推进对现实事件的解读。关于一个国家的身份和形象，历史是重要的观念之渊源。但是只有历史是不够的，因为观念是在变化中的，考察一个国家是否继承了过去的观念或者是否产生了新的观念，仅仅依靠历史叙述是不够的，还必须加上对现实行为的解读。如果说历史叙述回答了“我是谁”的问题，那么对现实行为的解读则确认了“我是谁”的问题。通过历史叙述，中国可以向世界展示“以和为贵”的传统价值观念，但是如何证明当今中国“和谐世界”理念的真实性呢？这就依赖于对现实行为的解读。

孔子学院通过教授汉语和传播传统文化，履行了部分历史叙述的职能，但是面对各类现实事件则缺少相应的解读。比如，2008 年 3 月 14 日，中国西藏地区发生了“3・14”事件；2009 年 7 月 5 日，中国新疆地区发生了“7・5”事件。在这两起事件中，策动、组织和实施具有恐怖主义袭击性质骚乱的特定组织及

---

① 贾绍东．“一带一路”视角下的汉语国际推广 [J]. 海外华文教育动态，2017（12）：19–23.

其领导人，借助国际社会普遍存在的对中国国内真实状况的误解，依靠部分西方传媒平台，对中国的国际形象肆意歪曲，试图坐实“中国威胁论”和“中国崩溃论”。面对强势的西方媒体，作为中国新的话语表达方式的孔子学院却没有发挥作用。翻看2008年和2009年的孔子学院年度报告可以发现，两起事件发生之后，孔子学院的各项教育交流工作都在按部就班地开展，并没有就这两起重大事件开展任何说明交流活动，中国仍然由国务院新闻发言人、外交部发言人以及新华通讯社等传统途径对外发布信息。但是按照西方社会“政府的话不可信”的逻辑，这样的宣传能起到多大的作用值得思考，而在外国民众中具有较高信任度的孔子学院却没有承担起冲破西方媒体铁幕的角色。

孔子学院要在此类事件的解读职能上有所推进，就必须首先得到国家授权。哪些部门负责重大事件的信息发布说明，发布哪些信息都需要政策的界定。如果没有政府的授权与指导，那么孔子学院这个优良的人际传播渠道就白白闲置了。当然，对于一些非重大突发事件，如中国国内热点新闻，并不需要政府的特别授权，孔子学院就可以做出解释与说明。

第三，要推进对孔子学院外派教师的文化外交理论和实践的培训。对于某一观念，本国和他国公众情感上共鸣度越高，国家形象建构就越顺利。因此，文化外交在选择传播的信息时要注意考察信息的核心观念能否得到他国公众的认同。不同国家地区的孔子学院虽然使用同样的汉语教材，但在介绍中国文化的切入点上应当根据所在地公众的传统文化、价值规范、风俗习惯做出不同的设置。观念的传播不仅仅依靠文本叙述，观念还可以借助行为方式进行传播，因此，文化外交在传播信息时要注重行为方式的选择。孔子学院教师的言谈举止、教学方式都与教学效果密切相关。

第四，要进一步发展多种形式的孔子学院。网络孔子学院、广播孔子学院及移动孔子学院在汉语教学及国际传播中具有许多方面的优势，这些形式的孔子学院适应了网络及新媒体的大环境，可以预计未来将会有越来越多的受众，因此其在国际传播和文化外交中的作用也是不容小觑的。而在不同网络平台上扩展孔子学院的传播影响力、增进他国受众对孔子学院的了解和兴趣，也格外重要。因此，笔者以国内移动产品抖音短视频的国际版本——TikTok 为例，对孔子学院在 TikTok 上的媒体矩阵建设情况进行了数据挖掘、整合与分析。

从整体上看，截至 2020 年 7 月 8 日 24 时，TikTok 上来自全球的孔子学院官方账号数量为 15 个，视频共 247 条，粉丝数共 5 845 个，阅读量为 66 028 次，如表 7-1 所示。各孔子学院在 TikTok 上的传播影响力基本可划分为三个阶梯。最为突出的是第一级阶梯，以泰国宋卡王子大学普吉孔子学院（账号 @cip_psu）为主，其点赞数为万级，占总点赞数的 98.59%；粉丝数为千级，占总粉丝数的 96.66%；视频数为 59 个，占总视频数的 23.89%，其发展情况十分优秀。第二级阶梯为以柬埔寨皇家科学院孔子学院（账号名为柬小孔）为代表的 7 个孔子学院，所发布的视频的数量平均为 30 个左右，粉丝数和点赞量几百不等，但建成时间基本集中于 2019 年 7 月至 2019 年 12 月，以其传播速度来看，成绩尚好。第三级阶梯为剩下的 7 个孔子学院账号，基本处于账户初建成的阶段，其传播效应还未形成。

表 7-1 孔子学院 TikTok 账号统计

TikTok 账号名	学院信息	简称	关注数	粉丝数	点赞数	视频数
@cip_psu	泰国宋卡王子大学普吉孔子学院（Confucius Institute in Phuket，Prince of Songkla University）	CIP-PSU	0	5 650	65 100	59
柬小孔	柬埔寨皇家科学院孔子学院（Confucius Institute at Royal Academy of Cambodia）	RAC	0	83	346	46
皇太后大学孔子学院	皇太后大学孔子学院（Confucius Institute at Mae Fah Luang University）	MFLU	0	26	75	26
CI-SUP 南太平洋大学孔子学院	斐济南太平洋大学孔子学院（Confucius Institute，The University of the South Pacific，Private Mail Bag Suva）	USP	1	23	59	23
Confucius Instit@DMU	英国德蒙福特大学孔子学院（DMU-Confucius Institute：a vibrant celebration of Chinese language & culture）	DMU	20	18	179	27
Confucius Institute Auckland	新西兰孔子学院（the Confucius Institute in Auckland）	CIA	4	14	35	12

续表

TikTok账号名	学院信息	简称	关注数	粉丝数	点赞数	视频数
苏伊士运河大学孔子学院	苏伊士运河大学孔子学院（Confucius Institute at Suez Canal University，由中国华北电力大学与埃及苏伊士运河大学合作建设）	SCU	1	10	39	6
CSULB 孔子学院	美国加利福尼亚长滩州立大学孔子学院（Confucius Institute at California State University）	CSU	2	8	155	18
UJCI	奥克兰约堡孔院和开普敦地区大学孔子学院（UJCI–Auckland）	UJCI	0	4	28	16
日本山梨学院大学孔子学院	日本山梨学院大学孔子学院（Confucius Institute of Yamanashi University，Japan）	YUJ		3	1	3
孔子学院远程教育中心	孔子学院远程教育中心是孔子学院总部/国家汉办下属的专业汉语教育服务机构（邮箱：@2147962775，Confucius Institute Distance Education Center）	DEC	142	3	0	0
Institute Confucius	科特迪瓦博瓦尼大学孔子学院（天津理工大学和科特迪瓦博瓦尼大学合作建立的孔子学院，Confucius Institute of the University of Bovani）	CUB	4	1	7	7
勿洞市孔子学院	泰国勿洞市孔子学院（Foreign Institution：Betong Municipality，Thailand Chinese Institution：Chongqing University）	BMT	0	1	0	0
阿克托别州朱巴诺夫国立大学孔子学院	哈萨克斯坦阿克托别州朱巴诺夫国立大学孔子学院（Confucius Institute at K. Zhubanov Aktobe Regional State University）	K.ZARSU	0	1	0	0
佛得角大学孔子学院 Instituto C	佛得角共和国佛得角大学孔子学院（广东外语外贸大学与佛得角大学合作建立的孔子学院）	Instituto C	0	0	4	4

从微观上来看，我们需要对各孔子学院官方账号的所属地区、发布内容、视频特点等进行研究。由于泰国宋卡王子大学普吉孔子学院（账号 @cip_psu）的数据与其他学院账号的数据的数量级不同且传播效果明显较为突出，因此笔者剔除该账号，以方便展示第二、第三等级账号的建设传播情况。

表 7-2　孔子学院（部分）在 TikTok 上的账号建设情况（单位：次）

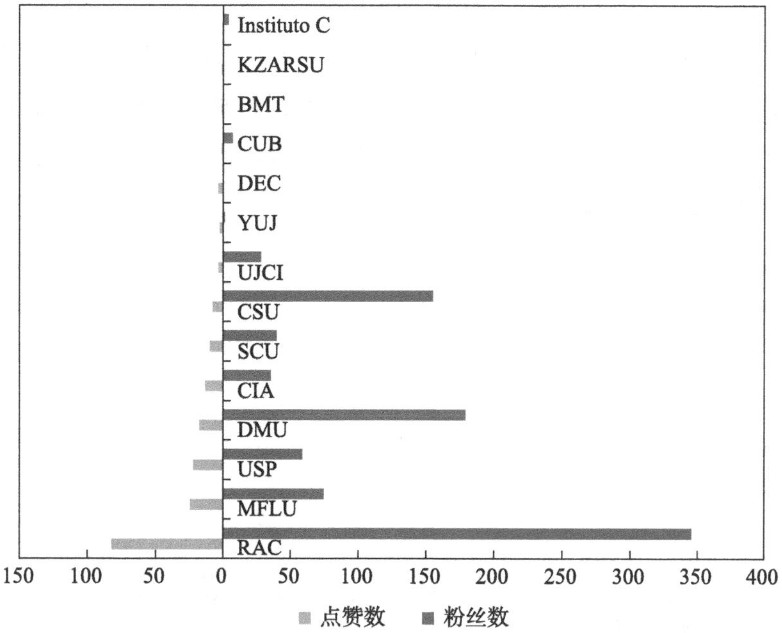

从地区分布上来看，目前，在 TikTok 上拥有账号的孔子学院分布在全球 13 个国家，活跃账号主要是分布于东南亚及非洲地区的发展中国家的孔子学院账号。在美国、英国等发达国家设立的孔子学院，它们在 TikTok 上的账号活跃度不高，如表 7-2 所示。

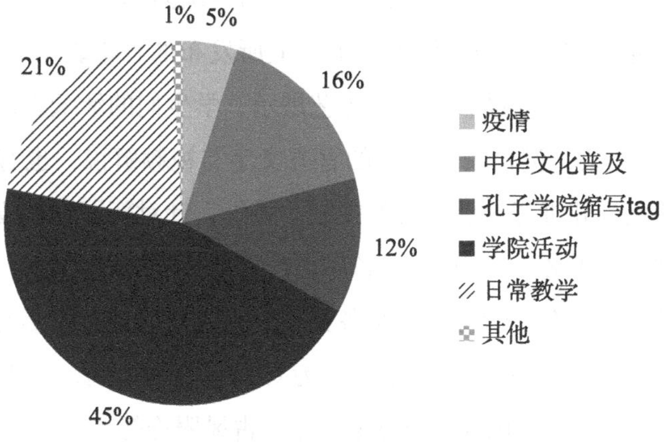

图 7-1　孔子学院在 TikTok 上的视频内容分布情况

从内容分布上来看，学院活动视频是最为重要的部分（见图 7–1），视频包括汉语桥、中文歌唱大赛、开放日、春节和中秋等节日庆祝、公益活动及其他各类活动的现场实拍，共计 120 条。其中，节日庆祝的视频虽然数量不多，但从其的阅读量、点赞数、评论量等来看，这类视频的互动效果较好；而汉语桥、中文歌唱大赛等活动，多为国家汉办主办，规模较大，影响较广，也取得了较好的传播效果，具体情况如图 7–2 所示。

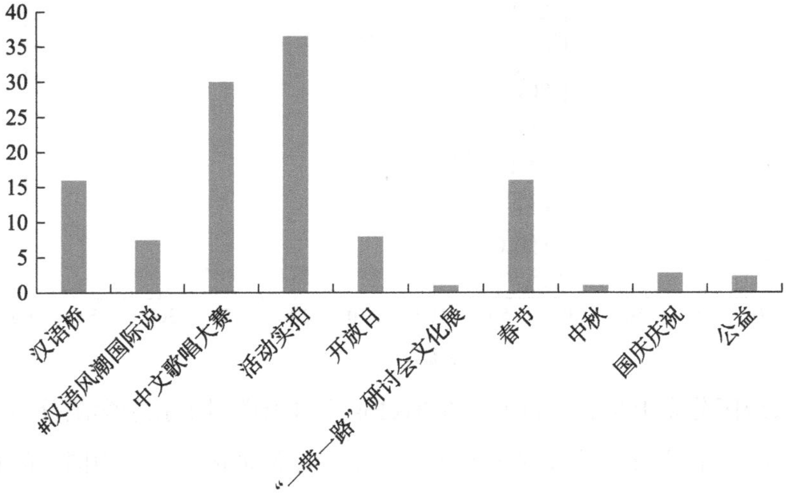

图 7–2 学院活动类视频内容统计

普及文化、展开日常教学、结合时事和贴近国内热点是 TikTok 上各孔子学院账号在发布内容方面的共同点。平台上所发布的日常教学类视频共有 57 条，包括教学趣事、汉语助教的个人才艺展示、学生们的活跃表现等。其中，学院介绍共有 17 条，包含较为严肃的官方文字与视频解说，也有实拍学院组成人员、院内风景并进行快剪包装的视频。另外，针对新冠肺炎疫情，各个学院的学生以制作手工艺、用中文对话等方式，为中国加油打气。

除此之外，各个孔子学院账号又各具特点、风格迥异。以影响力最广的泰国宋卡王子大学普吉孔子学院（账号名为 @cip_psu）为例，其视频中常出现创意剪辑手法，如当代中国人一秒变装、穿上古风服饰等，风格较为轻快活泼。同时，该学院经常结合泰国本土的人文风情，传播中华文化。

此外，美国加利福尼亚长滩州立大学孔子学院（账号名为 CSULB 孔子学院）

在运营的 1 年多时间内，以夏令营为亮点，把学生在学院的欢乐实拍发布到平台之上，捆绑“#summercamp”“#summerlook”“# 汉语夏令营”等多个话题，吸引了很多人关注。皇太后大学孔子学院在学院的各种活动上做足功夫，无论是教师欢送会、当地短途旅游还是传统节日，都既有活动现场实拍，也有快剪配乐的包装。博瓦尼大学孔子学院（账号名为 Institute Confucius），把开放日中的文化活动展现出来，特别强调在海外非常受欢迎的太极等中国功夫元素，还巧妙利用 PPT 动画、秒懂百科做成科普视频，讲解中华文化。

除了官方账号，部分孔子学院中的成员也以其个人身份传播中华文化。其中，“Chinses Teacher-Zuo”用户主体为一位在泰国孔子学院教学的中国教师，其可以作为以个人身份传播孔子学院情况的典型代表。图 7-3 为笔者对其视频内容的分析。

作为孔子学院的老师，该账号的主要内容均围绕自己的学生、教学中的趣事、学院的活动等展开。其中，拍摄学生的视频占全部内容的 30.83%，包括学生下课后玩的游戏、与老师的互动、教学成绩展示、高颜值学生等。截至 2020 年 7 月 5 日，该账号的粉丝数为 7 885 个，点赞数破 76 500 个，视频共计 253 条。但从整体上看，与“孔子学院”相关的个人账号较少且影响力还不够。

除此以外，TikTok 上，有关“孔子”的话题热度虽然较高，但与“孔子学院”相关的内容较少。

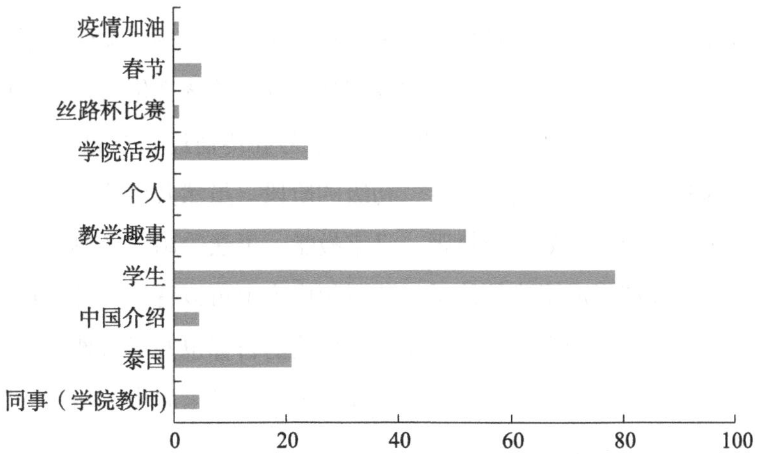

图 7-3　“Chinses Teacher-Zuo”个人账号的传播内容情况

从传播效果来看(见图7-4),“#Confucius”的影响力较大,充分体现了“孔子”这一人物形象在海外的高知名度。他的学说不仅仅在中国,在亚洲乃至世界都有着十分重要的影响,这也从侧面印证了学院用“孔子”命名的正确性。

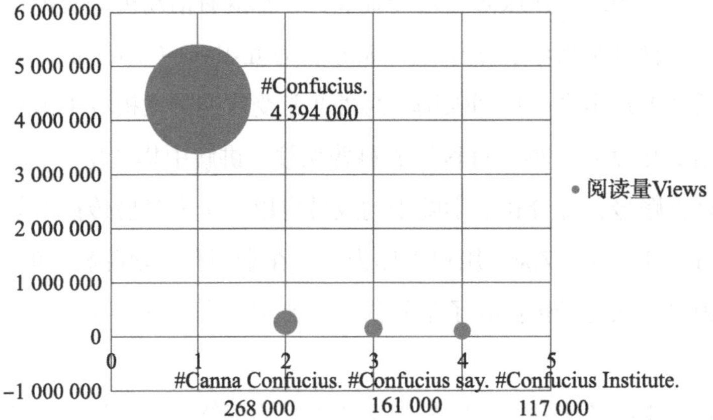

图7-4　TikTok上以“孔子学院”关键词搜索得到的Hashtag情况

而与“孔子学院”直接相关的话题“#Confucius Institute”的阅读量仅占搜索结果整体的2.37%,是所有搜索结果中影响力等级最低的。在这一方面,孔子学院仍有继续扩大传播影响力、增强话语权的巨大空间。

可见,TikTok作为新的媒体传播平台,为孔子学院增强国际传播力提供了良好的支持,无论是各个孔子学院的官方账号运营,还是孔子学院相关成员的个人账号分享,或是相关话题推荐,都有利于更多人了解、关注孔子学院的教学形式、教学风格、教学内容,理解并接受中国的传统文化与现代风尚。

但是,目前来看,各个孔子学院的TikTok账号在传播过程中的目的性不强,对信息的处理和加工还处在较为野生、初级的阶段。虽然其传播的信息包含了中华文化的多方面内容,如传统舞蹈、汉字教学、书法绘画、经典景观等,但从宏观上来看并没有形成明确的体系。从视频内容上可以看出,各个孔子学院的教学方式和重点具有较大差异,国家形象建构的目标也并不清晰,这也是导致孔子学院的媒体矩阵不全、许多学院建设较晚甚至尚未起步、相关话题的热度不高且关联性不强的重要原因。

因此,我们可以沿着这一思路,充分发挥官方机构的力量,通过各种激励机制如大赛、奖金、互动等方式，补全孔子学院的新媒体建设体系，尽可能加快建设网络新媒体传播矩阵的速度，并进行长期的运营与维护，不断推出符合新媒体传播方式的、具有创新性的视频内容，进一步增强相关账号和话题在平台上的影响力，从而更好地完成孔子学院的跨文化传播任务。另外，鉴于个人账号较少,我们应继续推进对孔子学院外派教师的文化传播理论和实践的培训，鼓励他们利用新媒体平台，以个人为主题进行多种分享。同时，孔子学院要兼顾所在国家地区的特色，从传统文化、价值规范、风俗习惯等方面出发，做出不同的议程设置，与当地公众形成情感共鸣，获得他们的认可，方能实现真正的“润物细无声”。

总之，孔子学院初步具备了开展文化外交和建构国家形象的条件，但要真正成为中国文化外交和国家形象建构的“利器”就要有三个推进。第一，推进文化外交战略和国家形象战略的制定，明确孔子学院的定位和职能。中国对在全球化进程中迫切需要塑造良好国家形象这一趋势已经有了理论层面和实践层面的认识，接下来就需要有一份详细完整的国家形象战略。战略中应当明确中国的国家形象是什么，由哪些部门、通过何种途径建构。第二，推进相关法律政策的制定。需要将大战略细化成各项法律、各种政策，为孔子学院作为文化外交手段参与国家形象建构提供法律保障和政策指导。第三，推进文化外交专业培训。应从文化外交视角对中方外派教师进行培训，增强他们的文化外交意识。在“三推进”之外，我们还要进一步发展多种形式的孔子学院，充分利用网络及新媒体平台，不断扩大孔子学院的覆盖范围，增强孔子学院国际传播方面的能力。

第八章　其他国家的国际传播研究：比较与借鉴

第一节　美国和英国主流媒体的国际传播战略

一、以美、英一流电视媒体为鉴

（一）CNN 和 BBC 的发展历程

美国的 CNN（Cable News Network）世界频道和英国的 BBC（British Broadcasting Corporation）国际台是世界最重要的电视媒体。

1980 年，美国佐治亚州亚特兰大的播出商泰德·特纳，为了吸引更多观众收看有线电视，并在新闻方面与美国的三大电视网一争高下，创立了随时提供新闻服务的电视机构，即美国有线电视新闻网（CNN）。1987 年，CNN 开播世界频道。进入 21 世纪以来，CNN 国际频道已覆盖全球，有 140 多个国家的 2.21 亿用户收看它的新闻节目。CNN 有 32 个分部，约有 2 000 名雇员。CNN 在内罗毕、新德里、巴黎、北京等地也开设有分部，可以说 CNN 影响全球的新闻议程。①

英国广播公司简称 BBC，成立于 1922 年，是英国最大的新闻广播机构，也是世界最大的新闻广播机构之一。BBC 虽然是接受英国政府财政资助的

---

① 关世杰 . 国际传播学 [M]. 北京：北京大学出版社，2004：278.

公营媒体，但对其的管理却是由一个独立于政府之外的12人监管委员会负责，并且皇家宪章保障其独立性。监管委员以公众利益的信托人的身份管理BBC，他们都是社会上有名望的人士，包括苏格兰、威尔士、北爱尔兰和英格兰的首长，监管委员由英国首相提名，英国女王委任。监管委员会下辖执行委员会，由16个不同部门主管组成，负责BBC的日常营运工作，委员会主席为行政总裁，并兼任总编辑。BBC经营8条电视频道，10条广播频道，以43种语言面向全球广播。BBC在新闻界最为人乐道的是其严格的要求，所有制作人都要恪守节目制作人准则。该准则对编辑和采访业务的各方面提出了具体详细的要求。

在BBC建立之前，已经有很多私人公司尝试在英国做电台广播。根据1904年的《无线电法案》，英国邮政局负责颁发电台广播牌照。1919年，由于收到很多军队对广播过多而干扰军事通信的投诉，邮政局停止发出牌照。于是，19世纪20年代初期，英国广播电台的数量骤减，越来越多的人要求成立一个国家广播电台。一个由无线电收音机制造商组成的委员会经过几个月的讨论，最终提出一个方案，BBC由此诞生。而BBC国际台（BBC World）是全球第二大国际电视新闻台。在21世纪初，有187个国家和地区的1.35亿用户收看BBC World播放的24小时全球新闻。

（二）国际一流电视新闻媒体具备的特点

1. 掌握先进的传播技术

CNN自1980年成立以来，为了打进国际电视传播市场，装备了当时最先进的电视新闻采制设备，包括电子新闻采集设备（ENG）、无线采访设备、小型微波电视转播车和移动式卫星地面接收站。

CNN还进行了一系列史无前例的创新，如“24小时滚动新闻”“直播”“热线电话”“卫星传送”“直播间”等。

2. 强大的国际市场推广策略

20世纪90年代，CNN积极扩大电视传播覆盖范围，不惜重金在美国本土以及海外建立自己的分站和信号接收点。1996年，CNN将预算增加了一倍，用来开拓西班牙、日本的市场，在全球范围内向旅馆推广卫星接收器。截至2010年，CNN在海外拥有1.2亿用户。

CNN 曾经免费为世界各地的政府首脑提供有线新闻网的电视转播服务。目前，CNN 在全球几十个国家建立了庞大的国际新闻传播体系，涵盖了 150 多个电视机构，其中半数以上在发展中国家。CNN 积极进行全球化运作，在 1985 年创办国际新闻网，通过 23 个卫星，将节目传送到全球 212 个国家和地区。同时，通过合资兼并等方案，CNN 仍在向它尚未覆盖的区域扩张。

3. 高度重视受众调研工作

BBC 设有专门机构——市场营销、传播与受众部，专门从事受众调研和联系受众工作。

（三）CNN 和 BBC 的新媒体发展举措

新媒体时代，网络媒体分流传统媒体受众已成趋势，CNN 和 BBC 也面临收视率下滑的困境。2011 年，美国有超过 100 万的付费电视用户终止合同，年轻受众纷纷选择新媒体。[①] 面对挑战，CNN 和 BBC 进行了一系列的发展新媒体举措。笔者使用文献分析法和统计资料分析法对 CNN 和 BBC 的新媒体战略进行了分析，分析资料主要来源于官方网站和中国知网（CNKI）。

1. 新媒体时代传播内容的生产

1995 年 8 月，CNN 创立了 CNN.com，成为美国第一个上网的电视媒体。CNN 主网站下有 14 个频道，还有 RSS 订阅、Blog、CNN Mobile 等 11 个功能，既有视频、音频广播等传统媒体形式，也容纳了桌面新闻、播客、互动新闻等新媒体形式。

BBC 网站拥有英语版本、阿拉伯语版本、中文版本、法语版本等 28 个版本，官方网站的用户数达 5 亿，其中 57% 的用户来自海外。

2. 用户服务的拓展

BBC 推出 BBC 在线，完善了 BBC 在笔记本、电视、移动电话等终端的在线产品的投资组合。BBC 和 Google 合作建立了一个国际 iPlayer 站点，以期实现 BBC 节目在网络上的全程实时转播。BBC 专门针对苹果手机推出一款 App 应用，它融合了视频、文字、图片，并结合手机的功能提供方便的新闻体验。BBC 为不同用户提供了多种终端下载渠道，提供不同视频格式，适应手机及

---

① 李舒东，等 . 国际一流媒体研究 [M]. 北京：世界知识出版社，2013：125.

平板电脑等终端使用，推出 iPad 版本的视频应用软件 iPlayer，传播自家电视节目，BBC 旗下 15 个杂志发布了 iPad 数字版本。

CNN 推出免费 iPad 应用，并提供美国版和国际版新闻转换功能，用户可浏览所有 CNN 新闻、评论和视频，还可以分享和评论，用户可通过 Facebook、Twitter 和电子邮件分享新闻，另外，该应用还支持离线浏览模式。

CNN 在用户体验和需求满足方面做了很多创新，其中推出的网页式新闻互动阅读就是一例。在 CNN.com 的网页上，观众可以自由选择观看新闻的模式与内容，流动式、小窗口的内容编排结构，配合了提纲式的快速阅读或深度阅读页面。同时，观众在阅读过程中可以通过主屏幕下方的“Your voice”按钮将个人见解传递到演播室，编导筛选之后，主持人与观众交流筛选出来的见解。

BBC 在 2010 年推出了规模最大、影响力最强的媒介素养培育项目——“首次触网”工程，鼓励英国约 920 万从未使用过互联网的公众学习并使用互联网。

自 2006 年起，BBC 在英国中小学推广“BBC 新闻校园报道”工程，为英国 11—14 岁学生提供新闻报道锻炼机会，培育未来英国公民的媒介信息解读与传播能力。

3. 多媒体融合产品的推出

BBC 在 2006 年推出了未来发展蓝图——创造性的未来计划。2007 年，BBC 开始将广播、电视、网络三个新闻组合并成“多媒体新闻组”，以便满足受众在媒介融合时代的信息需求。

BBC 的国际服务部通过广播、电视、互联网和手机用英语和其他 31 种语言向全球受众提供新闻、教育和娱乐节目内容，每周的受众达 1.88 亿人。

4. 新媒体技术与产品运营

BBC 在 2010 年专门成立新的技术部门——信息系统和技术部，负责电视信号转化器、数字直播、宽带有线网络等新技术的研发，为 BBC 推进新媒体战略提供技术保证。现在，BBC 除了拥有地面播出平台外，还有卫星、有线、地面数字广播、IPTV、移动等数字模式的电视广播平台，全面转战新媒体领域。

BBC 优化新闻生产流程的方式是，将原先独立的电视、广播和网络新闻运营平台整合成一个跨平台多媒体新闻中心，实行大编辑部体制，这种体制也被称作“360 全平台”采编。

5.“内容为王”战略

根据英国政府提出的“创意经济”的概念，BBC 在致力于投资与开发原创节目、挖掘英国本土和国际独立制片人的同时，通过对知识产权的收购、投资、开发以及版权许可贸易，实现品牌全球推广与品牌增值，从而赢得更高的经济收益。

2000 年以后，BBC 环球开始了全球扩张策略，如与美国有线网络运营商 Discovery 合作进行节目制作和包装推广。2002 年，BBC 合并世界电台、世界电视台、驻外记者站及国际在线业务，建立了一个新的集编辑方针、市场营销、受众研究于一体的全球性新闻机构。

BBC 加快在全球范围内的同行业及跨行业合作，向全球 2 000 多个合作伙伴提供新闻及其他节目，其中仅在广播领域的合作，就使 BBC 每周的听众达到 5 300 万人。

二、新媒体时代英美主流媒体全媒体转型策略

传统媒体向新兴媒体融合发展、加快数字化转型是当今全球传媒业的共同主题，巩固原有核心竞争力、发展新兴增长优势成为英美主流传统媒体转型发展的主要目标。①

1. 从场景到智媒

伴随着科技的进步，主流媒体也在转型，新技术的应用对于媒体而言是挑战也是机遇。面对科技企业强大的流量保证和技术优势，世界范围内许多主流媒体携手科技公司，谋求数字转型入口红利，扩大收益和用户基量。Facebook 推出 Instant Articles（新闻快读）功能不久，就为《卫报》网站贡献了近 20% 的流量。推送个性化内容也在主流媒体考虑的范围内，《纽约时报》聘请哥伦比亚大学的数学家 Chris Wiggins 担任“首席数据官”，同时运用机器学习技术，了解用户需求。人工智能技术的广泛应用也体现在英美主流媒体转型过程

---

① 王芯蕊 . 国外媒体融合的新趋势与转型路径 [J]. 中国广播电视学刊，2018（7）：87-90，101.

中。美联社（AP）与科技公司 Automated Insights 开展合作，使用该科技公司的 WordSmith 平台，美联社可以按照预设的写作框架自动编发企业财报、新闻快讯，极大地提升了内容产出效能。

2. 从结构到管理

近年来，新闻集团、时代华纳集团、论坛集团、华盛顿邮报集团分拆行动频繁，印刷部门等弱势部门被集体遗弃。《华尔街日报》也先后宣布将关闭印度尼西亚语网站、布拉格和赫尔辛基分社，有针对性地减少流量较少的内容的输出。除此之外，《华尔街日报》对办公空间与团队管理进行双重革新，转型带来的机构调整往往首先作用于办公空间的改造。另外，《华尔街日报》还按照业务流程和内容产品类型进行组织架构重组，以内容产品为导向，匹配业务流程，进行了彻底而统一的改革。BBC 取消了频道制，取而代之的是以内容和用户为导向的部门制。比如娱乐内容部整合了广播 2 套和电视娱乐节目部门，信息内容部整合了新闻部、“直播五套”广播电台。此外，BBC 实行“1+1”人力资源制度，即设置一个内容负责人和一个技术负责人共同对项目产品进行管理，团队重要位置的招聘，也要两位负责人共同参与决策，从而在管理角度促进内容和技术融合。《纽约时报》于 2006 年成立 R&D Lab 研发实验室，负责预测将带来重大变革的科技创新，并展开相关研发以帮助《纽约时报》及时应对变革。

3. 从形态到话语

在技术、算法和产品驱动内容生产的媒体时代，仅从“内容”出发已经不能满足新时期受众的需求。当下，如何结合用户需求产出“内容产品”成为传媒业不断探寻的新主题。BBC 将所有的节目、栏目统称为产品。在习惯咬文嚼字的 BBC，每一个名字都有很深层的含义，“节目”或“栏目”名称不具备新媒体的互动元素，所以 BBC 决定将其全部改称为“产品”。在产品逻辑下，国外媒体内容生产的话语转型主要围绕“去中心化、社交驱动、数字优先”进行。移动、视觉、交互成为内容形态创新的核心。BBC 在 Facebook 和 Twitter 上推出的栏目 BBC Go Figure，每天发送一张数据新闻图片，每周会将内容进行汇总，并将重点内容通过可视化方式发给移动社交用户。

4. 从粉丝到付费

《纽约时报》《华盛顿邮报》和美国有线电视网等传统媒体在 2017 年加大事实核查力度，深挖事实真相，彰显专业媒体价值。

传统媒体通过内容 + 服务，塑造媒体与用户的强联结。《华尔街日报》的用户在成为付费会员后，不仅享有更多的内容阅览权限，还可以激活免费附加的会员制计划——WJS+，享受“生活类体验活动邀请、优质活动会议邀请、和喜爱的编辑交流对话、获得免费旅行机会，抑或是参观《华尔街日报》的新闻编辑室或一起享用主厨晚餐”等独家服务。

5. 从平台到入口

以“平台”为特征的互联网媒介的功能演进通常要经历媒体平台、互动平台、交互平台、分享平台四个阶段。媒体平台阶段，媒介的功能是信息的集成和传播。NBC 在 2017 年 6 月宣布了一系列子品牌计划，包括专注科学领域的 Mach、专注健康的 Better 和专注意见表达的 The Forthcoming Think。《纽约时报》（NYT）生活板块 Cooking 同外送品牌 Chef’d 合作，旨在建立起完整的生活方式服务线。用户在 Chef’d 网站订购基于 Cooking 菜单的外送美食，最终 NYT 网站实现引流，用户之后将可能会在 NYT 网站上直接购物。

第二节　德国歌德学院的文化传播策略

一、歌德学院的发展

歌德学院以德国伟大诗人歌德命名，是德国最重要的文化中介机构。之所以德语在世界语言体系中具有重要地位，是因为德国诞生了著名的大学和伟大的学者，康德、卡尔·马克思、马克斯·韦伯都是用德语完成其社会科学领域的著作的，这使德语成为社会科学领域的语言。

歌德学院在推广德语和传播文化方面非常成功，歌德学院是德国文化在世界各地最有效的传播者。对外文化、对外政治、对外经贸是德国外交的三大要素。

歌德学院获得了政府的政策支持，是德国对外文化政策的重要执行者。据德国驻华使馆文化处的墨沛德博士称，“德国在海外的文化方面的工作主要靠歌德学院，使馆只做很小的一部分，也就是办公室的工作”[①]。可以说，歌德学院被称为与对外政治和对外贸易同样重要的“德国外交的第三支柱”。2011至2020年，歌德学院遍布全球98个国家，目前已在98个国家设立了159个机构。

歌德学院的前身是德国科学院的实践部，最开始是德语语言学校。1969年，学校具有了文化交流中心功能。歌德学院受德国外交部委托，主要负责教授德语、传播德国文化、提供咨询服务等。作为德国最大的文化中介机构，歌德学院也是独立的文化组织。为改变在两次世界大战中给人们留下的“好战”形象，德国政府不参与德语的国际推广，将歌德学院定义为民间机构。

二、歌德学院的语言和文化传播

歌德学院分为总部、国内分院和国外分院。歌德学院北京分院是1988年成立的。歌德学院作为语言推广机构，有独立的教学场地，教师是德国的大学生和经过正式培训的人员。歌德学院设置青少年德语考试、商务语言测试的博思考试、国际经济德语考试等。

歌德学院北京分院后来发展成歌德学院（中国），除北京的本部外，歌德学院还在香港和上海设立了办事处。比起法国和西班牙，德国在中国的文化传播走在了前面。法国文化中心是2004年在北京设立的，西班牙的塞万提斯也是2006年才在北京设点。在这之前，歌德学院一直是中国唯一的“西方文化机构”。

歌德学院教授德语并开展了丰富多彩的传播德语的活动。歌德学院（中国）2009年开始了“学校——塑造未来的伙伴”（PASCH）项目，此项目由德国外交部协调组织，歌德学院、德国国外学校教育司、德意志学术交流中心、教育交流中心等四方共同举办。其目标是建立1 000所伙伴学校，并支持伙伴学校引入德语课程，不断推动德语在中国的传播。PASCH项目

① 张帆，王红梅. 文化的力量：德国歌德学院的历史和启示[J]. 比较教育研究，2006（11）.

旨在推动中国小学和中学开展德语教学和教师培训，让更多的中国人了解德语。歌德学院还与 PASCH 项目合作，在西安、南京、上海和杭州组织了“衷心的问候”展览，通过多媒体的形式展示德语是一种富有感情且并不非常复杂的语言。①

歌德学院注重提供资讯和咨询服务，如邀请访问学者、翻译德语书籍、出版发行文化杂志。新媒体时代，歌德学院重视网络媒体，给学生提供在线德语课程，学生可以通过互联网学习德国国情知识，进行语法练习，参与项目活动。2012 年，歌德学院网站点击量达 1 940 万。

传播德语不是歌德学院的唯一目的，语言和文化并重是其重要的发展策略。歌德学院注重跨文化传播，在中国，歌德学院结合中德两国特点进行文化传播。例如，歌德学院特别策划的《爱比死更冷酷》，是由中国先锋话剧导演孟京辉导演、中国演员演出的德国戏。歌德学院为中德两国艺术家创造了合作机会。

歌德学院的文化传播政策中输出德国文化和输入世界文化并重。国际交流中心于 2001 年并入歌德学院后，10 年间，德国文化交流团体发展到了 160 个。在歌德学院北京分院成立 20 周年时，中国的陈丹青、莫言、艾未未被授予“歌德文化大使”称号。“德中同行”等高端艺术活动是由 6 家德国企业赞助的。

综上所述，歌德学院之所以在语言和文化传播方面取得良好成效，主要因为歌德学院已经成为德国对外推广文化教育政策的柔性力量。②

三、歌德学院可借鉴的经验

与我国的孔子学院相似，各国文化推广机构运营所需经费基本上都是国家保障的。法语联盟年度经费约 6 亿美元，英国文化委员会年度经费约 6 亿美元，

① 万祎 . 从“文化震荡”走向“文化融合”——访歌德学院（中国）副院长柯理博士 [J]. 中国电子商务，2006（6）.

② 张帆，王红梅 . 文化的力量：德国歌德学院的历史和启示 [J]. 比较教育研究，2006（11）.

歌德学院约 4 亿美元，塞万提斯学院约 0.8 亿美元。[①] 德国外交部文教司负责整个德国对外文教工作的规划，并通过框架协议的签订，资金和行政资源的调控来管理歌德学院。政府财政保障为主，多渠道的企业赞助和市场化运作相结合是歌德学院经费保障机制的特点所在，这有效保障了歌德学院的运作和发展。宝马公司、罗伯特·博士公司、戴姆勒－克莱斯勒公司等德国的著名企业都是歌德学院的重要资助者。

歌德学院配合外交战略进行文化传播，在德国软实力建设中发挥了重要作用。歌德学院的布局随着德国的外交战略不断调整，德国力图改变“好战”的形象，努力在国际社会建立文化德国和丰富多彩的德国的形象。“二战”后，歌德学院重建，当时发展的重点在西欧，目标是改变“好战”的国家形象。“东欧剧变”后，德国在中欧和东欧广泛设立歌德学院。阿富汗战争后，歌德学院在阿富汗设立国外分院。可见，歌德学院服务于德国的国家利益，以塑造良好的德国国家形象为目标。

歌德学院在海外的发展随着国家外交政策随时调整，其在重点地区设立和发展的速度很快，其的撤销和增加也都很灵活，并且，歌德学院集中用力、区分重点进行文化传播，并按照不同地区的文化特点来做事。我国孔子学院自 2004 年在韩国开设第一家后开始了快速发展，截至 2020 年 7 月，已经在全球 162 个国家（地区）设立了 541 所孔子学院和 1 170 个孔子课堂，孔子学院在数量和规模上超越了歌德学院。但是，孔子学院在重点发展和一般发展的业务选择上，在整体布局的可灵活调整上需要向歌德学院借鉴经验。

另外，歌德学院的管理体制也很有特色。董事会是歌德学院的日常管理机构，主要经营事务由董事会负责。董事会由 2 ～ 3 人组成，任期 5 年，董事会负责人被称为总秘书长。董事会成员需得到外交部的认可。在通常情况下，董事会受代表委员会领导，但在个别情况下，外交部可直接要求董事会执行某些决定。歌德学院慕尼黑总部设有一个代表委员会办公室和一个董事会秘书长办公室，同时还下设九大职能部门和一些小的独立机构。我国的孔子学院在职责分配上，院长负责孔子学院的日常运营和管理，中方院长充分发挥在汉语教学研究与管

① 杜巍．孔子学院和歌德学院在文化推广方面的比较研究 [D]. 杭州：浙江大学，2013.

理上的优势。中方院长作为被委派到海外各孔子学院的代表，有权要求合作方遵守合作协议，避免当地孔子学院的运行偏离孔子学院的宗旨。此外，歌德学院有独立的教学场地，而孔子学院的教学空间则必须依靠国外当地的大学提供。

孔子学院在经费保障和可持续发展上也要学习歌德学院，实行语言教学和经济贸易发展相结合的政策。歌德学院以两种经济体系运行，国内分院按照企业的方式运行，自负盈亏，主要依靠自身语言课的收入来维持；总部和国外分院则以事业单位性质运行，其资金绝大部分依靠联邦政府的拨款，只有很小部分是通过开办语言班和考试取得的。德国外交部主要通过签订框架协议，调控资金和行政资源来实施对歌德学院的领导。①

第三节　新加坡对外传播策略

新加坡是全球最为富裕的国家之一，其发展模式被称作“国家资本主义”，其以稳定的政局、廉洁高效的政府而著称。新加坡利用国际传播渠道成功地塑造了其“富裕国家”和“高公民素质”的良好形象。

新加坡国内媒体的发展和在国际传播方面取得的成效，都离不开新加坡独特的媒介制度和管理方式。就新加坡大众媒体的国内传播而言，大众媒体对政府政策积极响应，配合非常到位。大众媒体每天不仅能向公众传播大量信息，而且在重大问题上能够和政府的宣传口径保持一致；政府则鼓励媒体积极反映民情，对政府的工作提出批评和建议，自由地发表意见，但反对效仿西方新闻界夸大其词与政府作对或仅仅热衷于揭露政府的丑闻。在国际传播方面，新加坡对西方文化渗透保持警惕，并进行抵制，主要的措施有法律措施和行政措施。

新加坡文化多元而丰富，但因为华人（特别是闽南人）占据了社会人口比例的大多数，再加上政府自 20 世纪 80 年代起主导“讲华语运动”，所以新加坡多元丰富的文化中有着浓厚的中国文化气息。

---

① 杜巍．孔子学院和歌德学院在文化推广方面的比较研究 [D]. 杭州：浙江大学，2013：18.

一、新媒体时代的国际传播

（一）传统媒体与新媒体的融合

“多媒体融合”是国际传媒大整合之下的新作业模式，简单地说，多媒体融合就是报纸、电视台、电台和互联网站的采编作业有效结合起来，资源共享，集中处理，衍生出不同形式的信息产品，然后这些信息产品通过不同的平台被传播给受众。这种新型作业模式已逐渐成为国际传媒业的新潮流。

从2006年起，作为新加坡主要报纸的《联合早报》便确定发展新媒体，其首先建立了联合早报网，提供网络在线查看服务，目的是将区域品牌国际化。随后，《联合早报》于2007年创办了双语网站，瞄准了新媒体未来发展趋势——高度互动、视频能力、双语交流。到了2011年，随着智能手机和平板电脑的普及，《联合早报》的新媒体部制作了网络App版。2012年，新媒体部开发了《联合早报》iPad版。至于系列新媒体产品的开发，《联合早报》以集团技术团队为班底，产品设计外包给行业内最知名的专业团队，从而保证新媒体产品拥有最佳的用户体验。

《联合早报》隶属的新加坡报业控股集团在2014年1月1日成立了数码部门，统合了公司所有的跟数码有关的资源，包括技术和销售。另外，新设立的5亿元人民币的新媒体基金，也即将专门用来投资任何跟新媒体有关的项目，“这将推动新加坡报业控股接下来在新媒体领域的发展”[①]。2015年，《联合早报》对新加坡国会选举进行报道时，对多媒体内容和组织都进行了革新和整合。通过与科技团队合作，《联合早报》在旗下政治新闻网站“早报政谈”上对选举进行了影音直播。

新加坡国家电视台新传媒集团的新媒体之路，与《联合早报》基本类似，其分别在新闻网站、娱乐以及电子商务方面开发新媒体产品。值得一提的是，新传媒集团的多家电视台、电台、报纸采用统一的15级标准薪酬，从而变原来单一的新闻生产流程为“中央厨房式”的新闻生产模式。[②]为了迎合市场对

---

① 周兆呈．新加坡《联合早报》的新媒体之路[EB/OL].（2014-05-25）[2020-07-25]. http：//bbs.nandu.com/thread-15976-1-1.html.

② 姜鹏．新加坡的传媒管控与新媒体战略[J]. 青年记者，2012（11）.

互联网及移动营销的需求，一直处在科技尖端的新传媒也开设了一系列的新媒体平台。

（二）网络媒体和社交媒体的重要性

调查公司 We Are Social 发布的数据显示，截至 2020 年 1 月，新加坡互联网用户达 514 万，约占总人口数的 88%，人均每日使用互联网近 7 小时。新加坡居民手机拥有量为 856 万部，是人口数的 1.5 倍，移动互联网用户数占互联网用户总数的 93%，超过半数的流量是手机端产生的。① 新加坡大约有 460 万社交媒体用户，2020 年 1 月的社交媒体用户数较上年 4 月增长了 1.6%，社交媒体渗透率达到 79%。②YouTube 是新加坡最受欢迎的社交媒体，甚至超过了世界上规模最大的社交网站 Facebook，每位用户在访问 YouTube 时平均会花上大约 23 分钟，访问 10 个左右的页面。③

微信在新加坡的发展速度也很快，2013 年就已经有超过 40 万的用户量。为了扩大在新加坡的市场份额，腾讯公司不仅加大投入改善微信功能，还通过电视宣传、报纸广告投放和网络媒体报道增加微信在当地的知名度。如今，新加坡的微信用户数已经超过了 Line，排名仅次于 WhatsApp。此外，进入新加坡的中国网络产品除微信外，还有视频软件 PPTV、PPS 等，这些软件在当地也很有市场。④

从某种角度来说，网络媒体和社交媒体的蓬勃发展造成了传统媒体当前面临的困境，而传统媒体也意识到，新媒体才是未来媒体发展的形态，因而纷纷探索新媒体发展模式。

---

① LEE A. Digital 2020 in singapore[EB/OL].（2020-02-13）[2020-07-25]. https：//wearesocial.com/sg/blog/2020/02/digital-2020-singapore.

② KEMP S. Digital 2020：singapore[EB/OL].（2020-02-13）[2020-07-25]. https：//datareportal.com/reports/digital-2020-singapore.

③ TANM. Singaporeans are hooked to the net，but they remain vigilant[EB/OL] .（2020-02-13）[2020-02-14].https：//wearesocial.com/sg/blog/2020/02/digital-2020-singapore.

④ 国际在线 . 新加坡逮捕 13 名利用微信售卖走私香烟者 [EB/OL] .（2014-01-25）[2020-07-25]. http：//gb.cri.cn/42071/2014/01/25/7211s4403648.htm.

二、新加坡文化和核心价值观的重要作用

新加坡政府在促成新加坡国民意识形成的过程中，不可避免地要塑造独一无二的新加坡文化，而大众媒体在塑造新加坡文化和对外传播中起到了重要作用。

众所周知，新加坡文化与中华文化有着千丝万缕的联系，但新加坡人口中还有很多印度裔和马来裔的族群，因此人口结构的复杂性决定了新加坡文化不可能等同于中华文化。但又由于华人的主体地位，无论是 20 世纪 70 年代末的“讲华语运动”，还是亚洲价值观的提出直到最后新加坡五大价值观形成，中华文化都在新加坡文化里占据了相当主流的地位。新加坡不遗余力地传播华族文化，介绍中华文化，打造了新加坡的国家文化。经过新加坡政府四十多年的国家认同教育，以及国族意识培养，再加上远离中国，新加坡华文报纸在传播中华文化的基础上打造了新加坡文化，把它当作不同于中华文化的另一种文化，并强调对新加坡文化的认同。

当下的新加坡人并不认为华族文化就是中华文化，中华文化就是华族文化，他们的文化是新加坡文化，中华文化只是舶来品。一个最明显的例子就是新加坡人对其政治制度的理解：既充分发扬西方文明中民主、自由等价值观念，又体现东方文化中的家庭本位观念以及儒家思想的精髓（仁爱）。这种新加坡文化一开始容易受到中国人的忽略，认为新加坡文化就是中华文化，但随着《联合早报》等报纸的广泛传播，新加坡文化开始逐渐被其他国家的人所理解。

但新加坡媒体人在吸取中华文化精髓以打造新加坡文化的同时，面临一个很严肃而且技巧性极强的问题：一方面，他们必须借鉴和介绍中国文化；另一方面，他们又不得不担心过多地介绍中国文化会使新加坡及其文化成为中国的附庸，引起国人的反感。

一个理论上的解决方案是，华文报纸只把吸收中国文化作为建设新加坡国家文化的策略之一来介绍，而不通过文化介绍把新加坡与中国命运联系起来，但如何在操作层面有分寸地进行传播，却没有一套现成的具体指导方案。

随着各种新媒体技术的应用，观察家曾预测，自由化将会随之而来。20 世纪 90 年代，西方学者开始鼓吹，新媒体将逐步摆脱集中控制的束缚，并广

泛传播信息，这将导致自由言论的兴盛。然而，新媒体的影响并不像很多人希望或害怕的那样具有破坏性。经验显示，作为一种传播媒介，新媒体需要与社会政治文化相适应。

新加坡是世界上人均使用宽带、移动设备和社交媒体最多的国家之一，数以百万计的新加坡人变得更依赖社交媒体，现在的公开言论比 10 年前更有活力。但新媒体并没有改变新加坡的政治文化，新加坡人的价值观也似乎并未从根本上改变。自 1965 年新加坡独立以来人民行动党一直执政，受到公众广泛支持。新加坡法律和秩序的声誉仍然良好。

新媒体没有引发社会的自由化，是因为新加坡人的价值观。新加坡人在网上常常抱怨一些问题，但他们对政府的信任度仍然很高。通过新媒体，他们很容易和别人分享各种感受，比如公共交通上人满为患，然而，新加坡政府严格控制负面言论，注重主流价值观的弘扬和引导。新加坡的政体可以说是东西方文化和价值观念结合的产物，一方面，新加坡在政治上实行民主制度，在议会共和制度下建立稳固的文官系统，拥有代议制的国会，对政策进行公开讨论和辩论，另一方面，人民行动党是新加坡唯一的执政党，其一党优势从未受到根本性挑战。人民行动党表现出集权倾向，它牢牢掌控国家机器，政府权力渗透到社会的每一个领域，因此，政府制定一系列传媒法律不足为奇，西方国家甚至抨击过新加坡是“独裁政府”，但新加坡坚持自身的政治道路，坚决抵制全盘西化。

三、依据国情制定其传播政策

软实力（soft power）的概念由约瑟夫·奈提出，即“吸纳的、同化的权力”，不同于硬的或强制的权力。国际关系学者干脆把文化这种新的国家权力资源概括为“软实力”，以区别于传统的政治、经济和军事等有形的硬实力。而文化的载体是知识和信息，信息的意义又集中体现在传递给受众并对其产生影响。[①] 因此，国家软实力是争夺国际话语权的核心力量。具体来讲，软实力的核心是

① 李智．文化外交——一种传播学的解读 [M]. 北京：北京大学出版社，2005：51–53.

打造具有国际影响力的品牌媒体，围绕这个核心，软实力还包括以下几个方面因素：媒体自身的公信力、主流渠道、主流受众、主流信源、议程设置与框架能力。这五个方面同时也是媒体品牌的构成要素。①

在以华人为主的多元文化社会中，新加坡非常强调自身的独特性和多元性，新加坡国父李光耀也深知保持新加坡文化多元性，防止西方文化殖民对新加坡的重要性，因此，在20世纪70年代末，新加坡政府在全国范围内开展了“讲华语运动”，战略目的是防止社会过分西化，并进一步增强国家意识。为了这个行动，新加坡政府在法律、行政、经济、教育、传媒等领域采取了一系列措施。

从媒体的角度来说，当时的大众媒介被要求为社会“树良行，贬恶行”造舆论，报刊、电视、广播和电影等媒介都被调动起来，批评不良行为，大量进行正面报道，宣扬好人好事。例如，媒体经常报道几世同堂的家庭和睦相处、年轻人搀扶老人或盲人过街、民众争相献血，以及为不幸者捐款等内容。②这些现在看来显得有些稚嫩、直接的宣传手段，在当时却对新加坡社会的道德建设起到了非常有效的正面推动作用。

同时，新加坡政府积极培养媒体，目前有中文、英文、马来文种的报刊和相应语种的广播、电视，其中《联合早报》已经成为新加坡的一张重要名片，平均日发行量约为20万份。除在新加坡发行之外，《联合早报》也在中国内地、中国香港和文莱等地少量发行，目前已被公认是一份负责任、报道客观、言论公正、可信度高的报纸。《联合早报》对中国的发展持积极的态度，在华人世界享有很高的信誉。《联合早报》是唯一获准在中国大城市发行的海外华文报纸。

新加坡政府还着手制定了一系列的法律法规，如《不良出版物法》《报纸和印刷品法》《电影法》等。政府要求大众传播媒体不得宣传危及政府和政局稳定的内容；伦理道德宣传上不得有悖于东方价值观；不可违背国家利益，如支持国外势力破坏国家利益等。政府针对境外进口的图书报刊和影视、音像节目也制定了一整套审查制度和管理办法。此外，新加坡海关对出入境人员夹带的书刊和音像制品也进行审查。

---

① 李希光，郭晓科．主流媒体的国际传播力及提升路径 [J]. 重庆社会科学，2012（8）.

② 鲁虎．列国志·新加坡 [M]. 北京：社会科学文献出版社，2004：298.

新加坡的这一系列措施，可以理解为反抗模式中的“国家模式”。这种模式的特点是：举国家之力，发展有世界级影响力的媒体（如《联合早报》）；国家内部媒体联动，设置媒体议程（如“讲华语运动”）；政府给予媒体政治或经济支持。使用这种反抗模式的国家还有中国，现在中国的新华社已成为世界性大通讯社，在报道国家重要政治信息上发挥着特别的作用。《联合早报》虽然还不是世界级的报刊，但是它在华人社会已经发挥了独特的作用，正如其口号所说——第三只眼看大中华，正是这种精准的定位和厚重的使命感，成就了现在的《联合早报》，其在华人社会中的地位越来越高。总之，新加坡这种国家模式的核心竞争力是政府和媒体联动，其根本出发点是以国家之力对抗西方传媒，进行传播者竞争。就目前来看，这种措施可以说较有成效。

在新媒体蓬勃发展的背景下，新加坡人在社交媒体上越来越敢说话，新媒体在在线获取信息以及与传统大众媒体争夺统治权方面也变得更加技艺娴熟。为适应新发展形势，从 2013 年 6 月 1 日起，新加坡媒体发展管理局开始对新闻网站实施新的许可证制度，规定频繁提供本地新闻资讯且达到一定影响力的本地新闻网站需要个别申请执照，并缴纳 5 万新元（约合 4 万美元）的履约保证金，许可证将每年更新一次。需要申请执照的新闻网站要达到的标准是：连续两个月平均每周发表一篇或更多关于本地时事的报道，并且来自新加坡境内的访问量单月超过 5 万个 IP 地址且持续两个月以上。如果媒体发展管理局认为某项报道内容不当，新闻网站也将像传统媒体一样必须在接到通知后 24 小时内予以删除。

对于网络谣言，新加坡政府处置异常严厉。新加坡媒体发展管理局专门履行网络信息管理的职能，对影响种族和谐和国家安全的言论进行审查和屏蔽。如果发现网络谣言，该局会适时查处，轻者罚款，严重造谣者可能遭到诽谤罪起诉，甚至要负刑事责任。①

① 人民网．新加坡：新媒体发展与监管“两手抓”[EB/OL].（2013-09-10）[2020-07-25]. http://media.people.com.cn/BIG5/n/2013/0910/c40606-22864355.html.

四、争夺国际话语权

从媒体自身来讲，媒体公信力是媒体品牌美誉度的重要影响因素，建设主流渠道则能帮助增强国际传播的权威性和可信度。在国际传播过程中，传播主体国的主流媒体的目标受众应该被界定为社会的主流人群，这部分人群本身就是意见领袖，主流媒体能够通过影响它的受众而影响更广泛的社会群体。最后，国际传播主体国掌握主流的信源，使主流媒体具有强大的议程设置能力和影响力，而其他媒体只能转载引用主流媒体的新闻，或对主流媒体采访的信源进行进一步采访报道。

《联合早报》面向华人市场的定位让其拥有了立足新加坡和马来西亚，放眼华人世界的开阔的国际视野。在报道题材的选择上，除了报道新加坡本地新闻之外，《联合早报》还重视中国和马来西亚的新闻，并且一贯以客观公允的“第三只眼”的态度来审视华人社会特别是中国的发展。

从媒体自身的公信力来说，《联合早报》秉持了其一贯的“不夸张、不渲染、不武断、不歪曲”的原则，叙事准确简洁，多用客观性语言，不炒作，更不媚俗，有的只是一份严肃报纸应有的稳健与厚重，尤其是《联合早报》上的评论和言论，以国际视野，条分缕析，风格轻松活泼，观点独树一帜，常常被世界其他报刊引用。

《联合早报》一直在宣传国家大政方针，倡导积极进取的社会价值观，以增强国家凝聚力，这种坚持也促使《联合早报》成为新加坡国际传播媒介中的佼佼者。新加坡的开国领导人李光耀认为，一份报纸能影响一个国家的政治，他说：“报章自由和新闻媒体的自由必须服从新加坡的首要需求，也须服从民选政府的首要职责。”①

五、传播本国文化与核心价值体系

民族国家（nation-state）是西方政治学界用来定义现代国家的一个基本概

---

① 李光耀．李光耀回忆录 [M]. 新加坡：世界书局，2000：221.

念，强调了现代国家中国家权力和民族性相结合这一基本特征。新加坡是一个多民族国家，华族、马来族和印度族是新加坡的三大民族，这三大民族内部又分成不同的群体。新加坡各民族人数不等，肤色各异，文化传统更各自迥异，如何使各民族和睦相处并积极参与国家建设，是摆在执政党——新加坡人民行动党面前的一大难题。面对新加坡复杂的人口结构，李光耀在建国初期就强调："不论民族、语言、宗教、文化（如何），每个国民都首先有国家意识，都要认同我是新加坡人。"从 1988 年起，新加坡每年都开展"国民意识周"活动，培养人们的爱国情感并增强人们的国家意识。政府鼓励向新的、统一的民族文化演变，同时也实行多元文化的政策，保留、保护和发扬各民族的传统文化，以保证民族和睦、社会和谐和国家安定。①

众所周知，民族共同体的构成要素，除了有共同的语言、共同的生活地域、共同的经济基础、共同的社会制度和文化传统之外，更需要有共同的心理素质和价值观念，而最后一点是一个民族最为核心的构成要素。

新加坡在经过经济高速发展成为"亚洲四小龙"之一后，更加注重文化和价值观建设，这是为了进一步加强新加坡国民的国家意识，更是为了抵御西方文化的不良影响可能带来的一系列社会问题。新加坡人在发展经济的过程中逐渐意识到，东方社会的传统文化特色是经济奇迹得以创造出来的因素之一，而正如前文所说，新加坡社会里的大多数人为华人，所以新加坡在倡导东方价值观时，主要借鉴了中华传统文化尤其是儒家思想精华。

1982 年 2 月，新加坡正式提出学习和发扬儒家思想，将儒家思想作为"治国之纲"和社会道德标准。同年 10 月，政府通过报纸、电台、电视台等大众媒介对儒家思想现代化这个课题展开全面、公开的讨论，并成立儒家伦理教育委员会。值得注意的是，新加坡在继承儒家思想精华的同时也吸收国内其他民族和世界其他国家的优秀文化，把儒家思想现代化、新加坡化。儒家倡导的"忠、孝、仁、爱、礼、义、廉、耻"成为新加坡人必须坚持和发扬的"八种美德"，也是新加坡政府必须遵照执行的"治国之纲"。

1988 年后，新加坡的传统道德教育进入了一个新阶段：在吸收和继承儒

---

① 鲁虎 . 列国志·新加坡 [M]. 北京：社会科学文献出版社，2004：10.

家思想精华的基础上，新加坡开始强调“亚洲价值观”。李光耀认为，新加坡如果要避免成为一个“伪西方社会”，就必须注意保持两个基本价值观：“一是社会高于人；二是家庭是社会的核心。”其后，新加坡的领导人都在尝试将亚洲价值观提升为国家意识，以凝聚国人并发扬东方文化精髓于社会建设之中，最终新加坡形成了五大价值观：国家至上，社会为先；家庭为根，社会为本；关怀扶持，同舟共济；求同存异，协商共识；种族和谐，宗教宽容。

新加坡对儒家文化的继承和发扬以及其亚洲价值观的形成，不仅对本国建设有利，更对其他华人社会产生了重要影响。这种海外影响力的产生首先要有文化同根同源的基础，另外，还有重要的一点就是这种价值观念通过新加坡大众传播媒介的国际传播渠道被有效传播到其他华人社会，有效性主要体现在成功塑造了新加坡国家文化，并使其得到了国际社会的认同。

结 论 打造新兴大国的国际传播力

第一节 新兴大国的国际传播力建设

中国只有提高对传统媒体和新媒体的运用能力，才能在国际传播阵营中争得一席之地。传统媒体与新媒体应相互助力，媒介融合是中国媒体做大做强的必经之路。传统媒体要加快数字化、网络化进程，新兴媒体要依靠传统媒体强大的新闻生产能力谋求健康快速发展。新媒体时代，中国应抓住机遇，打造能与国家综合实力相当的传媒实力。同时，中国应向西方主流媒体借鉴经验，建设强大且有品牌的传媒集团，争取国际社会话语权。

新媒体时代，中国必须加快构建新型主流媒体，着力突破传统手段、单一媒体的发展局限，积极拓展传播渠道，丰富媒体形态。中国必须高度重视新媒体的运用和管理，抓紧做好顶层设计，推动媒体融合发展，同时，要坚持一体化发展方向，通过流程优化、平台再造，实现各种媒介资源、生产要素有效整合，实现信息内容、技术应用、平台终端、管理手段共融互通，从而打造一批具有强大影响力、竞争力的新型主流媒体。随着市民社会崛起，新媒体技术使公共空间迅速扩展，导致文化多样性，价值和思想多元化。中国主流新闻媒体转型、创新，总体势头不错，但辐射力、影响力、传播力较弱，不足以与西方强势媒体抗衡。中国必须逐步完善传媒体制，建立多元化的对外传播渠道，以实现有效传播，提高国家软实力。

在当前国家国际交往综合实力既定的情况下，公共外交和文化外交渠道可以为制定新的话语规则和开展新的话语实践活动赢取更大的空间。中国在话语权方面可以借鉴美国公共外交和新加坡在维护国家利益、宣传国家核心价值观方面的经验。由于网络媒体和社交媒体的推动，用户的参与度提升，公共外交进一步社会化，外交工作的内涵和影响力被充分扩大。国家对外传播行为和公共外交紧密结合，必然使得软力量的核心因素发挥作用。国家软实力的提升能大大增强综合国力。新媒体时代的文化外交已经从载体角色转换为主体，中国公共外交的实践也以文化交流为主，比起媒体传播，文化传播有时能产生意想不到的效果。

中国经济实力的增强给文化外交赋予了更多机会。中国应对中华文化进行评估和定位，并积极采取措施展开国际文化传播。孔子学院在世界各地快速发展，已成为中国公共外交的新手段和提升国家形象的有效途径。但是，孔子学院与国家整体传播战略的契合度有待提高，孔子学院自己的定位和职能仍需明确，以便更好地发挥对中国外交的辅助作用，增强文化传播的效果。民族国家的核心价值观通过大众媒介的有效传播，能成功塑造国家文化和价值体系，并改善国家形象。

全球化局面决定了国际话语权的竞争很多时候也表现为传统文化和价值观的竞争。话语权是通过话语所包含的概念、逻辑、价值观、意识形态等因素产生的影响力。文化是一个国家的精神和灵魂，价值观念是一个民族最为核心的构成要素。弘扬中华文化能加强中国民众的国家意识，更能抵御西方文化的大举入侵。对外文化传播更是增强国家软实力、实现“中国梦”这一核心价值观的必然途径。

第二节　提升中国国际传播力的对策和建议

新媒体时代的大背景下，国际传播环境的巨大变化给广大发展中国家，尤其是中国开辟了新的博弈空间。作为崛起中的大国，我国在提高国际传播力方面有了长足进步，在国家形象塑造和改善国际舆论环境方面取得了重要成效。但相对于经济建设和国家整体发展来说，国际传播力仍显薄弱。我国的国际传播力，在传播技巧、传播方法、传播理念上已经有了很大提升，但也有很大的改进空间，具体表现在以下几方面。

（1）我国已经开始从顶层设计上构建新型主流媒体，主流媒体运用新媒体技术，在融合中发展已经非常普遍，广大受众通过新媒体技术接收信息也已经很普遍。传统媒体运用新媒体技术就等于为自己增加了一条生命力强劲的传播途径和一个新的经济增长点，传统媒体的价值因此能够得到充分发挥。

2008 年北京奥运会时，根据清华大学媒介调查实验室的数据，有超过 65%的网民通过腾讯 QQ 获知了关于中国代表团首金的消息。十年过去了，腾讯公司的微信延续了 QQ 的新知速递和小众交流的优势。据《中国新媒体发展报告 No.11（2020）》显示，手机媒体已是人们最重要的获取新闻信息的渠道，只从传统媒体中获取新闻信息者极少。以微信、抖音为代表的社交媒体是人们获取新闻信息最重要的渠道，微信是用户最多、覆盖面最广的新闻信息获取平台。截至 2019 年，微信月活跃账户数 11.51 亿，同比去年的 10.83 亿上升 6%。①

我国在硬件水平得到较大提升的基础上，需要增强软力量，中国的软实力建设，从内容到形式 、从方法到组织机制有很多工作需要深化。

在传播能力方面，传统媒体采访和制作等优势被诸如抖音、快手等新的播出平台激活，传统媒体的价值被重新认识。而内容是传播的灵魂，更是新媒体时代新闻传播的灵魂，没有高质量、大量的内容支撑，新媒体同样无法发展。②

在传播对象方面，国际传播的主要对象除了英美等西方发达国家外，也不可忽视其他国家，尤其是其他发展中国家，这对营造舆论环境必有益处。在传播方法方面，有效的国际传播，能批驳“中国威胁论”“中国崩溃论”“中国责任论”，必须善用巧实力传达中国的基本取向和理念。

（2）中国国际传播要按照实际国情来制定发展战略。根据半岛电视台和新加坡办国家媒体的经验可见，传播战略的制定要尊重国家的历史，传播战略

① 凤凰网 . 手机成最重要新闻信息来源 [EB/OL].（2020-07-22）[2020-08-08]. https：//tech.ifeng.com/c/7yJkvIUJffc.

② 高有祥 . 新媒体环境下的电视新闻传播 [J]. 中国广播电视学刊，2008（5）.

要按照国家发展规律稳步推进。

在国际传播手段方面，传播信息要做到全面、真实、客观，注重受众的差异性和传播信息的针对性。传统媒体在发挥原有优势的基础上，通过和新媒体的融合来提高综合能力。中国正逐步建立自己的主流媒体品牌，以提高国际话语权和舆论影响力。

新媒体时代，电视新闻要尝试新的表现方法，新闻传播应该做到更迅速、更开放、更透明。中国新闻媒体只有在今后面对任何不利于中国的消息和事件时，都能游刃有余地驾驭新闻报道，才算真正成熟了。[①]

新媒体时代新闻的播出渠道多了，播出新闻的形式和方法多了，但新闻的政治属性没有变。网络的虚拟空间特征决定了其自由性，传统媒体和新媒体融合和合作时，始终要注意传播的导向，坚持维护新闻真实性的基本原则。

（3）考量中国的国际传播力，媒体传播在概念和数据两个方面的“覆盖”和“落地”并不能完全反映出真实的效果。媒体传播信息只是塑造国家形象的一个方面，良好的国家形象是多种复杂因素综合作用的结果。公共外交和文化外交是国际传播的重要力量。

中国构建软实力，更多是为营造良好的国际发展环境和国际舆论环境，赢得国际社会的认可和尊重。中国要提升软实力，必须完善外交战略、塑造良好的国家形象，还要大力开发文化资源。

中国文化传播的平台自建立以来发展很快，以新媒体为依托的孔子学院不仅丰富了教学形式，形成了线下与线上教学、广播及移动多媒体教学相结合的教学系统，也极有力地拓展了孔子学院的覆盖范围，增强了孔子学院在语言教学与国际传播方面的能力，但孔子学院在传播我国核心价值体系方面有许多工作可以深化。

公共外交和文化外交方面我国需要加强文化形象的塑造。文化是国家的“无形资产”和软实力，是一个国家和民族形象的体现。文化在国家发展中发挥着重要作用，文化形象是一国国家形象的核心，是一个国家的民族精神。我国在传播文化过程中必须深化国家意识，重视国家形象的塑造，善于利用新媒体这

① 郭镇之．后奥运时代的中国新闻传播[J]．新闻与写作，2008（9）．

一重要平台。

（4）要想中国国际传播力获得提升，需要充分发挥巧实力的重要作用。媒体的“软实力”可以理解为对硬实力的驾驭、使用能力，即将资源实力转化为传播实力的能力。传播实力指的是电视机构的节目能够传播的地区范围以及连续报道的时间长度和更新的速度。[①]利用自身的硬实力和软实力，在最小的资源消耗下获得最大的效果回报，就是“巧实力”，它体现在品牌运作、传播效果、经营管理等方面。我国在进行新闻传播和文化传播时要善于使用巧实力达到传播效果。

巧实力既不是硬实力，也不是软实力，是运用硬实力和软实力的整体战略，是对硬实力和软实力的巧妙使用。研究美国外交政策我们可以发现，“巧实力”作为美国外交战略其可以起到扩大国家影响力和实现国家行为合法化的作用。美国前国务卿希拉里对巧实力思想有过很恰当的诠释：“在我们应对问题的所有手段中，外交的、经济的、军事的、政治的、法律的和文化的手段，我们应该根据每一个具体情形而选择恰当的手段或者综合使用多种手段。”[②]奥巴马政府在地区安全、气候能源等问题上的做法，提升了美国国家形象，增强了美国领导世界的软实力，也展现了巧实力的作用。[③]所以说，我国在主流媒体传播战略和公共外交战略中也要充分发挥巧实力的重要作用。

（5）提升中国国际传播力的同时不可忽视对中国品牌的传播，中国的国民和中国的产品也是中国形象的主体。厦门大学陈陪爱教授在 2014 年 3 月的首届“中国传播能力建设”创新与发展学术研讨会上指出，“新闻信息传播、文化传播和产品品牌形象传播是增强中国国际传播能力的三个平台”。中国制造和中国品牌传播值得深入研究和探讨。

（6）国际传播的诸多问题，往往是各国博弈的结果，中国的国际传播学

---

① 王朋进. 国际一流电视媒体的硬实力、软实力与巧实力——以 BBC、CNN 等为例 [J]. 中国电视，2011（7）.

② CLINTON H R. Statement of senator Hillary Rodham Clinton，nominee for Secretary of State，senate foreign relations committee [EB/OL].（2009-01-13）[2020-08-08]. http：//www.state.gov/secretary/rm/2009a/01/115196.htm.

③ 张成豪. 从软实力到巧实力——试析约瑟夫・奈实力思想的新发展 [J]. 华中师范大学研究生学报，2012（3）.

者对此应有清晰的认识。传播中国的核心价值观是提升国际传播力的核心。

中国国际广播电台原台长王庚年提出争夺国际话语权的关键因素是中国的核心价值。① 核心价值对国家话语权具有统摄力，是国际话语权的价值源泉。② 只有突出自己的核心价值——中国价值，中国国际传播才能在国际舆论竞争中占有主导地位。王庚年认为，“中国梦”是中国核心价值体系的载体。美国的核心价值传播以英语语言为先导，而强大的经济实力是其依托。美国的政治制度和价值观以美国文化为载体，披上娱乐的外衣，以生活方式的手段，通过商业或者新型的科学技术实现广泛传播。③

中国国际传播要谨记“中国梦”。习近平同志在 2013 年 3 月 17 日的十二届全国人大一次会议闭幕会上进一步指出：“实现中华民族伟大复兴的中国梦，就是要实现国家富强、民族振兴、人民幸福。中国梦归根到底是人民的梦。”正如美国梦是指实现自由、民主、平等的国家理想和个人通过努力奋斗便能获得更好生活的理想。中国梦是“强盛中国梦”“法治中国梦”“文明中国梦”“和谐中国梦”“美丽中国梦”与“幸福中国梦”组成的“5+1”立体结构的中华民族伟大复兴的中国梦。从国际视野的角度来看，实现世界大同与实现中华民族伟大复兴，是一般与特殊的关系，世界上没有放之四海而皆准的发展道路，与美国梦、欧洲梦、亚洲梦以及非洲梦等相比，中国梦突出了人类社会共同的合规律性和中国特色的目标性，体现了人类社会发展的基本规律。④

中国梦也是国家文化软实力的重要组成部分。中国梦的塑造考虑到了世界多极化、经济全球化发展进程中世界经济格局的深刻变化，以及文化多样化、社会信息化推进，科技革命新突破，全球合作新拓展等复杂背景和形势。⑤ 中国梦体现了我国在国际关系中弘扬平等互信、包容互鉴、合作共赢精神，倡导共同维护国际公平正义。各国都要遵循联合国宪章宗旨和原则，坚持国家不分大小、强弱、贫富一律平等，尊重世界文明多样性、发展道路多样化，推动国

① 王庚年．中国国际传播的三重境界 [J]. 中国广播电视学刊，2013（11）.

② 张志洲．中国国际话语权的困境和出路 [J]. 绿叶，2009（5）.

③ 王庚年．中国国际传播的三重境界 [J]. 中国广播电视学刊，2013（11）.

④ 孟东方，王资博．中国梦的内涵、结构与路径优化 [J]. 重庆社会科学，2013（5）.

⑤ 孟东方，王资博．中国梦的内涵、结构与路径优化 [J]. 重庆社会科学，2013（5）.

际关系民主化，推动人类文明进步，维护世界和平稳定，增进人类共同利益。①

中国梦是对具有普世性的中国文化价值的通俗化表述，是一种国际化地体现了中国文化精神的人类共识，它对中国文化价值做出了世界性的新诠释，并参与世界文化秩序的重构，寻求在全球发展中做出积极贡献。②中国梦展示出中国对于当今世界的重大意义在于，它是推动世界经济、政治、文化发展的重要力量，是维护全球和平、安宁和实现人类幸福的重要力量。③

树立“中国梦”的核心价值理念的传播能实现硬实力和软实力的统一，能推动经济发展的硬实力与公共外交和文化外交的软实力的提升。中国梦是中国国民形象的树立过程，“文化中国”的国际形象能增强国家“软实力”和提高国家的国际影响力。

新媒体时代，中国的国际传播要抓住机遇、化解挑战，在塑造国家形象和传播“中国梦”的核心价值时注重真实地展示过程中特有的复杂性，将经济优势转化为话语影响力和舆论引导力，并在国际舆论中树立客观、公正的中国形象。

新时代要实现“中国梦”，就需要打造一支新型主流媒体舰队。在互联网背景下，传统媒体面临着冲击，同时也拥有新技术为信息传播提供的巨大潜力，以及新传播模式带来的强大张力。数字化转型已经成为目前我国新型主流媒体谋求生存与发展的共识，在这样的背景下，我国主流媒体进行了不同方向的探索与尝试。依托报业集团核心资源优势，立足媒体主业，建设新闻网站和“两微一端”，进军新媒体，推动融合发展，正成为传统主流媒体的自觉行动。④

① 习近平．共同谱写中非人民友谊新篇章——在刚果共和国议会的演讲 [N]. 人民日报，2013-03-03（1）.

② 金元浦．中国梦的文化源流与时代内涵 [J]. 学术前沿，2013（4）.

③ 金元浦．中国梦的文化源流与时代内涵 [J]. 学术前沿，2013（4）.

④ 梁国典．媒体融合转型与新型主流媒体建设研究 [J]. 传媒，2019（13）：66-70.

结　语

本研究将中国国际传播力的问题置于互联网产生后的新媒体大环境下。伴随网络媒体和社交媒体的普及，经济和政治全球化下的国际形势和传媒形势都发生了深刻变化。西方发达国家凭借经济实力和对信息传播技术的掌控，通过议程设置，在国际舆论战中占得先机。中国迫切需要提高国际传播能力，和其他广大发展中国家一起打破西方舆论垄断，促进世界信息传播秩序公正合理发展。本书从系统分析国际传播的战略目标入手，分别从媒体战略和外交战略两个方面探讨中国的国际传播问题，试图充分论证提升国际传播能力的途径和方法。

然而，国家是个综合系统，对国家传播行为的研究考证必然有一定的难度。中国作为一个发展中的大国，提升国际传播力所面对的问题和挑战纷繁复杂，本书的不足之处在所难免。由于新媒体传播的研究范围很广，笔者在文献综述部分虽然力求重点突出，依然会有遗漏。在媒体战略的研究方法和案例选择上，笔者的理解力还有待提高。在公共外交和文化外交的论证过程中，笔者的国际政治理论依然有所欠缺。最后，由于篇幅有限，笔者对中国国际传播力的对策研究旨在建设性的突破，但是可操作和实施的范围仍然有限。

根据以上不足，笔者认为在未来的研究中需要改进探索的问题可有如下几点：

（1）进一步完善理论框架，扩充国际政治和国际经济方面的专业论证。（2）以不同类型的媒体案例和典型国家为研究对象，增加研究方法，让实证研究更细致严谨，为进一步的量化研究做准备。（3）增加对英文资料的收集，增强理论的深度和厚度。

谨以此自勉，并作为全书的结语。

参考文献

中文文献：

[1] 敖福军 . 对民族国家理论的反思 [J]. 经济研究导刊，2009（33）：208-209.

[2] 鲍立泉 . 数字传播技术发展与媒介融合演进 [D]. 武汉：华中科技大学，2010.

[3] 蔡盈洲 . 新媒体时代的信息传播 [J]. 新闻界，2007（6）：104-105.

[4] 曹博林 . 社交媒体：概念、发展历程、特征与未来——兼谈当下对社交媒体认识的模糊之处 [J]. 湖南广播电视大学学报，2011（3）：65-69.

[5] 陈卫星 . 传播的观念 [M]. 北京：人民出版社，2004.

[6] 陈宪光 . 当代国际关系教程 [M]. 北京：知识产权出版社，2007.

[7] 陈大正 . 交际文化学 [M]. 武汉：华中理工大学出版社，1996.

[8] 陈默 . 媒介文化：互动传播新环境 [M]. 北京：北京师范大学出版社，2010.

[9] 陈寒溪，肖欢容 . 国际政治结构：概念的批判 [J]. 外交评论（外交学院学报），2009，26（4）：63-71.

[10] 程曼丽，王维佳 . 对外传播及其效果研究 [M]. 北京：北京大学出版社，2011.

[11] 程曼丽 . 信息全球化时代的国际传播 [J]. 国际新闻界，2000（4）：17–21.

[12] 程曼丽 . 国际传播学教程 [M]. 北京：北京大学出版社，2006.

[13] 程雪峰，张斌 . 论媒介全球化和国际传播的“软切入”[J]. 长春师范学院学报，2006（3）：13–15.

[14] 董毅 . 从“文明冲突论”看中国国际传播的“软危机”[D]. 武汉：华中科技大学，2006.

[15] 段鹏 . 中国广播电视国际传播策略研究 [M]. 北京: 中国传媒大学出版社，2013.

[16] 段鹏 . 国家形象建构中的传播策略 [M]. 北京：中国传媒大学出版社，2007.

[17] 段鹏 . 电视品牌战略研究 [M]. 北京：中国传媒大学出版社，2007.

[18] 段鹏 . 政治传播：历史、发展与外延 [M]. 北京：中国传媒大学出版社，2011.

[19] 段鹏 . 传播效果研究——起源、发展与应用 [M]. 北京：中国传媒大学出版社，2008.

[20] 杜巍 . 孔子学院与歌德学院在文化推广方面的比较研究 [D]. 杭州：浙江大学，2013.

[21] 高飞 . 公共外交的界定、形成条件及其作用 [J]. 外交评论（外交学院学报），2005（3）：105–112.

[22] 宫承波 . 新媒体概论 [M]. 北京：中国广播电视出版社，2009.

[23] 宫玉萍，赵刚 . 国际传播中的“软权力”与信息控制权 [J]. 当代世界，2007（10）：45–46.

[24] 关世杰 . 跨文化交流与国际传播研究 [M]. 北京：中国社会科学出版社，2011.

[25] 关世杰 . 人类文明中的秩序、公平公正与社会发展 [M]. 北京：北京大学出版社，2009.

[26] 关世杰 . 国际传播学 [M]. 北京：北京大学出版社，2004.

[27] 郭可 . 当代对外传播 [M]. 上海：复旦大学出版社，2003.

[28] 黄琳，王春燕 . 媒介议程设置与美国外交决策 [J]. 世界经济与政治论坛，2002（3）：83–85.

[29] 何道宽 . 媒介即文化——麦克卢汉媒介理论批评 [J]. 现代传播（北京广播学院学报），2000（6）：25–31.

[30] 韩方明 . 公共外交概论 [M]. 北京：北京大学出版社，2011.

[31] 陈卫星，胡正荣 . 全球化背景下的广播电视——广播电视发展国际学术研讨会文集 [M]. 北京：北京广播学院出版社，2001.

[32] 胡正荣 . 新媒体前沿 2012[M]. 北京：社科文献出版社，2012.

[33] 黄金辉，丁忠毅 . 中国国家软实力研究述评 [J]. 社会科学，2010（5）：31–39，187–188.

[34] 李彦冰，荆学民 . 国家形象传播研究的几个问题 [J]. 国际新闻界，2010，32（6）：118–122.

[35] 金元浦 ."中国梦"的文化源流与时代内涵 [J]. 人民论坛·学术前沿，2013（7）：48–57.

[36] 鲁虎 . 列国志：新加坡 [M]. 北京：社会科学文献出版社，2004.

[37] 李定 . 中美早期外交史 [M]. 北京：北京大学出版社，1997.

[38] 李希光，杜涛 . 国际传播中的宣传模式与抵抗模式 [J]. 当代传播，2009（4）：11–13.

[39] 李希光，郭晓科 . 主流媒体的国际传播力及提升路径 [J]. 重庆社会科学，2012（8）：5–12.

[40] 李希光 . 软实力与中国梦 [M]. 北京：法律出版社，2011.

[41] 李希光，周庆安 . 软力量与全球传播 [M]. 北京：清华大学出版社，2005.

[42] 李智 . 文化外交——一种传播学的解读 [M]. 北京：北京大学出版社，2005.

[43] 李宝林 . 半岛电视台在中东崛起 [J]. 山东视听，2003（8）：32–34.

[44] 李光耀 . 李光耀回忆录 [M]. 新加坡：世界书局，2000.

[45] 李舒东，等 . 国际一流媒体研究 [M]. 北京：世界知识出版社，2013.

[46] 李良荣 . 新传播形态下的中国受众 [M]. 上海：复旦大学出版社，2013.

[47] 李良荣 . 当代西方新闻媒体 [M]. 上海：复旦大学出版社，2003.

[48] 梁伯华 . 近代中国在世界的崛起：文化、外交与历史的新探索 [M]. 武汉：武汉大学出版社，2011.

[49] 刘耐霞，乔哲 . 从半岛电视台看发展中国家如何提高国际传播力 [J]. 湖北广播电视大学学报，2008（9）：68–69.

[50] 刘国强 . 从国际传播到全球传播的范式转换 [J]. 新闻爱好者，2010（10）：6–7.

[51] 刘建明 . 媒介全球化的价值宝库 [J]. 国际新闻界，2001（6）：53–58.

[52] 刘高阳 . 新媒体在政治传播中发挥的优势——从美国总统大选看新媒体的传播功能与效果 [J]. 中外企业家，2010（6）：235–236.

[53] 刘继南 . 大众传播与国际关系 [M]. 北京：北京广播学院出版社，1999.

[54] 刘继南 . 国际传播与国家形象：国际关系的新视角 [M]. 北京：北京广播学院出版社，2002.

[55] 刘继南，何辉 . 中国国家形象的国际传播现状和对策 [M]. 北京：中国传媒大学出版社，2006.

[56] 刘继南 . 国际传播——现代传播论文集 [C]. 北京：北京广播学院出版社，2000.

[57] 刘伟 . 试析美国媒介外交 [D]. 南京：南京师范大学，2006.

[58] 刘云山 . 回顾与展望 [J]. 求是，2009（1）：7–14.

[59] 马胜荣，唐润华 . 新闻媒介的融合与管理：一种业界视角 [M]. 重庆：重庆大学出版社，2010.

[60] 梅琼林，连水兴 . 媒介、民族国家与软实力的悖论 [J]. 学习与探索，2010（1）：48–51.

[61] 孟东方，王资博 . 中国梦的内涵、结构与路径优化 [J]. 重庆社会科学，2013（5）：12–23.

[62] 孟晓驷 . 中国：文化外交显魅力 [N]. 人民日报，2005–11–11（7）.

[63] 倪世雄，等 . 当代西方国际关系理论 [M]. 上海：复旦大学出版社，2001.

[64] 潘一禾 . 文化与国际关系 [M]. 杭州：浙江大学出版社，2005.

[65] 彭伟步 . 新马华文报文化、族群和国家认同比较研究 [M]. 广州：暨南大学出版社，2009.

[66] 邱戈 . 中国传播学新媒体研究理论的焦虑 [J]. 当代传播，2009（2）：28–31.

[67] 孙伟平 . 信息时代民族国家面临的挑战与出路 [J]. 山东社会科学，2010（9）：15–19.

[68] 申琰 . 互联网与国际关系 [M]. 北京：人民出版社，2012.

[69] 石岩妍 . 从“网络社会理论”管窥卡斯特利斯传播思想 [D]. 保定：河北大学，2009.

[70] 唐润华，吴长伟，文建 . 传播能力再造：新媒体时代的世界性通讯社 [M]. 合肥：安徽大学出版社，2012.

[71] 唐佳梅 . 从“对外宣传”到“公共外交”：改革开放三十年我国对外报道的思路演进 [J]. 广东外语外贸大学学报，2008，19（6）：30–33.

[72] 田智辉 . 论新媒体语境下的国际传播 [J]. 现代传播（中国传媒大学学报），2010（7）：39–42.

[73] 王沪宁 . 作为国家实力的文化：软权力 [J]. 复旦学报（社会科学版），1993（3）：91–96，75.

[74] 王庚年 . 中国国际传播的三重境界 [J]. 中国广播电视学刊，2013（11）：29–31.

[75] 王庚年 . 让中国更好融入世界 [J]. 中国广播电视学刊，2014（1）：10–12.

[76] 王庚年 . 中国国际传播的现状和发展趋势 [N]. 人民日报，2013–09–12（7）.

[77] 王庚年 . 当代世界的国际传播 [J]. 中国广播电视学刊，2011（11）：5–7.

[78] 王庚年 . 着力统筹十大关系　全面提升国际传播能力 [J]. 中国广播电视学刊，2010（2）：8–10.

[79] 王庚年 . 新媒体国际传播研究 [M]. 北京：中国国际广播出版社，2012.

[80] 王庚年 . 国际舆论传播新格局研究 [M]. 北京：中国国际广播出版社，2013.

[81] 王庚年 . 媒体品牌战略研究 [M]. 北京：中国国际广播出版社，2013.

[82] 王庚年 . 国际传播发展战略研究 [M]. 北京：中国国际广播出版社，2006.

[83] 王靖华 . 新加坡对大众传媒的法律管制 [J]. 东南亚纵横，2005（2）：33–37.

[84] 王军旗 . 新媒体环境下国家形象的生成 [D]. 上海：上海外国语大学，2009.

[85] 王玉兰 . 全球传播与国际关系媒介化风险 [D]. 西安：陕西师范大学，2007.

[86] 王逸舟 . 全球政治与中国外交 [M]. 北京：世界知识出版社，2003.

[87] 王逸舟 . 国家利益再思考 [J]. 中国社会科学，2002（2）：160–170，208.

[88] 韦路，严燕蓉 . 媒介：讯息还是权力？——对麦克卢汉“媒介即讯息”的再思考 [C] // 复旦大学信息与传播研究中心，复旦大学新闻学院，中国新闻教育学会传播学研究分会，等 . 全球信息化时代的华人传播研究：力量汇聚与学术创新——2003 中国传播学论坛暨 CAC/CCA 中华传播学术研讨会论文集：上册 . 上海：中国传播学论坛，2004：186–194.

[89] 吴元华 . 华语文在新加坡的现状及前景 [M]. 新加坡：创意圈出版社，2004.

[90] 吴瑛 . 孔子学院与中国文化的国际传播 [M]. 杭州：浙江大学出版社，2013.

[91] 肖欢容 . 亚洲地区主义的理论解释 [J]. 亚太经济，2003（6）：66–68，42.

[92] 熊德 . 中国新闻电视媒体跨国传播能力研究 [D]. 武汉：武汉理工大学，2012.

[93] 熊澄宇，金兼斌 . 新媒体前沿 [M]. 北京：清华大学出版社，2012.

[94] 熊澄宇 . 媒介史纲 [M]. 北京：清华大学出版社，2011.

[95] 阎学通 . 中国国家利益分析 [M]. 天津：天津人民出版社，1996.

[96] 殷晓蓉 . “媒介帝国主义”和“数字鸿沟”——概念内涵及其时代意

义的分析比较 [C] // 复旦大学信息与传播研究中心，复旦大学新闻学院，中国新闻教育学会传播学研究分会，等 . 全球信息化时代的华人传播研究：力量汇聚与学术创新——2003 中国传播学论坛暨 CAC/CCA 中华传播学术研讨会论文集：上册 . 上海：中国传播学论坛，2004：195-203.

[97] 张国庆 . 媒体话语权——美国媒体如何影响世界 [M]. 北京：中国人民大学出版社，2012.

[98] 张志洲 . 中国国际话语权的困境和出路 [J]. 绿叶，2009（5）：76-83.

[99] 张咏华 . 媒介分析：传播技术神话的解读 [M]. 上海：复旦大学出版社，2002.

[100] 赵可金 . 公共外交的理论与实践 [M]. 上海：上海辞书出版社，2007.

[101] 赵月枝 . 从全球视野审视中国传播与权力的关系：国家、市场和社会——兼论中国传播研究的理论框架 [J]. 传播与社会学刊，2007（7）.

[102] 赵月枝 . 传播与社会：政治经济与文化分析 [M]. 北京：中国传媒大学出版社，2011.

[103] 赵刚，肖欢 . 国家软实力 [M]. 北京：新世界出版社，2010.

[104] 赵启正 . 公共外交与跨文化交流 [M]. 北京：中国人民大学出版社，2011.

[105] 赵雪波 . 传媒视野中的国际关系 [M]. 北京：中国传媒大学出版社，2006.

[106] 周启朋，杨闯 . 国外外交学 [M]. 北京：中国人民公安大学出版社，1990.

[107] 朱炳元 . 全球化与中国国家利益 [M]. 北京：人民出版社，2003.

[108] 奈 . 软权力与硬权力 [M]. 门洪华，译 . 北京：北京大学出版社，2005.

[109] 小约翰 . 传播理论 [M]. 陈德民，译 . 北京：中国社会科学出版社，1999.

[110] 尼葛洛庞帝 . 数字化生存 [M]. 胡泳，范海燕，译 . 海口：海南出版社，2000.

[111] 宾伯 . 信息与美国民主：技术在政治权力演化中的作用 [M]. 刘钢，等译 . 北京：科学出版社，2011.

[112] 菲德勒 . 媒介形态变化：认识新媒介 [M]. 明安香，译 . 北京：华夏出版社，2000.

[113] 查德威克 . 互联网政治学: 国家、公民与新传播技术 [M]. 任孟山，译 . 北京：中国传媒大学出版社，2010.

英文文献：

[1] ALTSCHULL J H. Agents of power： the role of the news media in human affairs [M]. New York： Longman Press, 1984.

[2] ARNO A, DISSANAYAKE W. The news media in national and international con ict [M]. Boulder , CO ： Westview Press，1984.

[3] ARTZ L, KAMALOPOUR Y R. The globalization of corporate media hegemony [M]. New York： State University of New York Press，2003.

[4] BENNETT B L. News： the politics of illusion, 5th ed. [M]. New York： Longman Press，2003.

[5] OHL C M .World report： information，freedom and censorship[J]. Public Relations Review，1989，15（1）：91-92.

[6] CHEN G M . Problems and prospect of Chinese communication study[M] // JIA W, LU X，HEISEY D R. Chinese Communication theory and research. Westport and London： Ablex Publishing，2002.

[7] GORMAN L，MCLEAN D . Media and society in the twentieth century ： a historical introduction[M]. UK： Blackwell, 2003.

[8] HERMAN E S，MCCHESNEY R W. The global media： the new missionaries of corporate capitalism [M]. London and Washington： Cassell，1997.

[9] HJARVARD S. Media in a globalized society [M]. Copenhagen： Museum Tusculanum Press，2003.

[10] KURLANTZICK J. Charm offensive：how China's soft power is transforming the world [M]. New Haven，CT：Yale University Press，2007.

[11] LEONARDM. Public Diplomacy [M]. London：The Foreign Policy

Centre, 2002.

[12] LIN J. The gap between China's media policies and WTO guidelines: how far to go [M]//DEMERS D.Terrorism, Globalization & Mass Communication. Washington: Marquette Books, 2002.

[13] MCDANLEL D. Electronic tigers of southeast Asia: the politics of media, technology, and national development[M]. Iowa : Iowa State University Press, 2002.

[14] MELKOTE S, STEEVERS H L. Communication for development in the third world: theory and practice for empowerment [M]. London: Sage, 2007.

[15] PRAKASH A, HART J A. Globalization and governance[M]. New York: Routledge, 1999.

[16] REDL A, SIMONS R . Chinese media — one channel, two systems[M]//POLUMBAUM J, DONALD S H, KEANE M, et al. Media in China consumption, content and crisis. London: Routledge Curzon, 2002.

[17] SCHILLER D. How to think about information [M]. Urbana: University of Illinois Press, 2007.

[18] SERVAES J. Communication for development: one world, multiple cultures [M]. Cresskill, NJ: Hampton Press, 1999.

[19] SUN Z B. Communication studies in China: state of the art [M] // JIA W, LU X, HEISEY D R. Chinese communication theory and research. Westport and London: Ablex Publishing, 2002.

[20] STREET J. Mass media, politics and democracy[M]. New York: PALGRAVE Press, 2001.

[21] SYLVIA M C, CHANG B. Diversification strategy of global media conglomerates: examining its patterns and determinants[J]. Journal of Media Economic, 16 (4) , 2003.

[22] THOMPSON J B. The media and modernity[M]. Cambridge: Polity Press, 1995.

[23] THORNTON A. Does internet create democracy[J]. African Journals

Online Ecquid Novi，22（2），2001.

[24] TOCQUEVILLE A. Democracy in America[M]. New York： Vintage Books，1945.

[25] TONG B, CHENG M. A teaching program for journalism theory [M]. Beijing： Chinese People' s University Press，1993.

[26] TSAGAROUSIANOU R，TAMBINID，BRYAN C. Cyberdemocracy：technology，cities and civic networks[M].London：Routledge，1998.

[27] TUMBER H. Democracy in the information age： the role of the fourth estate in cyberspace[J]. Information，Communication & Society，4（1），2001.

[28] WALKER C，WALL D，AKDENIZ Y. The internet，law and society[M]. London： Longman，2000.

[29] WARNICK B. Appearance or reality ？ political parody on the web[J]. Critical Studies in Mass Communication，15（3），1998.

[30] WEINTRAUB J, KUMAR K. Public and private in thought and practice[M]. Chicago： University of Chicago Press，1997.

[31] WEISS A E. Who's to know ？ Information，the media，and public awareness[M]. Boston： Houghton Mif in Company，1990.

[32] WESTEN T. Can technology save democracy ？ [J]. National Civic Review, 87（1），1998.

[33] WILHELM A G. Democracy in the digital age： challenges to political life in cyberspace[M]. New York and London： Routledge，2000.

[34] ZHAO Y. Media，market and democracy in China： between the party line and the bottom line[M]. Urbana and Chicago： University of Illinois Press，1998.

后 记

这本专著是在我的博士论文的基础上更新修订后出版的。首先我要感谢我的博士导师刘继南教授和刘昶教授多年以来对我的悉心指导。我在 2001 年就师从刘继南教授攻读国际关系硕士学位，2008 年又幸运地再次成为导师的博士生。除了专业指导之外，她还给我多方面的关爱，教会我很多受惠一生的人生哲理。导师的言传身教让我专注学业和事业，不断前行。在艰苦的撰写博士论文阶段，刘昶教授以他的宽阔视野和学术积累对我悉心指导，给我很多鼓励，支持我克服困难。

我的好朋友和同事们在我撰写博士论文需要帮助的时候，总是热心地给我友情赞助。孟伟老师、孙江华老师、龙小农老师、李智老师、虞海侠老师、曹三省老师、武闽老师在文献综述和研究方法上给了很多宝贵建议。在我准备书稿的过程中，肖欢容老师、文春英老师、张毓强老师、隋欣老师、魏嘉欣老师、陈慧莹博士给予我热心支持并倾力相助。我的学生黄京一、刘静怡、赵晋琰、朱润亭、刘凯闻全程参与了我的书稿的修订，付出了时间和精力。

我有幸在中国传媒大学工作和学习多年，学校就像一个大家庭给予我很多。在这里，我需要感恩和感谢的人实在太多太多。因为有你们，我的生活才有意义。